역 사 기 행

큐우슈우 역사기행

초판 1쇄 발행 2017년 9월 1일

지은이 정재환 / **펴낸이** 배충현 / **펴낸곳** 갈라북스 / **출판등록** 2011년 9월 19일(제2015-000098호) /
경기도 고양시 덕양구 중앙로 542, 903호(행신동) / **전화** (031)970-9102 **팩스** (031)970-9103 / **홈페이지** www.galabooks.net / **페이스북** www.facebook.com/bookgala / **전자우편** galabooks@naver.com / **ISBN** 979-11-86518-14-4 (03910)

「이 도서의 국립중앙도서관 출판예정도서목록(CIP)은 서지정보유통지원시스템 홈페이지(http://seoji.nl.go.kr)와 국가자료공동목록시스템(http://www.nl.go.kr/kolisnet)에서 이용하실 수 있습니다.(CIP제어번호: CIP2017019024)」

류우쿠우

역 사 기 행

정재환 지음

갈라북스

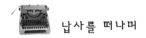

적대감을 줄이고
연대감을 늘리려면...

　뒤늦게 한국사를 공부하면서 일본에 대한 관심이 커졌고, 일본어 공부를 시작하면서 기회가 닿는 대로 일본을 여행했다. 수년간에 걸쳐서 츠시마, 나가사키와 후쿠오카, 사가, 쿠마모토, 미야자키, 카고시마, 오이타 등 큐우슈우의 여러 지역을 돌아보았다.

　요시노가리 유적에서부터 다자이후, 아리타의 이삼평, 카고시마의 심수관요와 호타루칸, 백제마을 등 호기심을 자극하는 것이 너무나도 많았다. 해가 있는 낮 동안에는 부지런히 돌아다니고, 더 이상 돌아다닐 수 없는 밤이 오면 뜨거운 온천에 몸을 담근 채 다음 날 일정을 생각하며 가슴을 두근거렸다.

　여행은 즐겁다. 일상에서 벗어나 다른 세상을 체험하거나, 아무 생각 없이 몸과 마음을 쉬게 한다는 것만으로 신나는 일이며 행복을 느낄 수 있다. 남녀노소를 불문하고 여행을 계획하는 순간부터 시작되는 설렘은 아마 비슷할 것이다. 제주도, 경주, 부여, 일본, 중국, 인도, 미국, 이탈리아, 브라질 어디라도 좋다.

여행이란 내가 사는 곳, 내 고향, 내 나라에서 다른 지역, 다른 나라로 이동하는 것이다. 낯선 땅에 사는 사람들을 만나고, 그들의 자연과 문화, 역사를 들여다보는 것이다. 음식에 관심이 있는 이라면 맛있는 식당을, 쇼핑을 좋아하는 이라면 유명한 시장이나 백화점을 찾을 것이다. 관심사에 따라서 같은 지역을 가더라도 즐기는 방식은 저마다 다를 것이다.

역사 여행이란 어떤 것일까? 여행이 공간을 이동하는 것이라면, 역사 여행은 공간과 함께 과거로 시간을 이동하는 것이다. 일본 야요이문화의 대표적 유적인 요시노가리에 간다면 2,000년 이상을 거슬러 올라가고, 카라츠의 히젠나고야성 터에 선다면 임진왜란이 일어난 16세기 말로 여행을 떠날 수 있을 것이다. 친구와 함께 나가사키에 가서 문명당 카스텔라를 맛본다면 17세기 초 서양과 일본이 어떻게 만났는지도 목격하게 될 것이다.

이 책은 큐우슈우를 무대로 근현대기에 한국과 일본 사이에 일어났던 일들을 쫓아다니며 본 것, 들은 것, 느낀 것의 극히 일부를 기록한 것이다. 일제강점기라는 한국 역사의 암흑기를 차치하더라도 한일 간에는 너무나 많은 일들이 있었다. 역사에 관심이 없는 분에게는 관심을 갖도록 하고, 관심이 있는 분들에게는 큐우슈우 여행의 길잡이가 될 수 있는 괜찮은 안내서를 만들고 싶었다.

　한국과 일본은 가까운 나라면서도 먼 나라라고 한다. 한국인들이 임진왜란과 일제강점기 35년을 얘기하면 일본인들은 오랫동안 야만으로 간주되어 멸시와 업신여김을 당한 것에 대한 설움과 분노를 말한다. 내가 어렸을 때만 해도 일본 사람이라고 하지 않고 '왜놈'이나 '쪽발이'라고 했다. 일본 사람들도 한국인들을 '조센징', 혹은 '센징'이라고 불렀다.

　어렸을 때는 어른들의 그런 언행을 멋모르고 따라했고, 일본에 침략당하고 지배당한 역사를 배우면서 일본에 대한 혐오와 증오 같은 악감정을 키웠다. 일본인들도 조선인들은 게으르고 스스로는 아무것도 못 하니 지배받는 것이 당연했다는 식으로 배우고 생각했을 것이다. 하지만 그와 같은 편견과 멸시는 서로에게 도움이 안 되고 상처만 더할 뿐이다.

　일본을 여행하면서 일본인들과 만날 기회가 있었다. 일본인들은 친절하고 남에게 폐를 끼치지 않겠다는 생각으로 조심스럽게 행동한다. 지하철이나 버스 안에서 전화기를 붙들고 떠드는 사람은 본 적이 없다. 길에서 살짝 어깨를 부딪치기만 해도 '스미마셍'을 잊지 않는다. 발을 밟고 지나가면서도 '미안하다'는 말조차 없는 한국인들의 무신경과는 너무 다르다.

　그러나 가장 의아했던 것은 그들이 근현대 역사를 잘 모른다는 거였다. 물론 한국인들도 잘 모르지만, 그들은 한국인들 곱절 이상으로 모른다. 특히 러일전쟁 이후에 어떻게 조선을 침략하고 지배했는지, 어떤 일을 했는지, 왜 그랬는지를 모른다. '메이지유신까지는 배운 것 같은데, 그 이후는 배운 것 같지도 않고 잘 모르겠네요.'

배우지도 않았다면, 어떻게 한국인들이 겪은 고통과 분노를 이해할 수 있을까? 일제강점기 강제동원이나 군위안부, 독도 문제 등도 내용을 잘 모르니, 일본 정부의 태도나 주장이 옳은 것으로 생각하고 따라가는 충직한 국민이 될 수밖에 없다. 역사에 대한 무지가 한일 양국의 현재와 미래를 비틀고 있는 것이다.

다행인 것은 역사를 알려고 노력하고 군국주의로 치닫던 일본이 이웃 나라에 어떤 일을 했는지, 왜 사과해야 하는지, 왜 책임을 져야 하는지를 얘기하고 그들 정부를 대상으로 투쟁하는 이들도 있고 갈등처럼 얽히고설킨 한국과의 관계를 풀려는 노력 또한 발견할 수 있다는 점이다. 이와 같은 일이 가능했던 이유 중 하나는 그들이 역사의 진실을 마주할 수 있었기 때문이라고 생각한다.

한국인들도 자신을 돌아봐야 한다. 소중화 의식에 사로잡혀 일본을 내려다보는 태도는 곤란하다. 일본을 우습게 알고 깔보는 나라는 지구상에 한국밖에 없다는 말도 틀리지 않고, 축구 이겼다고 일본을 이긴 것처럼 열광하는 것도 기괴하다.

2015년까지 과학 분야 노벨상 수상자 일본인 20명, 한국은 0명이다. 문학상과 평화상을 합치면 일본은 23이고 한국은 1이다. 국가별 GDP 순위 일본은 미국, 중국에 이어 3위이고 한국은 15위다. 1인낭 GDP 순위 일본 16위, 한국 34위이다.

이 책과 함께 한일 근현대를 돌아보는 것은 한국인들에게 다크 투어리즘(Dark tourism)이 될지도 모른다. 덕혜옹주, 명성왕후 시해사건, 강제징용, 조선인카미카제 이야기들은 너무 가슴 아프고 화나고 우울하지 않느냐는 의견도 있었다. 한국인들은 알 만큼 알지 않느냐는 얘기도 들었다. 아프고 우울하다고 해서 피할 수 없다. 알 만큼 아는 이들에게도 현장을 돌아보는 것은 유익한 경험과 즐거운 추억이 되리라 믿는다. 이 책과 함께 큐우슈우를 여행하면서 한국과 일본의 오랜 인연의 실체 또한 파악할 수 있을 것이다.

평화는 인류의 목표다. 한국과 일본은 서로 친하게 지내고 도와야 한다. 평화를 지키는 것이 중요하고, 더욱 자유스럽고 민주적인 사회, 먹을 것 걱정하지 않고 누구나 꿈을 실현할 수 있는 사회를 만들기 위해 서로 협력해야 한다. 한국인과 일본인은 적대감을 줄이고 연대감을 늘려야 한다. 그러기 위해서는 왜곡된 한국관과 일본관을 바로 세워야 하는데, 역사를 아는 것이 그 첫걸음이라 믿는다.

이 책은 역사 이야기를 중심으로 엮은 기행문이지만, 여행자들이 필요로 하는 기본적인 정보, 즉 교통, 음식, 숙박 등에 관한 안내도 함께 실었다. 여행자들의 편의를 위해 일본의 인명이나 지명 표기는 일본어 원음에 가깝게 표기하였다. 현행 외래어 표기법에 어긋나지만, 소리글자 한글의 장점을 살리기 위해서는 일본어에 대한 외래어 표기법만큼은 반드시 바꿔야 한다는 굳은 믿음 때문이니 이 점 너그럽게 이해해 주시기 바란다.

지난 1년 6개월 동안 큐우슈우 답사를 위해 많은 자료를 읽었다. 오랜 시간 역사의 진실을 캐기 위해 자료와 씨름하며 현장을 발로 뛴 선학들의 열정과 땀 덕분에 이 책을 쓸 수 있었다. 독자들의 편의를 위해 각주 없이 많은 내용을 가져온 것에 대해 양해를 구하면서 깊은 감사의 마음을 전한다.

끝으로 세 차례의 답사에 동행해 힘든 운전을 마다 않고 한 한성대 이상혁 교수님, 사진 찍느라 애쓴 '한마디로닷컴'의 박기범 대표님, 그리고 마지막 카고시마와 미야자키 답사에 동행하여 많은 영감과 가르침을 주신 은사 서중석 교수님, 부족한 원고를 검토해 주신 구태훈 교수님, 책이 나오기까지 밤낮을 가리지 않고 애쓴 갈라북스의 배충현 대표님, 이경선 실장님께 깊이 감사드린다.

_ 봄뫼 정재환

일본의 역사가
시작된 땅

큐우슈우(九州)는 한국에서 제일 가까운 일본이다. 나가사키현(長崎県)에 속해 있는 츠시마(対馬)는 일본보다 한국에 더 가깝다. 일본열도는 4개의 큰 섬, 즉 메이지유신 이전까지 아이누의 땅이었던 홋카이도우(北海道), 이름 그대로 일본의 본섬이라고 하는 혼슈우(本州), 크기가 제일 작은 시코쿠(四国) 그리고 맨 남쪽의 큐우슈우로 이루어져 있다.

큐우슈우는 대한해협을 사이에 두고 한반도의 남부 지방과 마주하고 있어서, 고대로부터 한반도와 활발한 교류가 이루어진 곳으로 후쿠오카, 나가사키, 카고시마, 쿠마모토, 미야자키 등이 큐우슈우를 대표하는 지역들이며, 모두 한반도와 깊은 역사적 문화적 관계를 맺어온 곳으로, 기억해야 할 숱한 사건과 사연을 간직하고 있다.

근현대로 여행을 떠나기 전에 먼저 고대에 어떤 일들이 있었는지 간단히 정리할 필요가 있을 것 같다. 이미 다른 책을 통해 읽은 분도 있을 테고, 텔레비전에서 다큐멘터리 방송 같은 걸 본 분도 많을 것이다. 요즘에는 미디어도 다양하고 정보가 풍부하다 못해 넘치는 지경이다. 그래도 여행을 준비할 때 가방을 싸는 마음으로 필요한 내용 몇 가지만 챙겨보자.

큐우슈우 사가현(佐賀県) 칸자키군(神埼郡)에는 기원전 3세기에서 기원후 3세기에 성립된 일본 야요이시대(弥生時代) 유적인 요시노가리(吉野ヶ里)가 있다. 야요이인들은 민무늬토기, 세형동검, 청동방울 등을 사용했는데, 이는 한국 청동기시대를 대표하는 유물들과 일치하는 것으로, 야요이시대 이전인 조몬시대(縄文時代) 조몬인들과는 사뭇 다른 것이다.

일본 열도의 선주민족인 조몬인은 북쪽에서 내려온 아이누족과 동남아 인도네시아나 폴리네시아 지역 등 남쪽 바다 지역에서 난류를 타고 일본 열도로 표류해 온 체격이 왜소한 키 작은 고대 동남아인들로 야요이인들이 이들과 다르다는 것은 기원을 전후한 시기에 한반도에서 선진 문물을 갖고 이주한 세력이 조몬인들을 내쫓았거나 혹은 그들을 포용하면서 새로운 세상을 만들었음을 의미한다.

삼국시대 한반도 사람들은 주로 가야에서 출발하여 츠시마(対馬)와 이키섬(壱岐島)를 거쳐 사가현 카라츠항(佐賀県 唐津港)으로 연결되는 뱃길을 이용했다. 중국 역시 왜국으로 갈 때는 한반도 서해안을 따라 김해 부근에서 츠시마를 경유하여 큐우슈우 사가의 카라츠나 후쿠오카로 통했다. 지금이야 칭다오(青島)에서 시모노세키(下関)로 가는 항로를 비롯해 여러 항로가 있지만 고대에는 어림없는 일이었다. 아마 직접 가는 항로에 도전한 이들이 있었다면 대부분 물귀신이 되었을 것이다. 그러니까 남지나해에서 태평양으로 흐르는 쿠로시오(黑潮) 해류 때문에 직교역의 해상로가 아닌 가야의 임나루터를 경유하는 해상루트를 이용했던 것이다.

일본어에 '토우라이진(渡来人)'이란 말이 있다. 한국어에도 '도래(渡来)'라는 말이 있지만, 여기에 '인(人)'을 붙여 '도래인'이라는 말을 쓰지는 않는다. 우리 식으로는 이주민 혹은 이민자 정도가 될 것이다. 일본어 토우라이진은 한반도와 대륙에서 건너간 사람들을 의미한다. 즉, 고대에 한반도에서 일본으로 건너간 사람들이 두드러지게 존재한다는 사실을 '토우라이진'이라는 말을 통해서도 확인할 수 있는 것이다.

일본 고대 씨족의 계보를 기록하고 있는 『신찬성씨록(新撰姓氏録)』에는 한반도에 조상을 두었다고 주장하는 호족들도 많다. 한 예로 백제 무령왕의 아들인 순타(純陀 또는 淳陀)의 후손들이 왜국에서 야마토노후히토(和史)라는 성을 갖게 됐는데, 그 가문 출신인 다카노노니이가사(高野新笠, ?~790)가 코우닌천황(光仁天皇, 재위 770~781)의 애첩이자, 다음 세대인 칸무천황(桓武天皇, 재위 781~806)의 생모였다. 2001년 12월 일본의 아키히토천황(明仁天皇)는 "나 자신 칸무천황의 어머니가 백제 무령왕의 자손이라고 『속일본기(続日本記)』에 기록되어 있는 사실에 한국과 인연을 느낍니다"라고 했다.

존 카터 코벨은 4세기부터 대륙에 있던 부여족의 이동이 시작되었다고 주장한다. 에가미 나미오(江上波夫) 역시 한반도의 기마민족이 큐우슈우를 정복하고 그 뒤 일본 본토에 자리 잡았다고 했으며, 1921년 키타 사다키치(喜田貞吉)는 "부여는 한국에서 고구려, 백제, 신라를 건국했을 뿐 아니라 4세기에 일본으로 건너와 나라를 세웠다. 적어도 한국의 삼국과 일본, 이들 4개 나라 건국에는 모종의 연관이 있다"고 했으며, 히로시마 대학 마에미츠 교수는 "도래한 부여인들은 키타큐우슈우(北九州)에서 권력을 잡고 오우진천황(応神天皇) 시대에 오늘날의 나라, 오오사카지역인 키나이(畿内) 지방으로 들어와 야마토를 통일했다"고 했다.

이들의 주장이 사실이라면 큐우슈우는 '일본의 역사가 시작된 곳'이라고 해도 과언은 아닐 것이다. 일본의 건국신화를 보면, 천손강림지가 두 곳 나온다. 큐우슈우의 타카치호(高千穂), 그리고 시마네현(島根県)의 이즈모(出雲)다. 이즈모는 부산에서 동쪽으로 바다를 건너 직선으로 가면 닿는다.

이 같은 한국과 일본의 지정학적 여건은 고대로부터 한반도와 일본 열도를 잇는, 양쪽 사람들이 오락가락할 수 있는 자연 환경을 제공하고 있었던 것이다. 한반도에서 건너간 사람들이 일본 건국의 중추였든 아니었든 간에 오랜 전부터 한일 간에 활발한 이동과 교류가 있었음은 명백한 역사적 사실이며, 그 주된 통로가 바로 큐우슈우였다.

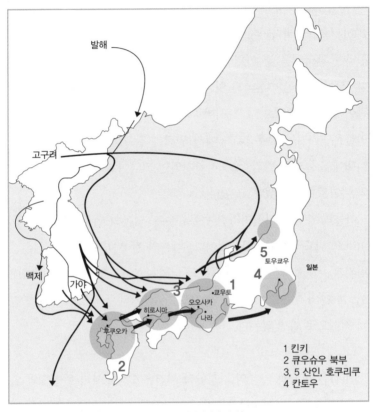

발해

고구려

백제

가야

3

히로시마

오오사카

•쿄우토

•나라

후쿠오카

2

5

토우쿄우

4

일본

1 킨키
2 큐우슈우 북부
3, 5 산인, 호쿠리쿠
4 칸토우

고대 한반도 이주민의 이동 경로(이정면, 『고대 한일관계사의 진실』)

삼국시대 한반도에서 간 사신들은 츠쿠시(筑紫), 즉 지금의 후쿠오카에 있었던 후쿠오카 홍려관(福岡 鴻臚館)이라는 영빈관을 이용했다. 일본에서 한반도나 대륙으로 가던 견신라사(遣新羅使)나 견당사(遣唐使) 역시 후쿠오카를 거쳐 나갔다. 일본의 견신라사(遣新羅使)는 일본의 중앙권력이 근거로 하고 있던 키나이(畿內)의 오오사카항(大阪港)에서 출발하여 세토내해(瀬戸内海)와 츠쿠시(筑紫)를 거쳐 한반도 남부로 향했다.

　그러나 항해술이 발달하지 않았던 고대에 한반도와 일본을 잇는 뱃길은 그리 간단치 않았을 것이다. 뗏목과 같은 작은 배에 몸을 의지해 항해를 시작한다는 것은 목숨을 건 모험이었을 것이고, 높은 파도를 만나거나 태풍이라도 불면 목적지에 닿기도 전에 불귀의 객이 되었을 것이다. 고대로부터 큐우슈우는 한반도와 일본 열도를 잇는 이동과 교류의 무대였다.

차 례

| 답사를 떠나며 | 적대감을 줄이고 연대감을 늘리려면... • 8
| 큐우슈우는 어떤 곳인가 | 일본의 역사가 시작된 땅 • 14

츠시마 対馬

1

한국에서 가장 가까운 일본 섬 • 26

– 반도와 열도의 교통로 • 29

목숨을 지키기 위해, 목숨을 던져 쌓은 • 31

– 망향의 아픔 • 33

눈에 넣어도 아프지 않은, 눈물겹도록 가슴 아픈 • 37

– 예기치 않은 사고 • 38

최익현이 있어 부끄럽지 않다! • 41

– 거대한 감옥 • 43

– 애국과 매국의 차이 • 52

아, 덕혜옹주 • 54

– 감당하기 어려운 슬픔 • 56

– 1989년 4월 21일 • 62

츠시마 여행은 이렇게 준비하자 • 65

후쿠오카 福岡

2
한반도로 열린 창 • 76

'학문의 신' 그리고 백제인의 산성 • 78

　– 백촌강 전투 • 80

조선 국모를 시해한 칼 • 83

　– 히젠토우 • 87

스물일곱에 요절한 천재 시인 • 95

　– 마지막 귀향 • 100

후쿠오카 여행은 이렇게 준비하자 • 121

나가사키 長崎

3
동서양의 출입구 • 130

동서를 이은 인공섬 '데지마' • 133

　– 쇄국정책과 무역 • 136

노예시장의 조선인들 • 140

'천국의 맛' 카스테라 • 144

　– 약간의 변화 • 148

'찬퐁'의 고향 • 152

　– 한데 섞는다 • 155

끌려간 사람들, 강제연행 • 157

군함을 닮은 섬 • 159

조선 광부들의 '지옥도' • 162

일본인들만 기억하는 박물관 · 167

전쟁과 침략의 기간 시설 · 171

죽음의 비가 내린 1945년 8월 9일 · 174

　－ 11시 2분, 시계는 멈추고 · 176

조선인 피폭자에게 '속죄하는 마음을 담아' · 180

조선인의 인권을 위해 투쟁한 일본인 · 183

　－ 진심으로 사죄하는 길 · 184

조선인 피폭자를 기억하는 공간 · 186

나가사키 여행은 이렇게 준비하자 · 192

카고시마　鹿児島

4

드라마틱한 역사가 숨 쉬는 곳 · 204

메이지유신의 산실 · 206

정한론을 두고 맞선 메이지유신의 두 영웅 · 208

'아름다운 산'에서 꽃 핀 조선 도공의 혼 · 212

　－ 사츠마야키의 색 · 215

천황에게 '무조건 항복'을 권한 조선인 후예 · 226

망향의 마음을 달랜 조선의 사당 · 230

호타루가 되어 돌아오겠습니다! · 237

　－ 호타루칸 · 239

저는 조선인입니다! · 242

누구도 상상할 수 없었던 자살특공대 · 246

　－ 한 발 앞으로 · 248

조선인 특공대원들 • 251
　　－ 전쟁에 내몰리다 • 253

치란특공평화회관 • 257
　　－ 삼각병사 • 263

카노야시에 잠든 조선인들의 영혼을 찾아 • 267
　　－ 외국인납골당 • 270

카고시마 여행은 이렇게 준비하자 • 276

미야자키 宮崎

5 신화의 땅 • 296
머리가 '핑' 도는 일본의 건국신화 • 298
신사와 천황 • 305
'신사'란 무엇인가 • 308
　　－ 사람이 만든 신 • 310

'헤이와노토우'는 평화의 탑인가? • 314
　　－ 팔굉일우 • 318

백제왕의 전설을 찾아서 • 321
종과 자물쇠 • 330
신화의 무대를 찾아서 • 333
신화의 장소, 신들의 공간 • 337

미야자키 여행은 이렇게 준비하자 • 353

| 답사를 마무리하며 | 역사의 진실을 통해 서로를 이해할 때 • 362

1부

『…

나라가 망했는데 백성만 어찌 홀로 있을 수 있겠는가. 솥 안의 고기는 곧 삶길 것이요, 대들보 위의 제비는 곧 불탈 것이니, 죽음만 있을진대 어찌 한 번 싸우지 않겠는가. 살아서 원수의 종이 되는 것보다 죽어서 충의의 귀신이 되는 것이 낫지 않겠는가.

…』

츠시마

対馬

한국에서 가장 가까운 일본 섬

—

츠시마는 한국과 일본 사이인 대한해협과 일본해의 경계에 자리하고 있다. 부산에서 49km 남쪽에 있으며, 일본 후쿠오카로부터는 북쪽으로 138km 거리에 있으므로 한국에 더 가깝다. 맑은 날이면 부산에서도 볼 수 있는데, 츠시마의 북섬과 남섬이 마치 두 개의 섬처럼 보여서 '두섬'이라고도 부른다.

그런가 하면 '츠시마'라는 이름이 한국어 '두섬'의 변형태라는 설도 있다. 한국어와 일본어의 관계를 연구하는 학자들에 따르면 일본어 '시마(島)'는 한국어 '섬'이 변화한 것이라 한다. 그렇다면 '츠' 역시 '두'가 전성된 것 아닐까? 한국어의 '구두'는 일본어 '구츠(ぐつ)'에서 왔다. '츠'가 '두'로 바뀐 것이므로, 그 역인 '두'에서 '츠'로 바뀌는 것도 얼마든지 가능하지 않을까? 그렇다면 '츠시마'는 '두섬'에서 나온

유우슈우 역사기행

온타케산 ●
북섬
히타카츠항
(比田勝港)

츠시마
남섬
● 이즈하라항(厳原港)

이름이 된다.

애당초 두섬이었다면 츠시마는 한국 땅이었을까? 의심할 여지없이 '두섬'은 츠시마가 '한국의 고토였다'는 한국인들의 영토 의식이 투영된 이름이다. 두섬을 되찾자는 운동을 하는 이들도 있다. 그런데 역사적으로 츠시마가 고려에 속했었다는 기록도 적지 않지만, 한국이 츠시마를 직접 지배한 흔적은 문헌에서 찾기 어렵다.

세종 때에 이종무가 츠시마를 정벌한 목적은 왜구 토벌이었고, 토벌 이후 경상도의 부속 도서로 삼으려 했으나, 일본의 반발로 무산

되었으며, 에도시대부터 바쿠항타이세이(幕藩体制: 막번체제)에 편입되었다. 바쿠항타이세이란 에도시대 쇼군의 통치기구인 '바쿠후(幕府)'와 다이묘의 영지인 '항(藩)'을 합쳐 부르는 것으로, 바쿠후는 직할령만 통치하고, 항은 그 지역의 영주인 다이묘(大名)가 통치하였다. 일본은 일찍이 중앙집권체제가 발달한 한국·중국과 달리 지방분권이 잘 발달한 나라였다.

츠시마는 지정학적 위치로 인해 고대로부터 한반도와 일본을 오가는 사람들의 중간 기착지였고, 임란 이후 에도막부에 12차례 파견되었던 조선통신사 역시 이곳을 거쳐 일본 시모노세키(下關)로 입항했다. 조선통신사 일행을 츠시마의 번주가 맞이하고, 에도까지 길안내를 했다는 점 역시 츠시마가 일본의 일부였다는 증거라 할 수 있을 것이다.

무엇보다도 지금 츠시마에 사는 사람들은 일본어를 사용하고, 일본 문화를 지키고 있는 일본인이라는 사실이 츠시마가 일본 땅이라는 명약관화한 증거 아닐까? 이렇게 얘기하면 섭섭해 할 한국인들이 많겠지만, 독도가 오래 전부터 우리 땅이었다는 숱한 증거들과 현재도 대한민국이 실효적으로 지배하고 있는 것과 견주어 볼 때, 츠시마의 상황은 사뭇 다르기 때문이다.

🌏 반도와 열도의 교통로

일본 사람들은 츠시마를 나루가 많은 섬이라는 뜻의 '츠시마(津島)'라 부르면서 정작 쓸 때는 '타이마(对馬)'라 쓰는데, 중국의 역사책 『위지(魏志)』 왜인전에 '대마(對馬)'란 이름이 처음 등장한다. 남북으로 긴 섬이지만, 가운데가 움푹 파여서 먼 바다에서 보면 마치 말 두 마리가 등을 마주하고 선 듯 보였다는 것이다. 최근에 일본에서는 츠시마를 '국경의 섬'이라고 부르면서 본토 일본인들의 마음을 잡기 위해 갖은 애를 쓰고 있으나, 지리적 거리뿐만 아니라 심리적 거리 또한 아스라이 멀리 느껴서인지 일본인들에게 츠시마는 여전히 오지의 섬이다.

츠시마는 한국과 관련한 많은 이야기를 품고 있다. 고대로부터 한반도와 일본 열도의 교통로였고, 농사를 지을 땅이 없는 척박한 곳이었기에, 츠시마 사람들은 한반도와 일본 열도 양쪽에 기대어 살 수밖에 없었다. 정상적인 무역 관계가 끊겼을 때는 왜구가 되어 양쪽을 괴롭혔다.

지금 츠시마는 일본 땅이지만, 한국과 깊은 관계를 유지하고 있다. 주말 츠시마의 북섬과 남섬을 가득 채우는 관광객의 거의 모두가 한국인이다. 만일 이들이 츠시마를 찾지 않는다면, 호텔과 식당 등은 당장 문을 닫아야 할지도 모른다.

한때 한국인들의 면세품 관광이 문제가 됐었다. 부산의 면세점에서 미리 명품을 구입한 다음, 오전에 츠시마 갈 때 찾아서 돌아올 때 그대로 가지고 들어왔다. 츠시마 가는 배가 방문이나 관광이 목적이 아니라, 명품 구입 수단으로 이용되었던 것은 부끄러운 일이다.

한국인들이 츠시마를 찾는 주된 이유는 아름다운 자연, 낚시와 등산 등 취미 생활을 위해서, 그리고 역사 유적 탐방일 것이다. 츠시마 남섬의 북부인 미츠시마마치(美津島町)에는 백제 멸망 후 피난민들이 쌓았다는 카네다성 터(金田城跡)가 있고, 츠시마 북단 카미아카타초우 사고무라(上縣町 佐護村)의 도로변에는 신라의 외교가로 활약했던 박제상(朴堤上) 추모비가 있으며, 와니우라(鰐浦) 언덕에는 높이 3미터 정도의 '조선역관사순난지비(朝鮮國譯官使殉難之碑)', 이즈하라(厳原) 슈젠지(修善寺)에는 '최익현선생순국비(大韓人崔益鉉先生殉國之碑)', 이즈하라마치 이마야시키(厳原町 今屋敷)에 있는 카네이시성 터(金石城跡)에는 '덕혜옹주결혼봉축비(李王家宗伯爵家御結婚奉祝記念碑)', 이즈하라마치이마야시키(厳原町 今屋敷)에는 '조선통신사비(朝鮮國通信使之碑)' 등이 있다.

조선통신사 행렬을 맞이하기 위해 만들었다는 '고려문(高麗門)'은 한때 츠시마시청 옆에 서 있다가 원래 위치로 옮겨졌는데, 현재 시립이즈하라유치원(市立厳原幼稚園)의 정문마냥 서 있다.

목숨을 지키기 위해, 목숨을 던져 쌓은

—

660년 백제는 나당연합군에 의해 망했다. 계백 장군은 황산벌에 뼈를 묻었다. 의자왕을 비롯한 왕자들과 많은 백제인들이 중국으로 끌려갔다. 도망친 사람들 대부분은 일본 열도로 향했다. 당나라와 전쟁을 치렀기 때문에 당연히 중국으로 갈 수 없었겠지만, 일찍이 왕래가 빈번했던 일본 열도에는 도움을 청할 수 있는 가족이나 친척, 친구들이 많았다. 지금도 이민을 생각하는 이들은 가족이나 지인들이 터를 잡고 있는 곳을 먼저 생각하는 것과 같은 이치다.

한편, 백제 멸망이란 비보를 접한 일본 열도의 야마토(大和) 조정은 백제 구원군 파병을 결정했다. 사이메이천황(齊明天皇)은 대군을 조직했고 아스카(飛鳥)에서 손과 입을 씻고 신에게 기도했으며 직접

군사를 이끌고 후쿠오카까지 갔다. 사이메이천황이 갑자기 죽지 않았다면 친정했을지도 모른다. 사이메이의 뒤를 이은 텐지(天智)는 663년 무려 27,000에 이르는 병력을 보냈고, 나당연합군과 백촌강(白村江: 금강 하구)에서 일전을 벌였다. 그러나 압도적인 수적 우위에도 불구하고 백제부흥군과 왜 연합군은 패했다. 이로써 백제는 역사의 무대에서 사라졌다.

일본어에 '쿠다라나이(くだらない)'라는 말이 있는데, '시시하다, 하찮다, 쓸모없다'는 뜻이다. '쿠다라나이닝겐(くだらない人間)'이라고 하면 '쓸모없는 인간'이란 뜻이고, '쿠다라나이코토(くだらないこと)'라고 하면 '쓸데없는 일'이란 뜻이다.

이 '쿠다라나이'라는 말이 백제 멸망에서 유래했다는 설이 있다. 일본어에서 '쿠다라'는 '백제'를 의미하고, '나이(ない)'는 '없다'는 뜻이어서, 결국 이 말은 쿠다라, 즉 '백제가 없다'는 의미로 읽을 수 있다. 그러니까 백제 멸망이란 비보는 그들의 조국 '쿠다라(백제)가 없어졌다'는 청천벽력 같은 소식이었고, 조국을 잃은 그들의 비통한 마음이 '쿠다라나이'로 표현된 것인데, '쿠다라'가 없는 세상은 시시하고 쓸모없고 하찮고 허망한 것이라는 의미가 후대에 그냥 시시하다, 하찮다, 쓸모없다는 의미가 되었다는 것이다.

쿠다라나이 유래에 대한 또 다른 설이 있다. 일본인들은 쿠다라, 즉 백제에서 온 물건을 굉장히 좋아했다고 한다. 과거 한국에서 일제나 미제 같은 수입품이 좋다며 전기제품은 물론이고 화장품이나 손톱깎이까지 외제가 성행했던 것을 회상하면 바로 이해가 될 것이다. 그 당시 선진국이었던 쿠다라에서 온 물건은 한마디로 좋은 것이었다. 그래서 '쿠다나나이'라고 하면 '쿠다라에서 온 좋은 물건이 없으니' 시시하다, 하찮다는 의미였다는 것이다.

🐚 망 향 의 아 픔

어원이나 유래는 문헌 자료가 남아있지 않는 한 정확히 추적하기가 어렵다. 한국어에서 '억지로 뭔가를 한다'는 의미로 '억지춘양'과 '억지춘향'이란 말을 쓰는데, 억지춘양이란 말이 나무의 왕이라는 소나무 춘양목이 너무나도 유명하여 상인들이 장에 나온 나무가 모두 춘양목이라고 우겼다는 데서 왔다는 주장과 춘향전에서 변학도가 춘향이에게 억지로 수청을 들게 한 데서 나왔다는 설이 팽팽히 맞서고 있다. 과연 어느 쪽이 억지를 부리고 있는 것일까? 나는 억지춘양설을 믿지만, 명백한 증거를 찾기가 쉽지 않다.

쿠다라나이가 백제가 멸망해 없어졌다는 말에서 나왔든, 품질 좋은 백제 물건이 없다는 의미에서 나왔든 백제와 관련이 있다는 것과 이 말이 곧 백제와 일본 교류의 증거임은 두말할 나위가 없다. 개인

직으로는 백제 멸망 후 고향을 잃은 이들의 망향의 아픔에서 나왔다는 설에 망설임 없이 한 표를 던진다.

다시 백촌강으로 돌아가자. 백촌강에서 분패한 왜군과 백제군, 그리고 아비규환의 난리 통에서 구사일생으로 목숨을 구한 백제인들은 츠시마를 거쳐 일본으로 향했다. 왜는 신라와 당나라군이 추격할지도 모른다는 두려움과 위기감에 츠시마에 군인을 주둔시키고, 667년에는 아소우만(浅茅湾) 조우야마(城山)에 백제식 산성인 카네다성(金田城)을 쌓아 나당연합군의 침략에 대비했다. 후쿠오카 다자이후(太宰府)에 있는 미즈키성(水城)과 오오노성(大野城) 역시 대당방어 시설로 건설된 것이다.

카네다성으로 가는 길은 다소 험하다. 이즈하라(嚴原)에서 이즈하라와 히타카츠(比田勝)를 연결하는 츠시마의 주도로인 382번 도로를 타고 달리다 미츠시마마치(美津島町)로 가는 24번 도로로 빠지면 '카네다성(金田城)'이라고 쓰인 이정표를 만날 수 있다. 문제는 여기서부터 꼬불꼬불한 산길로 접어드는데, 자동차 1대가 간신히 지날 수 있는 비좁은 도로가 운전자로 하여금 식은땀을 흐르게 한다. 그렇게 마음을 졸이며 한참을 가면 거짓말처럼 카네다성 입구에 도달할 수 있다.

안내판에는 1982년에 '국특별사적(国特別史跡)'으로 지정되었다는 내용과 함께 카네다성 지도와 사진이 담겨 있다. 여기서부터 그다지

가파르지는 않지만, 땀을 뻘뻘 흘리며 산길을 걸어서 올라야 한다. 30분 정도 씩씩하게 올라가니, 아소우만 일각이 내려다보이는 곳에서 세월에 허물어진 성벽을 발견할 수 있었다. 덥고 습한 날씨에 땀깨나 뺐지만, 흘러내린 돌무더기와 함께 일단의 성곽이 눈에 들어오는 순간 짜릿한 희열을 느꼈다.

쇄락한 성터를 돌아보니 역시 북쪽 바다가 잘 보이는 곳이다. 추격해 올지도 모르는 나당연합군에 대비하기 안성맞춤인 곳이었겠지만, 깊은 산속에서 저 많은 돌을 캐 나르고 쌓는 일은 참으로 고통스리운 노동이있을 것이다. 공사 도중 다치거나 죽은 사람도 많았겠지

만, 얼마나 많은 사람들이 희생되었는지도 누구인지도 알 수 없고, 그들을 위한 위령비 하나 없다. 때때로 역사는 무섭도록 비정하지만, 기록되지 않은 역사도 우리는 기억해야 한다. 카네다성은 목숨을 지키기 위해, 목숨을 던져 쌓은 성이었다.

눈에 넣어도 아프지 않은,

눈물겹도록 가슴 아픈

—

부산에서 츠시마가 보이듯이 츠시마 북단 와니우라(鰐浦) 언덕에 서면 부산이 보인다. 츠시마를 찾는 한국인들의 대부분이 언덕 위에 세워진 한국전망소(韓国展望所)를 찾듯이 우리도 츠시마 방문 이튿날 밤 10시 30분경 부산의 야경을 보기 위해 이곳에 올랐다. 여행자에게는 날씨가 참으로 중요한데, 불운하게도 흐린 날씨 탓으로 항공자위대 제19경계대가 있는 작은 섬과 근해에서 오징어를 잡는 어선의 불빛만 흐릿하게 보일 뿐, 아름다운 부산의 야경은 눈에 잡히지 않았다.

다음 날 아침 일찍 다시 한국전망소에 올랐지만, 역시 흐린 날씨 때문에 눈으로 부산을 확인할 수 없었다. 아쉬웠지만 탁 트인 바다를 내려다보며 마음을 달랬다. 많은 관광객들이 이곳에 올라 한국을 바라보며 지리적 가까움을 확인하면서 더러는 '이렇게 가까운데 왜 여기가 일본 땅일까' 하는 질문을 던지기도 할 것이다. 손에 잡힐 듯 가깝기 때문일 것이고 '이곳이 한국 땅이었으면' 하는 은근한 바람 또한 클 것이다.

한국전망소가 있는 츠시마 북단 와니우라 언덕에는 봄마다 순백의 꽃을 피우는 이팝나무가 아름답다고 한다. 5월 초에 이곳을 방문한다면, 온산을 하얗게 뒤덮고 있는 아름다운 꽃의 자태와 그윽한 향기에도 취할 수 있을 것이다. 눈에 넣어도 아프지 않을 것처럼 아름다운 곳이지만, 한편 이곳은 눈물겹도록 가슴 아픈 사연을 지니고 있다.

🐾 예기치 않은 사고

1703년 2월 5일 와니우라 해변에서는 예기치 않은 사고가 일어났다. 츠시마번 중흥의 영주라 일컬어지는 제21대 도주 소우 요시자네(宗義眞)에 대한 조문과, 새 도주 소우 요시미치(宗義方)가 에도에서 태어나 처음으로 츠시마에 들어오는 것을 축하하기 위해 길을 나섰던 조선의 도해역관 정사 한천석(韓天錫) 일행 108명이 전원 익사했다.

1부 츠시마

이들이 부산을 떠난 2월 5일 아침에는 북서풍의 순풍이었으나 바람은 점차 남서풍으로 바뀌었고, 거친 숨을 토해내며 높은 파도를 만들었다. 배는 표류하기 시작했고 사공들의 통제를 벗어난 배는 끝내 와니우라 근처의 암초에 부딪혀 침몰했다. 겨울밤 찬바람 속에서 아무런 예고 없이 일어난 불행한 사고였다.

고대로부터 한반도와 일본 열도를 오가던 많은 배가 츠시마 인근에서 불행한 사고를 만났을 것이다. 항해술이 발달하지 않은 옛날에는 오로지 해류와 바람과 노에 의존했을 테니, 사나운 풍랑을 만나면 화를 피하기 어려웠을 것이다. 조선의 도해역관 일행이 당한 사고는 그 중 하나였겠으나, 너무나도 큰 희생을 치른 엄청난 비극이었다.

그로부터 280년이 지난 1990년 한국인들과 츠시마의 일본인들이 마음을 모아 그들이 숨진 곳으로 추정되는 바다 위 와니우라언덕, 한국전망소 바로 옆에 세운 비가 바로 '조선국역관사순난비(朝鮮國譯官使殉難之碑)'이다. 전망소에 오르기 전 한국과 일본의 친선을 도모하기 위해 한일 외교 일선에서 고군분투하다 소리 없이 숨겨간 선열들을 향해 깊이 고개를 숙였다.

최익현이 있어 부끄럽지 않다!

—

　　　　　　"나라가 망했는데 백성만 어찌 홀로 있을 수 있겠는

가. 솥 안의 고기는 곧 삶길 것이요, 대들보 위의 제비는 곧 불탈 것이니, 죽음만

있을진대 어찌 한 번 싸우지 않겠는가. 살아서 원수의 종이 되는 것보다 죽어서

충의의 귀신이 되는 것이 낫지 않겠는가."

　　1905년 을사늑약으로 대한제국은 외교권을 박탈당하면서 망국의
길에 접어들었다. 명성황후의 조카인 민영환(閔泳渙)은 "을사늑약 체
결로 인한 민족의 치욕을 막지 못한 죄를 죽음으로 사죄하고자 한
다"는 유서를 남기고 11월 30일 자결하였다. 전국에서 항일의병이
조직되었고 일제와의 기나긴 투쟁이 시작되었다.
　　1876년 『병자지부복궐소(丙子持斧伏闕疏)』를 올려 일본과 맺은 병자

수호조약(강화도조약)을 결사반대했던 면암 최익현이 20년의 침묵을 깨고 일어섰다. 면암은 이완용, 이지용, 박제순, 이근택, 권중현 등 을사오적 처단을 요구한 『청토오적소(請討五賊疏)』를 올린 후, 1906년 74세의 노구를 이끌고 의병 투쟁에 나섰다. "살아서 원수의 종이 되는 것보다 죽어서 충의의 귀신이 되는 것이 낫다"는 면암의 일성은 유서와 다름없었다.

태인을 출발한 면암의 의병은 한양을 향해 북상했다. 일제 통감부는 대한제국의 군부를 압박해 전주, 광주, 안동의 진위대로 하여금 태인의병을 진압하고자 했다. 의병 해산을 명한 고종의 조칙에도 완강히 저항하던 면암이었지만, 남원 진위대와의 전투를 앞두고 "일본군과는 싸워도 같은 동포와는 싸울 수 없다"며 의병을 자진 해산하고 의병장 임병찬, 고석진 등과 함께 체포되었다.

서울로 압송된 면암은 헌병대에 구금되었다가 8월 14일 필동 진고개에 있던 일본주차군사령부로 끌려가 '유생에 대해 세력과 명망을 지닌 것을 자부하고 동지를 규합하여 통감부와 사령부를 핍박했다'는 죄목으로 3년형을 선고받았다.

일제는 조선 민중의 동요와 일제에 대한 저항 의식 고조를 막기 위해 면암을 츠시마에 유폐시켰다. 8월 27일 오전 기차를 타고 서울을 떠난 면암은 오후 6시경 부산 초량에 도착하였고, 동행한 아들 영조, 영학, 영설, 임병찬의 아들 응철 등과 이별한 후 저녁 배를 타

유우슈우 역사기행

고 밤새 항해한 끝에 8월 28일 아침 이즈하라항에 도착하였다.

🦔 거 대 한 감 옥

　나는 스무 살 때 목포에서 제주도 가는 배를 탔었다. 6시간쯤 걸렸던 것으로 기억하는데 뱃멀미로 몹시 고생했다. 현기증이 너무 심해 죽을 것 같았고, 선실 밖으로 나가 토하기를 반복했다. 제법 큰 여객선이었는데도 그랬다. 면암 선생이 탄 배는 그에 비하면 형편없이 작은 배였을 것이고 뱃멀미로 인한 고통도 훨씬 심했을 것이다. 게다가 면암은 이미 74세의 노인이었으니 밤새 흔들리는 배 안에서 그가 받았을 고통은 상상하기 어렵지 않다.

　당시 츠시마에는 감옥이 없었기 때문에 면암은 하치만구우신사(八幡宮神社) 옆에 있던 사족수산소 안에 있는 제사장(製絲場)에 수용되었다. 이곳에는 을사늑약에 항거해 일어선 의병 홍주 9의사가 먼저 끌려와 있었다. 홍주 9의사는 1906년 5월 31일 홍주성에서 일본군에게 포로로 잡힌 유준근, 이식, 남규진, 신현두, 이상두, 최상집, 문석환, 신보균, 안항식 등이었으며, 무기징역과 15년형 등 중형을 선고받고 8월 8일 이곳으로 유폐되었다.

　소선봉신사 일행을 맞이하기 위해 닦았다는 바바스지(馬場通) 도로

이상혁 교수와 함께 면암이 갇혔던 곳을 찾고 있다.

는 지금도 이즈하라에서 가장 넓은 도로이니, 과거 츠시마번이 통신사 일행을 맞이하는 데 얼마나 신경을 썼는지 짐작할 수 있다.

지금도 관광안내소를 겸하고 있는 후레아이토코로츠시마(ふれあい處つしま), 츠시마교류센터, 이즈하라우체국, 신와은행(親和銀行), 주우하치은행(十八銀行), 엔티티토모코(NTT Domoko), 이즈하라호텔, 츠시마물산관, 츠시마신문사, 검찰청, 재판소, 경찰서, 고려문 등 주요 시설들이 이 거리에 위치해 있다.

김정동 선생에 따르면, 츠시마물산관 네거리에서 하치만구우 입구로 들어가면 11시 방향에 주택이 몇 채 보이는데, 이곳이 바로 사족수산소가 있었던 곳이다.

100여 년이 지난 지금, 사족수산소는 없어지고 새집들이 들어서 있으니 어쩐다? 다행히 남겨진 기록과 하치만구우 주차관리소에 있는 일본인 아주머니의 도움으로 면암이 갇혔던 제사장 자리를 확인할 수 있었는데, 산 밑에 자리한 집 마당에 있는 작은 연못이 결정적인 단서가 되었다. 만일 새로 집을 지을 때 연못을 메워버리기라도 했다면 면암의 흔적도 함께 사라져버렸을 것이고, 정확한 위치를 짚어낼 수 없었을 것이다.

면암이 갇혔던 장소까지 가려면 하치만구우에서 나와서 하치만구우와 이즈하라호텔 사이에 있는 좁은 골목으로 들어간 다음, 아리아케야마(有明山) 등산로 쪽으로 올라가야 한다. 몹시 좁고 가파른 길이다. 주택 사이 골목길을 따라 오르다 보니 더 이상 나아갈 수 없는 막다른 길에 다다랐다. 어디였을까?

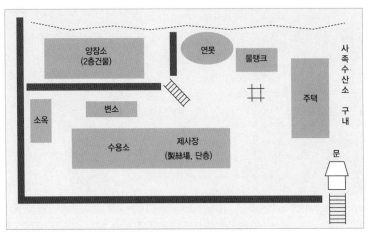

면암은 연못 아래 있었던 세사상에 수용되었다(김정동, 『일본을 걷는다 2』).

사족수산소 구내 배치도에 의하면 연못 아래쪽에 있는 제사장이 바로 면암이 갇혀 지내던 곳이다. 주택 안에 있는 작은 연못을 확인하고 아래쪽을 꼼꼼히 살핀 결과 두 채의 가옥 사이를 연결하는 가운데 구조 일부가, 옛날 그대로는 아니겠지만, 아직도 녹슨 양철 벽 그대로였다. 그래, 여기다! 여기가 바로 면암이 계시던 곳이다. 일본에 저항한 칠십 노구의 육체와 영혼을 묶어두었던 이곳은 감옥이었다. 아니, 이곳뿐만 아니고 츠시마섬 전체가 감옥이었고, 일제가

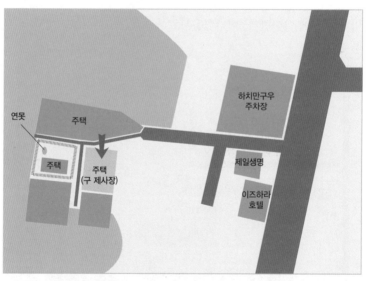

하치만구우 주차장과 이즈하라호텔·제일생명이즈하라빌딩 사이로 곧장 올라가면 과거 사족수산소가 있던 이즈하라마치 이마야시키(嚴原町今屋敷) 647과 648번지에 닿는다. 면암이 갇혔던 제사장은 오른쪽 사진의 파란 지붕 건물이 있는 곳(647번지)으로 추정된다.

유우슈우 역사기행

작은 연못 아래에서 발견한 수용소 자리. 파란 지붕을 인 현대식 가옥이 들어서 있지만, 이것을 포함해서 양철판과 검은 기와가 얹혀 있는 곳이 옛 제사장 자리로 추정된다.

판치는 조선 땅 전체가 이미 거대한 감옥이었다.

츠시마경비보병대대장 소좌 소에지마(副島以辰)는 수용소에 도착한 면암에게 관을 벗고 경례를 하도록 명령했고 격노한 면암은 오히려 소에지마를 꾸짖으며 탈관을 거부하였다. 소에지마는 일본이 주는 밥을 먹었으니 일본의 명령을 따라야 한다며 억지로 관과 건을 벗기려 하였고, 면암을 총검으로 위협하였다. 이에 면암은 가슴을 풀어헤치며 "이놈, 어서 찔러라"라고 대갈일성하였다. 이 사건으로 면암은 단식에 들어갔다.

"내기 왜와 30년 동안 싸워왔으니, 저들이 나를 해치는 것은 조금도 괴이하지 않다. 또한 나는 나라가 위태해도 부지하지 못하고 임금이 욕을 당해도 죽지 못하였으니, 내 죄는 죽어 마땅하다… 그들의 음식을 먹고 그들의 명령에 따르지 않는 것도 의가 아니니, 지금부터는 단식하고 먹지 않을 것이다. 전쟁에서 죽지 않고 단식으로 굶어 죽는 것도 또한 운명이다."

단식 3일째 되던 날, 사태의 심각성을 깨달은 소에지마가 면암을 찾아와, 전날의 실수를 사과하면서 단발과 변복을 강요하지 않겠다는 서약을 했다. 소에지마가 사과를 하고, 면암의 안위를 걱정하던 임병찬과 9의사가 간곡하게 만류한 끝에 면암은 그날 저녁부터 죽을 먹기 시작했다.

1906년 12월 1일 면암과 홍주 9의사는 츠시마경비보병대대 병영 내에 신축된 감금소로 이감되었다. 지금은 츠시마육상자위대가 주둔하고 있는 곳인데, 이즈하라유치원에서 북쪽으로 큰길을 따라 1km쯤 걸으면 닿을 수 있다. 일본에 군대는 없다! 하지만 자위대는 군대나 다름없는 시설이어서 사진을 찍을 수 없다. 실은 이번 답사에서 사진을 담당한 박 선생이 멀리서 조심스럽게 셔터를 눌렀는데, 운이 없었는지 초병에게 걸렸고, 촬영한 컷은 모두 삭제해야 했고 여권도 제시해야 했다.

면암이 세상을 뜨기 전에 수용되었던 장소를 확인하고 싶어서 왔다고 설명을 했지만, 새파랗게 젊은 초병이 면암을 모른다. 입구의 술렁거림에 다가온 30대 초반의 위관급 자위대원에게 경위를 설명했더니, 잠시 후 머리가 희끗희끗한 좌관급 대원이 나타났다.

슈젠지 얘기로부터 120년 전 면암이 이곳에 끌려온 사연을 대충 말하고, "여기가 이전에 츠시마경비보병대대였습니까?"라고 물었더니, "네, 맞습니다. 이곳에 있었습니다"라고 분명한 목소리로 대답해 주었다. 바로 이곳에서 면암은 더욱 삼엄한 감시를 받으며 생활하다가 1907년 1월 1일 75세를 일기로 마침내 옥중에서 순국한 것이다.

여기서 한 가지 짚어야 할 게 있다. 책이나 인터넷에 보이는 대부분의 기록은 면암이 '단식 중 세상을 뜬 것'으로 되어 있다. 이게 사실이라면 면암은 유배된 8월 28일부터 단식을 시작해서 운명하기 전까지 무려 넉 달 넘게 단식을 했다는 얘기가 된다.

한국인 관광객들을 안내하는 대부분의 해설사들 역시 면암이 '단식 중 운명했다'고 목소리를 높이고 설명을 듣는 이들은 숙연해진다. 이렇게 얘기하는 것이 드라마틱하다. 단식 끝에 절명했다는 이야기는 가슴을 두드리고 더욱 깊은 인상을 남긴다. 그렇더라도 사실을 왜곡하는 것은 곤란하다.

'단식을 하다가 죽었다, 아니다'가 중요한 것은 아니다. 외세의 침략으로 조국이 위기에 처했을 때, 노구의 면암은 자신을 돌보지 않고 의병을 일으켰다. 아마도 면암은 처음부터 자신의 죽음을 예감했을 것이다. 그럼에도 피하지 않고 그 길을 택했기 때문에, 면암이 있었기에 후손들이 당당하게 가슴을 펼 수 있는 것이다.

이튿날 면암의 시신은 이즈하라 시내에 있는 슈젠지(修善寺)에 안치되었고, 귀국 선편을 기다리며 2일간 머물다가 1월 4일 저녁 귀국길에 올랐다. 면암의 시신이 이즈하라항을 떠날 때 많은 일본인들이 촛불을 들고 뒤를 따르며 애도를 표했다고 한다. 면암의 시신을 태운 약진환(藥津丸)은 야간 항해 끝에 다음 날 아침 부산 초량 앞바다에 도착하였다. 1906년 8월 27일 부산 초량 항구를 떠난 지 132일 만에 시신으로 환국한 것이다.

슈젠지에는 면암 최익현을 기리는 비가 서있다. 1986년 한일 양국의 유지들이 뜻을 모아 비를 세웠다. 그런데 비문을 국한문체로 새긴 것은 한글전용이라는 시대정신을 외면하고 한글세대를 도외시한 어리석은 행동이었다. 점점이 박힌 한자가 많은 후손들로 하여금 선생에 대한 짧은 기록조차 읽기를 주저하게 만들고 있었다. 이 자리에는 비문을 한글로 옮긴다.

"최익현 선생은 대한제국의 위대한 유학자요, 정치가였다. 한말의 어려운 정세에서도 소신을 굽히지 않고 애국항일 운동을 일으켜 일본 관헌에 의해 츠시마로 호송되어 왔으며 유배지 옥에서 순국하셨다. 수선사 창건에는 백제 비구

유우슈우 역사기행

니 스님 법묘(法妙)가 관여한 것으로 전해져 한국과는 인연이 깊다. 선생이 순국한 후 츠시마 유지들이 유체를 모시고 충절을 되새겨 제사를 올렸다. 이렇듯 유서 깊은 곳에 순국비를 세워 선생의 애국애족의 뜻을 기리고자 한다."

슈젠지를 방문하는 많은 한국인들이 최익현선생순국비에 주목한다. 바쁜 일정 속에서도 비를 바라보는 동안은 나라를 잃는다는 것이 어떤 것인지, 지킨다는 것이 어떤 것인지, 개인의 삶을 희생한다는 것이 어떤 것인지 생각하게 된다.

현대인의 삶과는 너무나도 동떨어져 있는 듯한 과거의 역사가 주는 단상이지만, 죽는다는 것, 목숨을 바친다는 것의 의미를 되새기게 된다.

최익현선생순국비

🐢 애국과 매국의 차이

슈젠지에는 최익현 선생에 대한 추억과 역사만 서려있는 것은 아니다. 법당 처마 밑에 걸린 해묵은 현판에 적힌 '수선(修善)'이란 글씨가 우리가 잘 기억하지 못하는 구한말 정치인 김학진의 이야기를 들려준다. 이 글씨는 김학진이 썼다.

김학진(金鶴鎭)은 1905년 3월, 일본의 이권 침탈과 대한제국 정부의 경제적 무능, 재판 운영의 부정, 사법권 실추 등을 비판하다가 일본헌병대에 체포되기도 했으나, 이후 변절하고, 친일의 길에 들어서 1908년에는 유림을 회유하기 위해 통감 이토우 히로부미(伊藤博文)의

'수선'이란 글씨 왼쪽에 '김학진'이란 낙관이 선명하다.

유우슈우 역사기행

후원으로 조직된 대동학회(大東學會)의 회원이자 강사로 활동했다.

합병 직후인 1910년 '조선귀족령'에 따라 남작 작위를 받음으로써 영화를 누렸으나, 대한민국 오천 년 역사에 부끄러운 이름 석 자를 남겼다.

면암의 순국비와 김학진의 글씨가 걸린 법당 사이에 서서 애국과 매국의 차이가 불과 열 걸음도 되지 않음을 느낀다. 누구는 기울어가는 나라를 구하기 위해 죽음의 길로 들어서고, 누구는 목숨을 부지하고 일신의 영화를 위해 매국의 길을 선택했다. '만약 내가 그 때 살았다면 어떻게 했을까? 면암의 길을 갔을까, 아니면 김학진의 길을 갔을까?' 이런 생각을 심각하게 해보는 것도 역사를 공부하는 좋은 방법이다.

죽었으나 영원히 살아있는 이는 면암이요, 살았으나 죽은 자는 김학진이었다.

아, 덕혜옹주

—

2016년 8월 10일 개봉된 영화 『덕혜옹주』는 일찍부터 대중의 비상한 관심을 모았다. 덕혜 역을 맡은 손예진은 제작비 문제로 영화사가 어려움에 처하자 "여성의 일대기가 영화로 만들어지는 경우가 많지 않다"면서 "영화가 순탄하게 만들어지기를 바란다"며 10억을 투자했고 팬들은 박수를 보냈다.

포스터를 장식한 '돌아오고 싶었습니다... 우리나라 대한민국'이란 문구가 손예진의 곱지만 애달파 보이는 자태와 함께 시선을 끌었다. 그러나 초반부터 영화는 역사적 사실과는 전혀 다른 전개를 보였다. 고종의 독살설은 기정사실로 다루어졌고, 덕혜의 삶은 대한제국 마지막 황녀의 독립운동사처럼 그려졌다. '이 영화의 일부 내용은 사실과 다르다'는 문구는 '이 영화의 대부분은 사실과 다르다'여야 하지 않았을까?

영화는 어디까지나 영화다. 다큐멘터리가 아니므로 사실을 충실히 재현하는 것이 목적도 아니다. 하지만 문제는 이 영화를 통해 망한 나라의 마지막 옹주이자 여성으로서 걸어야 했던 덕혜의 진짜 삶은 왜곡되었고, 관객들은 역사와 허구를 분별하기 어렵게 되었다는 점이다. 아마도 덕혜옹주의 삶을 사실에 가깝게 복원한 것은 일본인 혼마 야스코(本馬 恭子)가 1998년에 펴낸 『토쿠케이 히메(德惠姬)』였을 것이다.

덕혜는 1912년 5월 25일 고종과 복녕당 양씨 사이에서 태어났다. 고종의 깊은 사랑 속에서 성장했지만, 8살이 되던 1919년 1월 21일 고종이 승하하였고, 히노데소학교(日出小學校) 5학년이던 1925년 일제에 의해 일본으로 보내졌다. 덕혜는 어머니와 자신을 돌보던 궁인들, 그리고 어린 동무들과도 헤어져야 했다. 13살짜리 어린 소녀에게는 너무 가혹한 이별이었다. 일본 토우쿄우, 덕혜는 오빠인 영친왕 이은의 집에 살면서 토우쿄우학습원에 다녔다.

1907년 10살의 어린 나이에 볼모와 다름없는 신세가 되어 일본으로 가야 했던 영친왕 이은은 조선의 영구 지배를 위해 추진된 일제의 결혼정책에 따라, 1920년 4월 28일 일본 왕족 나시모토(梨本宮)의 맏딸 마사코(方子)와 결혼해 살고 있었다. 같은 지붕 아래 오빠와 올케가 있었지만, 어린 덕혜는 모국과 어머니에 대한 그리움, 외로움을 감당하기 어려웠을 것이다.

사춘기 소녀 덕혜에게 연이어 힘든 일들이 일어났다. 1926년 4월 25일 오빠 순종이 승하했고 1929년 5월 30일에는 어머니 양귀인마저 유방암으로 고생하다 향년 48세를 일기로 세상을 떠났다. 토우쿄우에 있던 덕혜는 사무치는 그리움에 한시도 잊지 못하던 어머니의 임종조차 보지 못했고 겨우 장례식에만 참석할 수 있었다.

🍇감당하기 어려운 슬픔

나이 17세의 덕혜에게 아버지와 오빠, 어머니의 잇따른 죽음은 감당하기 어려운 슬픔이었을 것이다. 마사코에 따르면, 1930년 신경쇠약을 앓기 시작한 덕혜는 학교에도 가지 않고 하루 종일 방에 틀어박혀 있었으며, 심한 불면증에 시달렸고, 어떤 때는 한밤중에 밖으로 나가 거리를 쏘다녔다. 덕혜를 진찰한 정신과 의사는 그녀가 '조발성 치매증'을 앓고 있다고 했다.

원인 불명의 병을 앓고 있었지만 일제는 덕혜의 결혼을 서둘렀다. 조선에 대한 완벽한 지배의 실현을 위해 조선 왕족의 피를 묽게 해야 한다고 생각했을까? 여하간 일본 왕족의 여성을 아내로 맞아들인 오빠와 마찬가지로 덕혜는 일본인인 누군가와 맺어져야 하는 운명이었다.

1931년 5월 8일 덕혜는 결혼했다. 그녀의 상대가 된 것은 츠시마 번주의 아들인 소우 다케유키(宗武志) 백작이었다. 두 사람의 의사와는 관계없는 정략결혼이었다.

1970년대까지만 해도 중매결혼이 많았지만, 세상은 변했다. 캠퍼스커플도 생겼고 사내커플도 생겼다. 나이트클럽에서 만나 결혼한 커플도 등장했다. 이 사람 저 사람 만나보고, 여기저기 쏘다니며 데이트도 해보고, 외모, 성격 등등 요모조모 검증해 보고, 서로 사랑하는 사람과 결혼한다.

요즘에도 '결혼해듀오' 같은 광고 문구를 내건 결혼상담소 등이 있지만, 연애결혼이 잘 안 될 때나 특별한 신분들이 도움을 청하는 곳 아닐까?

그러나 덕혜옹주가 산 시대는 달랐다. 할아버지들끼리 태어나지도 않은 손주들의 결혼을 약속하기도 하고, 아버지들끼리 혼약도 했다. 정작 같이 살아야 할 당사자의 의견은 듣지도 않았다.

보통 사람들도 이런 상황이었는데, 왕가의 결혼은 오죽 했을까? 실제로 조선의 왕가는 왕비나 세자빈을 고르듯이 사위 역시 간택을 통해 정했으니, 엄격한 심사를 거듭한 다음, 덕혜 역시 누군가와 맺어질 운명이었다.

문제는 덕혜의 결혼이 일제에 의해 일방적으로 추진되었다는 것이다. 주권을 빼앗긴 후라 간택을 통해 사위를 정할 수 있는 상황이 아니었지만 고종은 덕혜가 8살 때 일찌감치 약혼자를 내정해 두었다. 일제에 의한 정략결혼을 피하기 위한 하나의 방책이었다.

덕혜의 상대는 시종 김황진(金璜鎭)의 조카이자 김을한(金乙漢)의 아우인 김장한(金章漢)이었다. 그러나 이 같은 고종의 궁여지책도 일제의 강압에 의해 물거품이 되고 말았다.

배우 박해일이 연기한 김장한은 일본으로 날아가 덕혜옹주 탈출을 기도하고, 일본에 맞서 싸우는 독립투사로 그려졌으며, 해방 후 덕혜옹주를 고국으로 데려오기 위해 애쓴 인물로 묘사되었다. 그러나 실제로 덕혜옹주를 한국으로 모시기 위해 애쓴 이는 김장한의 형 김을한이었다.

다시 현실로 돌아가자. 일제가 정한 덕혜의 상대는 일본의 변방인 츠시마번의 당주 소우 다케유키(宗武志) 백작이었다. 대한제국의 황녀로 태어난 지존의 신분으로서 자신의 나라를 빼앗은 '강도의 졸개'와 맺어져야 했던 덕혜는 과연 어떤 심정이었을까?

조선의 공주와 결혼을 명받은 소우 다케유키는 어떤 기분이었을까? 과연 그들의 결혼 생활은 행복했을까?

결혼한 해 가을 부부는 츠시마를 방문했다. 10월 30일 밤 11시 반경 부부가 탄 배가 이즈하라항 니시하마에 도착했을 때, 많은 사람들이 부두에 나와 환영했다. 구번주인 소우씨 문중의 당주와 그의 아내가 된 이왕가의 옹주를 만나다는 것은 호기심으로 가득 찬 츠시마 사람들에게 무척이나 가슴 설레는 행사였을 것이다. 부부는 많은 이들의 환대를 받았고, 11월 1일 부부는 일본 육군의 지부가 설치된 치쿠조우(築城)지부와 중학교를 방문했으며, 그날 오후 덕혜는 여학교를 방문한 기념으로 나무도 심었다.

이때 찍은 사진이 한 장 남아있다. 소우 백작은 여느 일본인답지 않은 휜칠한 키에 꽃미남 같은 외모를 지녔다. 23살의 청년이지만, 츠시마번 당주의 기품마저 느껴진다. 당시 18살이었던 덕혜는 앳된 얼굴에 엷은 미소를 머금고 카메라 쪽을 바라보고 있다. 제법 쌀쌀한 늦가을 날씨였겠지만, 사진 속 두 사람은 평온해 보인다.

사진 한 장으로 행과 불행을 읽기 어렵지만, 사진을 찍던 이 순간, 일본의 백작이 아닌 젊은 남편과 함께 츠시마를 방문했던 이 순간만큼은 행복하지 않았을까?

사람들은 일제로 인해 덕혜가 불행한 삶을 살았다고 생각한다. 역사의 격동 속에서 희생되었다고 말한다. 하지만 여성으로서 단 한 순간이라도 행복한 순간이 있지 않았을까? 사진 속 웃는 덕혜를 보며 나는 그렇게 믿고 싶다. 비록 정략적으로 맺어진 부부였지만, 서로 사랑하고 행복할 수 있지 않았을까? 일생동안 단 한순간도 행복하지 않았다면 옹주가 너무나 가엽다.

11월 3일 덕혜에게 이상 증후가 발생했다. 코모리(古森) 백작 집을

http://goo.gl/rNmdjw

방문했을 때, 한마디 말도 하지 않던 덕혜가 갑자기 소리를 내서 웃기 시작했다. 이해할 수 없는 돌연한 이상 행동이었다.

결혼을 전후해서 이 같은 증상이 지속적으로 나타나고 있었는지, 아니면 돌출적인 것이었는지는 알 수 없다. 여하간 덕혜의 상태는 정상은 아니었던 것 같다. 소우 백작이 덕혜의 병을 알고 결혼했는지, 모르고 결혼했는지도 알 수 없는 일이다.

1932년 8월 14일 딸 마사에(正惠)가 태어났지만, 덕혜의 병은 계속되었고, 1946년 가을(추정), 덕혜는 토우쿄우에서 가장 오랜 역사를 지닌 마츠자와병원(松澤病院)에 입원했다.

1947년 5월 3일, 일본국 헌법이 시행되면서 490개 가문에 달하는 화족이 그 작위와 재산상 특권을 상실하였다. 소우 백작 역시 더 이상 백작이 아닌 평범한 시민의 한 사람으로 살아가게 되었다. 10월에는 왕공족제도 또한 폐지되어 이왕가 역시 모든 특권을 상실했다. 병마와 씨름하던 덕혜가 이 같은 변화를 제대로 인식했을 거라고 상상하기는 어렵지만, 소우 타케유키에게는 모든 것이 새로운 도전이었을 것이다.

1955년 6월 덕혜는 이혼했다. 이혼의 원인이 무엇이었는지 알 수 없지만, 남편에게 버림을 받았을 거라는 추측이 무성했다. 가을에는 마사에가 스즈키 N씨와 결혼했고 소우 타케유키도 재혼했다.

1956년 8월 26일 아침, 마사에는 "야마나시현 아카나기코마가타케 방면에서 자살한다"는 유서를 남기고 집을 나갔다. 아버지는 딸을 찾기 위해 노력했지만 끝내 행방을 찾을 수 없었다.

1962년 1월 26일 덕혜는 귀국했다. 그녀의 귀국을 도운 것은 김을한과 의친왕의 아들인 이우(李鍝)의 아내 박찬주 여사, 그리고 민영환의 손자인 민병기 등이었다.

낮 12시 35분 김포공항에 도착한 덕혜는 옹주로 맞아졌다. 당시 71세였던 유모 변복동 씨가 마치 실성한 사람처럼 반기며 큰 절을 올렸고, 낙선재의 상궁들과 운현궁의 친척들이 덕혜를 맞았다.

🌏1989년 4월 21일

덕혜는 서울대학 병원에서 7년을 지냈고, 1968년 가을 창덕궁 낙선재와 연결되어 있는 수강재에 들어갔다. 덕혜는 말이 없었다. 가끔 마사에의 이름을 부르기도 했지만 텔레비전을 보거나 멍한 표정으로 하루하루를 보냈고, 가끔은 아리랑을 불렀다고도 한다. 1946년 마츠자와병원에 입원할 때부터 덕혜는 다른 세계에 있었으며, 1989년 4월 21일 다시는 돌아올 수 없는 또 다른 세상을 향해 떠났다.

현재 이즈하라마치에는 덕혜옹주를 추억할 수 있는 기념물이 하나 있다. 재일 친일파 조선인들의 모임인 '상애회(相愛會)'가 두 사람의 혼인을 축하하는 기념사업을 펼치면서 하치만구우 앞 광장에 세웠던 성혼기념비다. 현재 이 비는 카네이시성 터(金石城跡) 안에 있는 신지이케(心字池) 공원 앞에 서 있는데, 오랫동안 츠시마번주였던 소우가(宗家)의 묘가 있는 절 반쇼우인(万松院)의 서고 뒤편에 넘어진 채 방치돼 있다가, 2001년 11월에 현재 장소로 옮겨졌다고 한다.

츠시마를 찾는 한국인들은 바로 이곳에서 덕혜를 만나고, 아픈 우리 역사의 한 페이지를 넘긴다. 가이드로부터 덕혜옹주의 이야기를 듣고, '이왕가소우백작가결혼봉축비'라고 쓰인 기념비 앞에서 한 장의 기념사진을 남긴다.

어떤 이들은 웃지만, 어떤 이들의 표정은 좀 심각하다. 여행지에서의 사진은 웃는 모습을 담는 것이 좋은데, 미소를 띠기가 어려운 것은 미소를 짓는 그 자체가 어려운 것일까, 아니면 덕혜의 이야기가 너무 슬퍼서일까?

이왕가소우백작가결혼봉축비(李王家宗伯爵家御結婚奉祝記念碑)를 살펴보는 한국 관광객들.

카네이시성 터 바로 아래 이즈하라마치이마야시키(嚴原町 今屋敷)에는 조선통신사비가 서있고, 그 앞에 츠시마역사민속자료관(対馬歴史民俗資料館) 전시실 입구에는 덕혜의 남편 소우 타케유키가 그린 『아소우만 풍경』이 걸려 있다.

에보시타케(烏帽子岳)전망대나 카미자카(上見坂)공원에서 바라보는 아소우만은 아름다웠지만, 소우 타케유키의 아소우만은 정신병에 시달리던 아내, 이혼, 딸의 가출 등 산란했던 삶의 여정을 품고 있는 듯 쓸쓸해 보였다.

1985년 4월 25일 덕혜보다 4년 일찍 타계한 소우 타케유키의 묘는 사찰 반쇼우인(万松院) 안에 있는 소우가의 묘지에 있다.

츠시마 여행은
이렇게 준비하자

☑ 배편

츠시마에 갈 때 가장 중요한 것은 배표를 구하는 일이다. 현재 부산과 츠시마를 오가는 배를 운영하는 회사가 미래고속, 대아고속해운, JR큐우슈우고속선 등 3곳이나 있어 편한 시간에 이용할 수 있지만, 문제는 주말에 오갈 수 있는 표를 구하는 것이 쉽지 않다는 것이다.

정확한 이유는 알 수 없지만, 부산이나 경남지역에 츠시마를 찾는 여행객이 많고, 여행회사가 여행 상품을 팔기 위해 표를 대량으로 미리 구매하는 탓인 것 같다. 여하간 원하는 날짜에 가려면 일찍 일정을 정하고 서둘러 표를 예매해야 한다. 1980년 8월 11일, 부산 다대포 앞바다를 출발해 13시간 16분 만에 대한해협 49km를 횡단해 츠시마에 도착한 조오련 선수처럼 헤엄쳐서 건널 수는 없지 않은가?

눈 깜짝하는 사이 츠시마의 이즈하라항에 도착했다.

☑ 항로

  부산에서 츠시마로 가는 길은 북섬의 히타카츠항과 남섬의 이즈하라항으로 들어가는
두 길이 있다. 부산–히타카츠는 1시간 10분이 걸리고, 부산–이즈하라는 2시간 정도 걸
린다. 당일 여행이라면 들어가는 곳으로 다시 나오는 것이 좋고, 1박2일이거나 2박3일
이라면 히타카츠로 들어가서 이즈하라로 나오거나, 그 반대도 좋고, 아니면 히타카츠로
들어가서 남섬 이즈하라까지 차로 이동했다가 다시 히타카츠로 나오는 것이 좋고, 그
반대도 좋다.

☑ 현지 교통

  츠시마에는 히타카츠와 이즈하라를 오가는 버스가 있어 이용할 수 있지만, 운행 간격
이 촘촘하지 않아 시간을 맞추는 데 어려움이 있다. 운전이 가능하다면 렌터카를 빌리
는 것이 좋다. 사실 차가 없어도 이즈하라나 히타카츠를 돌아보는 것이 가능하지만, 양
쪽을 오가거나 오가는 길 주위에 있는 많은 관광지에 접근하는 것은 차가 없이는 불가
능하다. 일본의 오릭스렌터카를 비롯해 여러 회사가 영업을 하고 있는데, 이즈하라에서
빌려서 히타카츠에서 반납할 수 있지만, 회송료를 내야 한다. 2016년 6월 현재 오릭스
렌터카의 경우는 회송료 8,000엔을 받는다.
  또 하나 고려해야 할 것은 츠시마의 도로 사정이다. 모든 도로가 매우 좁다. 왕복 2차
선 도로면 큰길이고, 마주 오는 차가 지나가기를 기다려야 할 정도로 좁은 길도 많다.
큰길에서도 50km 이상 속도를 내지 못하도록 제한하고 있으므로, 천천히 운행해야 한
다. 따라서 반드시 큰 차가 필요하지 않다면 다양한 일본의 작은 차 중 하나를 몰아보는
것도 여행의 즐거움 중 하나가 될 것이다. "작은 차 큰 기쁨!"을 마음껏 누릴 수 있는 곳
이 바로 일본이다.

☑ 츠시마의 관광지

● 절경 에보시타케전망대(烏帽子岳展望台)

츠시마 북섬과 남섬의 중간에 있는 에보시타케전망대는 아름다운 리아스식 해안의 절경을 감상할 수 있는 전망대다. 아소우만의 중앙부인 에보시타케 정상에 있고, 해발 176m로 그리 높지만 않지만, 이 지역에서 가장 높은 봉우리이므로 360° 파노라마로 아소우만의 아름다움을 만끽할 수 있다. 북섬에서 남섬으로 혹은 그 반대로 이동할 때 들리기 편리하고, 산 아래 있는 와타즈미신사를 함께 돌아볼 수 있다.

● 와타즈미신사(和多都美神社)

츠시마는 작은 섬이지만, 의외로 갈 곳이 많다. 이즈하라시에 있는 하치만구우신사와 함께 츠시마를 대표하는 와타즈미신사가 아소우만 에보시타케 아래 바다가 보이는 곳에 위치해 있다.

와타즈미신사에는 일본의 초대천황 진무의 아버지 호오리노미코토(火遠理命)와 어머니인 토요타마히메(豊玉毘賣)에 얽힌 전설이 있다. 신화 얘기는 미야자키편에서 정리할 것이니, 여기서는 간단히만 이야기하자.

태양의 신 아마테라스오오미카미(天照大御神)의 손자 니니기노미코토(邇邇藝命)의 아들 호오리(火遠理命)는 형 호데리(火照命)의 낚싯바늘을 빌려 낚시를 하다가 바늘을 바다에 빠뜨렸다. 호오리가 아무리 용서를 빌어도 형은 용서하지 않았다. 이에 호오리는 소금의 신 시오츠치(鹽土)의 도움을 얻어 바다의 신 와타즈미(海神)의 해궁으로 내려가 마침내 도미의 목에 걸려 있던 낚싯바늘을 찾았다. 그리고 바다 신의 딸 토요타마히메(豊玉毘賣)와 결혼해 돌아왔다.

니니기는 천손강림 신화의 주인공이다. 신화에 따르면 일본 역사에서 그가 땅의 지배자가 된 것이고, 그의 아들 호오리의 아들이 바로 진무인 것이다. 흥미로운 것은 일본 건국신화에 등장하는 중요한 무대가 츠시마 와타즈미신사라는 점이다. 넓은 일본 열도를 두고 왜 이곳 한반도와 일본을 잇는 징검다리와도 같은 츠시마가 건국신화의 무대가 되었을까? 여하간 해궁이 있던 바다를 바라보는 자리에 신사를 세우고, 그 앞에 5개의 토리이(鳥居)를 세웠는데, 바다 위에 서있으니, 밀물과 썰물에 따라 물에 잠기기도 모습을 드러내기도 한다.

☑ 음식

츠시마에는 향토요리가 몇 가지 있다. 생선을 돌에 구워 먹는 이시야키(石燒), 닭고기와 어류, 채소 등을 넣은 전골 요리 이리야키(いりやき), 고구마에서 뽑은 면을 뜨거운 장국에 말아 먹는 로쿠베에(ろくべえ), 소고기 패티 위에 오징어를 얹은 츠시마버거, 한국의 돼지갈비에서 변형되었다는 츠시마돈짱(對馬とんちゃん) 등이다.

소고기 패티 위에 오징어를 얹은 츠시마버거는 아마도 츠시마에서만 먹을 수 있는 햄버거라 생각한다. 돈짱은 설명대로 우리나라 양념돼지갈비와 크게 다를 게 없고, 이시야키는 싱싱한 생선을 삼겹살 돌판구이처럼 돌에 구워 먹는 것인데, 역시 생선은 석쇠에 구워야 제 맛이라면, 최근 국내에서 미세먼지 소동의 주인공이 되었던 고등어구이가 더 낫지 않을까?

돌판 위에 생선을 굽는다.
이시야키.

논이 귀한 츠시마에서는 한 뼘이라도 경작지를 늘려야 했다. 오우미노사토의 계단식 논

　츠시마에서는 민생고 해결에 있어 한 가지 주의할 게 있다. 답사 마지막 날, 농사를 지을 평지가 없어 계단식 논을 일구어야 했던 츠시마의 사정을 한눈에 확인할 수 있는 아름다운 마을 오우미노사토(靑海の里) 가는 길에 일본에서 스시를 먹어 본 적이 없는 박 선생을 위해 점심으로 스시를 먹기로 했다. 미네(三根)와 토요타마마치(豊玉町)에 스시야(壽司屋)가 몇 집 있었지만, 월요일이어서 그런지 모두 문을 닫았다. 박 선생은 먹을 복도 참 지지리도 없다!

　오락가락하는 사이 30분 정도 시간이 지나버려, 어쩔 수 없이 슈퍼마켓 바류우타케스에(スーパーマーケットValueタケスエ)에서 스시, 사시미, 마키, 덴푸라 등등을 사서 바다가 보이는 오마에하마엔치(御前浜園地) 정자에서 먹었는데, 오히려 소풍 나온 애들처럼 즐거웠었나? 여하간 이즈하라와 히타카츠에는 식당이 꽤 있지만, 남섬과 북섬을 오가는 길가에서 적당한 식당을 찾는 게 좀 어려울 수도 있다. 게다가 일본에서는 점심시간 2시간 정도 문을 열었다가 저녁시간이 될 때까지 문을 닫는 식당도 많고, 저녁시

간에도 일찍 문을 닫는 곳도 많아서 끼니때를 놓치면 쫄쫄 굶기 십상이다.

☑숙박

이즈하라와 히타카츠에 많은 호텔과 민박이 있다. 이즈하라에는 호텔 츠시마(ホテル 対馬), 호텔 벨포레(ホテルベルフォーレ), 뷰호텔 미즈키(ビューホテル觀月), 호텔 미츠 와칸(ホテル美津和館) 등과 한국인이 운영하는 츠시마대아호텔(つしま大亞ホテル), 오 렌지민숙(TUSIMA ORANGE) 등이 있으며, 역사적인 장소라 할 수 있는 곳으로, 조선과 의 외교를 담당하던 츠시마번의 관공서 이테이안(以酊庵)이 설치되었고, 조선통신사들 의 숙소로 사용되었던 사찰 세이잔지(西山寺)가 유스호스텔 세이잔지(宿坊対馬西山寺) 라는 이름으로 여행객들을 맞고 있다. 히타카츠에는 이곳에서 가장 큰 규모를 자랑하는 카미소(花海莊)가 있는데, 대부분의 객실이 바다를 볼 수 있고, 미우다해수욕장 가까이 에 미우다펜션(三宇田ペンション)이 있으며, 히타카츠항 인근에 음식이 맛있다고 소문 난 다치바나(たちばな), 나츠마루(なつまる) 등의 민숙(民宿)이 있다.

☑글쓴이가 간 길

이번 답사는 2박3일의 여정이었다. 한성대의 이상혁 교수와 한마디로닷컴의 박기범 선생이 길동무가 되어 주었는데, 서로 시간과 장소를 공유하며 의견을 나누는 과정에서 많은 영감을 얻을 수 있었다. 게다가 박기범 선생은 사진 촬영을 맡아 수고해 주었다.

● 1일
서울역(05:30 KTX) – 부산국제여객터미널(10:30 미래고속 코비) – 이즈하라항(厳原 港, 12:25) – 슈젠지((修善寺) – 하치만구우신사 뒤편 사족수산소 – 육상자위대츠시마 주둔지 – 고려문(高麗門) – 나카라이기념관(半井桃水館) – 오후나에(お船江)

● **2일**

　카네이시성 터 내 덕혜옹주결혼봉축비 – 반쇼우인(万松院) – 조선통신사비 – 츠시마역사민속자료관 – 아메노모리호슈 묘(長壽院) – 카미자카공원(上見坂公園) – 카네다성(金田城) – 만제키바시((万関橋) – 에보시다케전망대(烏帽子岳展望台) – 와타즈미신사(和多都美神社)

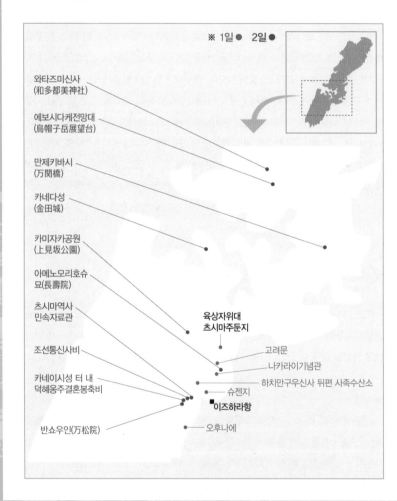

● 3일

한국전망소(韓国展望所) - 토요포대(豊砲台) - 카이진신사(海神神社) - 오우미노사
토(青海の里) - 미우다해수욕장(三宇田海水浴場) - 히타카츠항(比田勝港 16:45 미래
고속 코비) - 부산항(17:55) - 부산역(2030 KTX) - 서울역(23:15)

2부

『…

"히젠토우는 양국에 역사에 있어서 대단히 중요합니다. 그 칼에 얽힌 이야기를 통해서 한국인과 일본인들이 함께 역사를 배우는 것이 가능합니다. 상설 전시를 함으로써, 후쿠오카를 찾는 한국인 관광객뿐만 아니라, 일본인들에게도 좋은 공부가 될 것이라 생각합니다."

…』

후쿠오카

福岡

한반도로 **열린 창**

—

　　　　　후쿠오카는 일본에서 5번째, 큐우슈우에서 가장 큰 도시이다. 한국과 가장 가까운 일본의 대도시이고, 큐우슈우의 관문격인 곳이지만, 한국인들에게 후쿠오카는 목적지를 위해 지나는 경유지에 불과할지도 모른다. 대부분의 관광객들이 후쿠오카공항을 거쳐 벳푸나 쿠마모토, 나가사키 등으로 이동하기 때문이다. 좀 미안한 얘기지만, 다자이후(太宰府)를 제외한다면 후쿠오카는 관광지로서 그다지 큰 매력이 없다.

　하지만 후쿠오카는 고대로부터 한국과 깊은 인연을 맺어온 곳이다. 후쿠오카의 옛 지명은 츠쿠시(筑紫)였다. 고대 한반도에서 간 사신들이 일본에 입국하고 출국할 때 이곳에 있었던 후쿠오카 홍려관(福岡 鴻臚館)이라는 영빈관을 이용했다.

고대에는 한반도 남부에서 큐우슈우까지 가는 데 얼마나 걸렸을까? 1996년 5월 원시배 형태인 '태우'를 타고 제주도 성산포를 출발한 채바다 시인은 밤낮을 쉬지 않고 6일 동안 항해한 끝에 큐우슈우 카라츠(唐津) 북쪽에 있는 고토우열도(五島列島)에 도착했다. 1997년에는 성산포를 출발해 나가사키까지 항해했는데 꼬박 11일이 걸렸다.

만일 부산을 출발해서 후쿠오카로 이동한다면 츠시마와 이키섬(壹岐島)을 거칠 경우 적어도 일주일은 걸리지 않았을까? 게다가 항해술이 형편없었던 때여서 망망대해에서 만나는 거친 풍랑은 죽음의 사자와 같아서 목적지에 이르지 못하고 난파하는 경우도 많았을 것이다.

그러나 오늘날 후쿠오카는 한국에서 가장 빨리 갈 수 있는 외국이다. 인천에서 비행기로 1시간 20분, 부산에서 출발하는 고속선을 타면 후쿠오카의 하카타항(博多港) 국제여객터미널까지 3시간 걸린다. 지금도 한국과 일본을 오가는 많이 이들이 이곳을 통과하고 있지만, 고대에도 이곳은 한국과 일본을 잇는 관문이었다는 점을 기억하자.

'학문의 신' 그리고 백제인의 산성

—

일요일 아침, 대부분의 여행자들은 다자이후텐만구우(太宰府天滿宮)로 발걸음을 재촉하고 있었다. 학문의 신인 스가와라 미치자네(菅原道眞)를 모시는 다자이후텐만구우에는 연일 관광객의 발길이 끊이지 않는다.

일본 전국 12,000개에 이르는 텐만구우계 신사의 총본산에 걸맞은 신궁의 규모와 조경의 아름다움도 매력적이지만, 어렸을 때부터 신동이었다는 스가와라처럼 똑똑해지길 바라는 일본인들이 365일 참배 행렬을 잇고 있기 때문이다. 특히 입시철이면 자녀의 합격을 기원하는 학부모나 수험생들이 인산인해를 이룬다.

흥미로운 사실은 텐만구우의 제신 스가와라가 신라계 도래인이라는 점이다. 나라(奈良)시 북서부 스가와라 지역을 본관으로 하는 하

유우슈우 역사기행

지(土師) 씨는 일본 이즈모(出雲)로 건너간 신라 왕자 천일창(天日槍), 즉 아메노히보코의 후손인데, 후에 칸무천황(桓武天皇)으로부터 스가와라라는 성을 하사받았다. 아마도 텐만구우를 찾는 대부분의 일본인들은 이런 내력은 잘 모르고, 머리 좋고 문향이 높았던 인물로 기억할 것이다.

'학문의 신'을 모시는 나사이후텐만구우

🌀 백촌강 전투

텐만구우에서 멀지 않은 곳에 다자이후(太宰府)가 있다. 1,400여 년 전 설치된 다자이후는 야마토조정의 큐우슈우 총독부와 같은 것으로 당시 이 지역의 정치, 경제, 외교를 총괄하던 정청(政庁)이었지만, 평평한 벌판에 들어섰던 건물들은 모두 사라지고 지금은 주춧돌만 남아 아련한 역사를 더듬게 한다.

후쿠오카의 역사에서 중요한 곳임에도 탐방객들은 많지 않았지만, 푸른 잔디 위로 봉긋 솟은 주춧돌을 방석처럼 깔고 앉은 여학생 둘이 담소를 나누는 모습이 인상적이었다.

북쪽으로 보이는 나지막한 오오노야마산(大野山)에는 일본에서 가장 규모가 큰 한반도식 산성으로 알려져 있는 오오노성(大野城)이 있었다. 665년 백제 도래인 억찰(億札)과 사비(四比)가 축조했다고 하는데, 663년 백제와 일본 연합군이 백촌강(白村江)전투에서 나당연합군에 패한 이후에 신라와 당나라의 침공에 대비해 쌓은 것이다.

둘레 8km에 이르는 토루(土壘)와 석루(石壘)를 연결한 산성에는 지금도 이곳저곳에 석벽과 성문이 남아 있지만, 웃자란 나무들과 울창한 나뭇잎들 때문에 산 아래 축성된 미즈키성(水城)과 먼 바다를 조망할 수 있는 곳을 찾기가 쉽지 않았다.

켄민노모리(県民の森: 현민의 숲)에서 등산로를 따라 30분 정도 가파른 산길을 올랐지만, 산 중턱에 자리한 음악당까지 가도 전망은 없었다. 뒤를 좇고 있는 이상혁 교수와 박기범 대표, 그리고 5년 만에 만난 일본어 선생 사토 사키만 아니었으면 좀 더 무리를 할 수 있었지만, 아쉽게도 발길을 돌릴 수밖에 없었다. 성을 쌓은 당시에는 산 아래 미즈키성과 멀리 나당연합군의 함대가 나타날지도 모를 현해탄(玄海灘)이 아주 잘 보였을 것이다.

오오노성에 오르면 바다가 보일 거라고 기대한 것이 불찰이었다. 좀 더 꼼꼼히 지리와 위치에 대한 정보를 챙겼어야 했다. 한국에 돌아와서 확인한 사실이지만, 북쪽 전망을 보려면 시오우지(四王寺)에 차를 세우고 등산로를 타거나 오오노야마산(大野山) 앞에 있는 오토가나야마산(乙金山)에 올라야 했다.

후쿠오카공항 동남쪽에 위치한 오오노야마산. 백촌강 전투 패배 이후 나당연합군의 침공을 막기 위해 건설한 오오노성이가 있다. (숨은그림찾기: 비행기 한 대가 착륙을 시도하고 있다. ᴧᴧ)

조선 국모를 시해한 칼

—

　　　　　　후쿠오카 시내 한복판인 하카타(博多)에
쿠시다신사(櫛田神社)가 있다. 일본 건국신화에 나오는 태양의 신 아
마테라스오오미카미(天照大神)를 모시는 신사이자 하카타의 대표적
인 축제인 야마카사마츠리(山笠祭り)가 시작되는 곳으로, '오쿠시다
상(お櫛田さん)이라는 애칭을 갖고 있다. 그만큼 후쿠오카 사람들에
게 사랑받는 곳이지만, 이곳은 한국인들에게도 특별한 사연을 갖고
있다. 얘기는 100여 년 전으로 거슬러 올라간다. 일본의 조선 침략
이 본격화되던 19세기 말, 상상을 초월하는 전대미문의 사건이 일
어났다.

　1895년 10월 8일 새벽 5시, 이른 아침의 적막을 깬 한 발의 총성
과 함께 총칼로 무장한 일본 자객들에 의해 작전명 '여우 사냥'이 시

작되었다. 일본 공사 미우라 고로우(三浦梧樓)에 의해 동원된 수십 명의 일본 낭인들과 군인, 경찰, 그리고 이에 가담한 일부 조선인들이 경복궁을 포위하듯이 북서쪽의 추성문, 북동쪽의 춘생문, 그리고 남쪽의 광화문을 돌파했다.

쿠시다신사 배전 앞마당에서 히젠토우에 대해 이야기하고 있다.

훈련대 연대장 홍계훈과 궁궐 수비대가 광화문을 통과해 건청궁으로 진격하던 침입자들을 맞아 총격전을 벌였지만, 일본공사관 무관 쿠스노세(楠瀨幸彦)와 훈련대 대장 우범선이 홍계훈을 총칼로 살해하자, 겁을 집

어먹은 수비대는 총검을 버리고 도망갔다. 명성황후에 대한 홍계훈의 충절은 뮤지컬 『명성황후』에서도 극적으로 묘사되고 있다.

자객 5~6명이 왕비가 머무는 곤녕합에 침입하자, 시위대 1대대장 이학균은 고종을 보호하기 위해 자객들을 공격하다가 쓰러졌고, 왕비의 얼굴을 모르는 자객들은 닥치는 대로 궁녀들을 죽였다. 자객들의 고함소리, 궁녀들의 비명소리가 뒤섞인 혼란 속에서 궁내부대신 이경직이 왕비를 구하기 위해 자객들을 막아선 순간, 자객의 칼

유우슈우 역사기행

은 번쩍 치켜든 이경직의 두 팔을 잘랐고, 왕후를 보호하고자 했던 그의 행동은 오히려 왕후의 얼굴을 모르는 자객들에게 왕후가 누구라는 것을 알려주었다.

사선에서 벗어나기 위해 왕후는 황급히 뜰 아래로 뛰어내렸다. 하지만 추격자를 따돌릴 수는 없었다. 악귀의 탈을 뒤집어 쓴 추격자는 왕후를 붙잡아 땅바닥에 쓰러뜨렸으며 무자비하게 짓밟고 칼질을 했다. 아, 왕후는 그 자리에서 절명했으며 증거 인멸을 기도한 살해범들에 의해 녹원(鹿苑)에서 불태워졌다. 조선의 국모가 자신의 궁궐에서 외국 깡패들에게 살해당하는 치욕적인 사건이었다.

사건 직후 일본 공사 미우라는 대원군과 협의하여 정부개각을 단행하고, 10월 10일 민왕후에 대한 폐위조칙을 발표하면서 왕후 살해가 일본인에 의해 이루어진 것이 알려지지 않도록 은폐공작을 폈다. 하지만 왕후의 최후를 목격한 미국인 다이(W. Mc. Dye)와 러시아인 사바찐(A.I.Seredin-Sabatin)에 의해 진실이 알려지자, 일본은 10월 17일 미우라를 공사직에서 해임하고, 18일에는 관련자 오카모토(岡本柳之助)를 위시한 낭인들에게 퇴한 명령을 내렸으며, 22일에는 스기무라 등 공사관 관리들에게도 퇴한 명령을 내렸다. 일본으로 귀환한 이들 중 군인은 히로시마헌병대본부로, 나머지는 히로시마감옥에 수감되었다.

김홍집을 비롯한 친일내각은 전 군부협판 이주회를 사건의 총책

인자로, 훈련대 부위 윤석우를 사건의 장본인으로, 정체불명의 주정꾼인 박선을 시해자로 날조하여 3명을 12월 30일 사형에 처하여 사건을 왜곡, 축소하고 마무리 지었다. 윤석우는 상관인 우범선의 지시로 궁녀인 줄 알고 타다 남은 유해를 버렸으나, 왕비의 유해를 버렸다는 불경죄에 걸려 처형됐으니, 그 죄가 없지 않겠지만 일인들을 대신한 희생양이었다.

그 와중에 조선 측 사건 가담자인 군부대신 조희연, 경무사 권형진, 훈련대 대대장 우범선과 이두황 등은 일본으로 망명했다. 우범선은 훗날 명성황후의 복수를 도모한 자객 고영근에 의해 살해당했지만, 시해의 진범인 일본인들은 어찌 되었을까?

미우라 공사를 비롯하여 사건 관련자 48명에 대해 모살(謀殺) 및 흉도소집죄(兇徒嘯集罪) 등의 혐의로 재판이 진행되었지만 애당초 엄정한 법의 심판을 기대할 수 없었다. 퇴한령이란 것은 외국 국모를 살해한 흉악한 범죄자들을 은닉하고 속히 사건을 무마하기 위해 벌인 연극이었을 뿐이다.

설상가상 11월 28일 친미파와 친러파가 고종을 탈취해 친일내각을 타도한다는 목적 하에 일으킨 춘생문사건이 실패로 끝나자, 일본은 민비시해사건이나 춘생문사건 모두 열강의 내정 간섭이므로 마찬가지라는 억지 주장을 폈으며, 1896년 1월 20일 히로시마지방재판소와 군법회의에서 미우라를 비롯한 전원에게 '증거 불충분'을 이유로 면소처분을 내렸다.

1896년 1월 20일 히로시마감옥에서 풀려난 미우라가 기차로 토우쿄우로 갈 때, 각 역 주변에는 군중들이 모여 들어 만세를 부르며 그를 환영했다. 외국의 국모를 시해한 흉악한 범죄자가 아닌 국민 영웅의 귀환이었다. 풀려난 낭인들은 조선의 국모를 죽였다는 사실을 무용담처럼 떠들었고, 일본을 구한 영웅인양 우쭐했다.

사건 당시 한성신보사 사장이었던 아다치 겐조우(安達謙藏)는 훗날 중의원 의원에 당선되었고, 1925년 카토우(加藤高明) 내각에서 체신상과 내상을 지냈다. 경무청 의무(醫務), 훈련대 의무였고, 대원군을 끌어내는 일에 간여했던 사세(佐瀨熊鐵)는 1902년 후쿠시마현에서 중의원에 당선되었으며, 러일전쟁 때 도한하여 송병준·이용구 등과 일진회 결성에 관여하여 고문이 되었다.

🐚 히 젠 토 우

그러면 명성황후 시해사건과 쿠시다신사는 무슨 관계가 있을까? 후쿠오카 시내에 있는 쿠시다신사는 명성황후를 시해할 때 썼다는 히젠토우(肥前刀)를 소장하고 있다. 이 칼은 17세기 일본 에도 시대에 다다요시(忠吉)라는 상인이 만든 명검으로 사건 가담자 중 1인인 토우 카츠아키(藤勝顯)가 1908년 신사에 기증했는데, 당시 봉납 기록에는 '이 칼로 조선의 왕비를 베었다'라고 적혀 있으며, 나무로 된 칼집에는 '일순전광자노호(一瞬電光刺老虎: 늙은 여우를 단칼에 찔렀다)'라는 문구가 새겨져 있다.

시해 사건 당시 토우와 함께 행동했던 테라자키(寺岐泰吉)가 훗날 발표한 수기에는 "나카무라 타테오(中村楯雄), 토우 카츠아키, 나(데라자키) 세 사람은 국왕의 제지를 무시하고 왕비의 방으로 들어갔다"고 기록하고 있으며, 츠노다 후사코(角田房子)는 『민비암살』에서 나카무라 타테오가 곤녕합에 숨어 있던 명성황후를 발견하여 넘어뜨린 후처음 칼을 대었고, 곧이어 달려온 토우 카츠아키가 두 번째로 칼을대어 절명시켰다고 했다.

토우는 칼을 쿠시다신사에서 멀지 않은 곳에 있는 임제종 계통의사찰 셋신인(節信院)에 맡기려고 했는데, 사찰은 칼과 같은 흉기를맡을 수 없다며 대신 청동관음불상을 시주받았다고 한다. 토우가 시주한 불상은 태평양전쟁 때 못대가리 하나가 아쉬운 일본군에 징발되었고, 지금 그 자리에는 토우의 관음을 본 따 다시 만들었다는, 관음석상이 품에 아이를 안고 앉아 있다.

그 옆 비석에 "1895년 민비사건이라고 불리는 일이 있었다. 국제관계의 소용돌이 속에 죽어간 왕비의 영혼을 위로하기 위해 독지가들이 세웠다"는 기록이 남아 있는데, 누가 왜 황후를 살해했는지를

관음석상과 명성황후 시해 사건 관련 기록이 있는 비석

전혀 알 수 없으니, 사건 직후와 다름없이 여전히 그들은 그들이 저지른 추악한 범죄의 진실이 드러나는 것을 두려워하고 있는 것이다.

토우는 밤마다 칼이 우는 소리에 제대로 잠을 이룰 수 없었다고 했다. 그래도 그는 살아있었고, 무참히 살해된 명성황후는 영원히 돌아올 수 없는 곳으로 떠났다. 명성황후를 위해 관음불상을 만들고, 칼을 신사에 맡겼다고 해서 국모를 잃은 조선인들의 분노와 슬픔이 누그러질 수 있을까? 살인자들은 참회의 눈물을 흘리며 무릎 꿇고 사죄해야 하고, 일본 정부 또한 사죄해야 한다.

그런데 김문자, 이종각 등은 명성황후를 시해한 것이 낭인이 아닌 일본 군인일 가능성이 높다고 분석한다. 김문자는 테라자키가 자신들이 왕후를 시해했다고 주장한 것은 사건 직후 관계자의 함구령을 지켜 군과 관리의 관여를 숨기려고 했거나, 혹은 자신의 '공적'으로 바꿔치기한 것이라 추정하고 있다.

이종각은 일본 영사 우치다 사다츠치(內田 定槌)가 작성한 『우치다 보고서』의 기록을 통해 "살해당한 부녀 중 한 명은 왕비라고 하는 바, 이를 살해한 자는 우리 수비대의 어느 육군소위로서"라는 대목에 주목하고, 명성황후 시해자는 당시 사건에 가담한 미야모토 타케타로우(宮本竹太郎) 소위일 것이라 주장한다.

이들의 주장대로 황후를 시해한 것이 일본 군인인 미야모토 소위였다면, 그리고 그 사실이 밝혀졌다면, 이웃 나라 국모 살해라는 전대미문의 가공할 범죄를 저지른 일본은 열강의 거센 비판과 비난 속에서 외교상 고립을 면할 수 없었을 것이다. 그렇기 때문에 일본은 결사적으로 그들의 죄를 은폐하려고 최선을 다했던 것이다.

또 하나 지적할 것은 '히젠토우'의 정체다. 만일 시해자가 미야모토 소위라면 명성황후를 시해할 때, 토우가 사용했다는 '히젠토우'란 무엇인가? 정말로 황후를 시해한 칼인가? 히젠토우는 본디 미야모토의 것인가? 미야모토가 자신의 칼인 히젠토우로 황후를 죽이고, 사건 후 어느 순간 토우에게 주었다는 것인가? 군인이 자신의

칼을 낭인에게 줄 이유가 있었을까?

어쩌면 '일순전광자노호(一瞬電光刺老虎)'라는 명문까지 지닌 히젠토우의 사연 역시 거짓일지 모른다.

지난 2015년 10월 29일 새민련의 김민기 의원은 을미사변이 발발한 지 120년을 맞아 한일 양국의 미래를 위해 후쿠오카 쿠시다신사에 소장된 히젠토우가 적절히 처분돼 한일 양국 관계 개선에 새로운 계기가 마련되기를 바란다며 『명성황후 살해에 사용된 '히젠도' 저분 촉구 결의안』을 발의했다.

김 익원은 명성황후 살해에 대한 일본 정부의 공식 사과와 신사가 소장하고 있는 히젠토우를 압수할 것을 요구했으며, 대한민국 정부가 일본 정부에 대해 히젠토우에 대한 적절한 처분을 요구할 것을 촉구했다. 김 의원은 국모를 살해한 범죄 도구를 민간에서 기념품처럼 보관하는 있는 것은 우리 국민들에게 모욕이라고 강조했다.

이보다 앞선 2010년에는 그해 3월 발족한 '히젠도환수위'가 『쿠시다신사 소장 히젠도 처분 요청서』라는 것을 신사에 보냈다. '히젠도환수위는 요청서에서 히젠도가 한국과 일본 사이에 놓인 거대한 장애물과 같다면서 히젠도가 더 이상 일본에 남아서 양국 국민의 감정을 악화시키고, 우호적 한일 관계에 방해가 되어서는 안 된다면서 신사의 용기 있는 결단을 요청'했다.

그런데 히젠도환수위가 말한 '용기 있는 결단'이란 무엇인가? '환수위'라는 이름에서 추정하면 '도로 거두어들인다'는 의미로 해석해야 할 것 같은데, 뭔가 좀 이상하다. 일제가 가져간 우리 문화재를 돌려받는다는 맥락이라면 충분히 수긍할 수 있겠지만, 히젠토우는 애당초 빼앗긴 우리 문화재가 아닌 저들의 것이다. 돌려받는다는 것은 아무래도 좀 이상하다.

쿠시다신사는 히젠토우를 소장하고 있다. 방송에도 소개가 되어서 히젠토우의 존재를 아는 한국인들도 적지 않다. 후쿠오카를 여행할 때, 히젠토우를 볼 수 없다는 것을 알면서도 신사를 방문하는

유우슈우 역사기행

이들도 있다. 반면에 히젠토우의 존재를 아는 일본인들은 극소수에 불과하다. 나는 이렇게 생각한다. 일본의 신사들은 여러 가지 보물을 소장하고 있고, 어떤 것은 1년 365일 방문자들에게 개방되어 있듯이 히젠토우를 상시 전시하는 것이 옳다. 2016년 7월 후쿠오카의 지인을 통해 '히젠토우를 상설 전시해 줄 것을 요청'하는 제안서를 보냈다.

"히젠토우는 양국에 역사에 있어서 대단히 중요합니다. 그 칼에 얽힌 이야기를 통해서 한국인과 일본인들이 함께 역사를 배우는 것이 가능합니다. 상설 전시를 함으로써, 후쿠오카를 찾는 한국인 관광객뿐만 아니라, 일본인들에게도 좋은 공부가 될 것이라 생각합니다. (そちらにある肥前刀は両国の歴史にとって非常に貴重なものです。 そちらの剣にまつわる話を通して韓国と日本の方々が、 ともに歴史を学ぶことができると思います。 常設することで、 福岡に訪れる韓国人観光客のみならず、 日本の方々にも良い勉強になると思います。)"

답장은 없었다. 8월 21일 아침, 신사를 방문했을 때, 젊은 신직에게 들은 이야기는 히젠토우가 신사에 있는 것은 분명하지만, 신사 어디에 있는지는 높은 사람 몇 만 알고 있으며, 상설 전시는 매우 어려운 문제라는 것이었다. 예상한 답변이었지만, 한국과 일본의 미래를 위해서라면 '상설 진시'라는 용단을 내릴 필요가 있지 않을까?

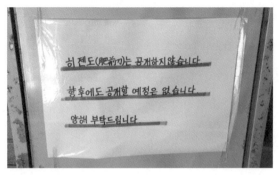

한국방송공사 『천년의 기억 규슈』 방송 화면

    답답한 마음을 안고 발걸음을 돌릴 수밖에 없었는데, 얼마 전 우연히 한국방송공사의 『천년의 기억 규슈』라는 프로를 보다가 쿠시다 신사 역사관 앞에 붙은 한글 안내문을 발견하고 다시 한 번 절망할 수밖에 없었다.

    하긴 황국사관의 기층을 형성하고 지탱하는 것이 신도인데, 내가 너무 얼토당토않은 기대를 한 것일까? 아니다. 이것은 양국 국민에게 매우 중요한 문제이다. 한국인들에게는 돌이켜 생각하고 싶지 않은 비극의 역사이고, 일본인들에게는 감추고 싶은 부끄러운 역사일지라도, 다음 세대에게 가감 없이 알리는 것이 현세대의 책임 있는 행동이고, 바람직한 미래를 세워나갈 수 있는 첫걸음이 될 것이다.

스물일곱에 요절한 천재 시인

—

　　　"죽는 날까지 하늘을 우러러 한 점 부끄럼이 없기를"

열이면 열, 한국인들은 서시를 좋아한다. 하지만 난 힘들다. 언제 서시를 처음 읽었는지 기억하지 못하지만, '죽는 날까지 한 점 부끄럼 없이 산다는 것'은 참으로 감당하기 어렵다. 불가능하다. 그래서 서시를 기억하며 산다는 것은 무거운 바윗돌을 어깨에 얹고 사는 것과 같다. 그런데 그렇게 살고자 했고 그렇게 살다 간 젊은 시인이 있었다.

　　1943년 7월 14일, 봄 학기를 마치고 고향 갈 준비를 하고 있던 시인 윤동주는 사상범죄를 전문으로 다루는 특고(特高)에 체포되어 시모가모(下鴨) 유치장에 갇혔다. 윤동주는 쿄우토(京都) 도우시샤대학(同志社大学) 영문과에 재학 중이었다. 고향 용정에서 윤동주를 기다리던 식구들은 이 소식에 큰 충격을 받았다. 윤동주는 왜 체포되었을까?

1942년 연희전문을 졸업한 윤동주는 일본 유학을 결정하고, 창씨계를 냈다. 조선인들에게 창씨는 의무가 아니었지만, 일제는 창씨개명을 하지 않는 이들은 불온한 조선인, 즉 불령선인이라 하여 자녀의 학교 입학을 불허하거나 식량 배급을 주지 않는 등 괴롭혔다. 그래도 조선인들의 저항은 거셌고, 창씨를 하되 성을 견자(犬子), 즉 '개자식'이라고 하거나 창씨를 거부하며 우물에 몸을 던져 스스로 목숨을 버린 이도 있었다.

민족정신이 투철했던 청년 윤동주는 창씨를 거부했다. 일본 유학을 결정하지 않았다면 윤동주의 창씨명은 없었을 것이다. 하지만 유학을 가기 위해서는, 배를 타기 위해서는 창씨를 하지 않으면 안 되었다. 윤동주는 '히라누마도주(平沼東柱)'가 되었다. 윤동주는 창씨명을 신고하기 5일 전인 1941년 1월 24일 '참회록'이란 시를 썼다.

파란 녹이 낀 구리거울 속에 내얼골이 남아있는 것은 어느 왕조의 유물이기에 이다지도 욕될까

나는 나의 참회의 글을 한 줄에 주리자 만 이십사년 일개월을 무슨 깃븜을 바라 살아 왔든가

윤동주는 조선의 아들이었다. 그러나 자랑스러운 아들이 아닌 욕된 아들이었다. 이름을 바꿔야 했기 때문이었다. 조선인임에도 창씨계를 내고 일본 이름을 갖게 될 자신이 한없이 부끄러웠다. 유학을 위한 어쩔 수 없는 선택이었지만 말할 수 없이 참담했기에 그러한 심정을 한 편의 시로 남겼다.

윤동주는 왜 그 같은 굴욕을 감수하면서까지 일본 유학을 가야 했을까? 특고에 체포된 윤동주는 "조선 독립을 위해서 자신이 민족문화를 연구하려면 다만 전문학교 정도의 문학 연구자로서는 부족하다고 보았기 때문"이라고 진술했다.

조선의 독립을 위해 적지에 뛰어드는 심정으로 참회록을 쓰고 창씨계를 제출했다. 그렇게 히라누마도주가 된 윤동주는 1942년 3월 일본으로 건너가 쿄우토제국대학에 응시했으나 불합격하는 바람에 4월 토우쿄우 릿쿄우대학(立敎大学) 문학부 영문과에 입학했다. 함께 유학길에 오른 고종사촌 송몽규는 쿄우토제국대학(京都帝國大学) 사학과에 입학했다.

릿쿄우대학은 기독교 신교의 한 교파인 '성공회(聖公會)'에서 경영하는 사립대학이었다. 윤동주는 여기서 불과 5개월밖에 공부하지 않았다. 그러나 1942년 3월 도일해서 1945년 2월, 생을 마감할 때까지 3년 동안에 남긴 5편의 시 『흰 그림자』 『흐르는 거리』 『사랑스런 추어』 『쉽게 씨워진 시』 『봄』을 썼다.

『쉽게 씨워진 詩(시)』

창밖에 밤비가 속살거려 六疊房(육첩방)은 남의 나라,

詩人(시인)이란 슬픈 天命(천명)인줄 알면서도 한 줄 詩를 적어 볼가.

…

人生(인생)은 살기 어렵다는데 詩가 이렇게 쉽게 씨워지는 것은 부끄러운 일이다.

六疊房은 남의 나라 窓(창)밖에 밤비가 속살거리는데,

등불을 밝혀 어둠을 조곰 내몰고, 時代(시대)처럼 올 아츰을 기다리는 最後(최후)

의 나

나는 나에게 적은 손을 내밀어 눈물과 慰安(위안)으로 잡는 最初(최초)의 握手

(악수)

 윤동주에게 주어진 육 첩 타타미방이란 좁은 공간조차도 그것은
남의 나라 땅이었다. 그 좁은 공간에서조차 슬픔을 느껴야 했던 동
주는 불편함과 깊은 어둠 속에서 아롱거리는 등불에 기대 '시대처럼
올 아침', 즉 조국의 독립을 기도했다. 그는 외로웠다. 단 한 사람도
그의 손을 잡아줄 이가 없어 자기 손을 스스로 잡으며 자신을 위로
하며 토우쿄우의 생활을 견뎠다.
 그는 대부분의 시를 한글로 썼다. 군데군데 한자가 보인다. 『쉽게
씨워진 詩』에는 '詩, 窓, 六疊房, 詩人, 天命' 등이 보이지만, 한글로

시를 쓰는 것이 금지되었던 시대적 상황을 고려하면 시인이 '한글'을 얼마나 사랑했는지 느낄 수 있다. 연희전문에서 그는 외솔 최현배를 사사했다. 그에게 문법을 배웠고, 한글전용의 사상 또한 이어받았다. 그래서 그의 시는 쉽게 읽힌다. 복잡하지 않고 담백하기 때문이다.

그의 시는 맞춤법에 충실하다. 그의 시에서는 '시인이니까 문법이나 맞춤법쯤 무시해도 된다는 생각'을 찾기 어렵다. 4년 동안의 연전 시절 윤동주는 용정에 있는 가족들과 편지를 주고받았는데, 여동생 윤혜원의 편지에서 맞춤법이나 글씨가 틀린 것을 발견하면 일일이 붉은 글씨로 고쳐서 돌려보냈다고 한다. 이런 그가 시라고 해서 모른 척했을 리 없다.

그런가 하면 다른 시인들의 작품에서 보이는 '파르라니 깎은 머리'의 '파르라니', '고이 접어 나빌레라'의 '나빌레라'와 같은 시적 표현도 많지 않고, '옛이야기 지줄대는'의 '지줄대는', '이 마을 전설이 주저리주저리 열리고'의 '주저리주저리'와 같은 지극히 한국어적인 표현도 많지 않다. 이것은 그의 시가 일본어, 중국어, 영어, 아랍어, 프랑스어 등등 각국의 언어로 쉽사리 번역되어 세계인들에게 애송되는 이유 중 하나일 것이다.

연세대 윤동주기념관. 외국어로 번역된 윤동주의 시

🌏 마지막 귀향

　1942년 7월 하순, 릿쿄우대학 1학년 첫 학기를 마치고 여름방학
에 그는 고향 용정을 찾았다. 이것이 그의 마지막 귀향이 되리라고
는 그 누구도 상상하지 않았다. 그는 동생들에게 조선어로 된 인쇄
물은 머지않아 사라질 것이니, 무엇이든 사서 모으라고 했다.

　당시 일제는 일본어 보급에 박차를 가하면서 조선어 말살을 기도
했다. 1941년 국민학교에서 조선어 수업을 폐지했고 1942년부터
전 조선에 일본어전해운동, 일본어상용운동을 실시하더니 급기야
1943년 모든 학교에서 조선어 교육을 폐지했다. 알퐁스 도데의『마
지막 수업』은 결코 남의 나라 이야기가 아니었다.

일본으로 돌아온 그는 1942년 가을 학기가 시작되기 전 쿄우토로 이사했고 10월 1일 도우시샤대학(同志社大學) 문학부 문화학과 영어 영문학 전공에 입학했다. 윤동주는 도우시샤대학과 쿄우토제대 학생들이 사는 사쿄쿠(左京区) 타나카타카하라초우(田中高原町) 27번지의 타케다(武田) 아파트에 살았다. 사촌 송몽규는 도보로 5분 거리에 살고 있었다.

도우시샤 시절 그는 시 공부에 전념했다. 학교에서는 영문학사, 영문학연습, 영작문, 신문학 등의 과목을 수강했고 하숙집에서는 비좁은 타타미방에서 새벽 두 시까지 읽고 쓰고 구상하면서 시간을 보냈다. 그는 프랑스 시를 좋아했는데, 특히 프랑시스 잠과 장 콕토에 매료되어 있었다.

그러나 그의 도우시샤 시절은 짧았다. 1942년 10월부터 12월까지 가을 학기와 1943년 4월부터 7월까지의 봄 학기만을 다녔다. 여름방학 직전 '쿄우토에 있는 조선인 학생 민족주의 그룹 사건'에 휘말려 특고에 체포되었다. 사건의 중심인물 송몽규와 윤동주, 고희욱 등 3인은 1943년 12월 6일 검사국에 송국되어 심문을 받았다. 허위 자백을 받기 위해 가혹한 고문이 행해졌음은 의심의 여지가 없다.

심문조서에 따르면, 윤동주는 조선에서 조선어 과목을 폐지한 것에 대해 논의하고, 조선어 연구를 권장하면서 조선 독립의 필요성을 강조했으며, 민족의식 강화를 위해 『조선사개론』 등을 조선인 유학생들과 돌려 읽으며 민족의식과 문화를 유지하고 앙양하려고 애썼다고 한다. 윤동주와 송몽규 그리고 몇몇 조선인 유학생들은 때때로 만나서 식민지 조국의 현실을 아파하며 조선의 장래를 위한 논의를 했다.

요즘 대학생들은 이런저런 동아리 활동을 한다. 정치, 경제, 외국어, 음악, 미술 등등 다양한 분야의 수십 종류가 넘는 동아리가 있다. 어떤 모임이든 할 수 있고, 무슨 말이든 할 수 있다. 거리에 나와 시위를 해도 돌이나 화염병 같은 것만 던지지 않으면, 집시법을 위반하지 않으면 된다. 당시 '조선인 학생 민족주의 그룹'이란 것은 조선의 대학생들이 모여서 조선의 독립을 위해 토론하고 고민하면서 장래를 도모한 것이었지만, 그렇다 하더라도 목적 달성을 위해 실행한 그 무엇이 있었단 말인가? 일제의 치안유지법이란 것은 머릿속으로 생각만 해도 죄가 되고 처벌을 받게 하는 악법이었고, 일제강점기는 법의 탈을 쓴 강도가 선량한 시민을 때리고 죽이는 그런 세상이었다.

1944년 2월 22일 담당 검사는 송몽규와 윤동주를 기소했고 둘은 각각 교우토지방재판소 제1형사부와 제2형사부에서 재판을 받았다. 윤동주는 3월 31일, 송몽규는 4월 13일에 재판을 받았고, 치안유지법 5조 위반으로 4월 1일과 4월 17일에 각각 실형 2년을 선고받고, 당시 조선독립운동 관계의 수형자 대부분을 수감하고 있던 후

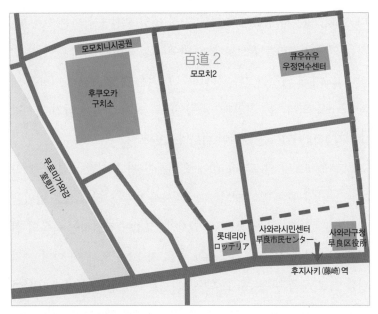

빨간 선 안이 윤동주가 수감되었던 후쿠오카형무소 터다. 지금은 큐우슈우우정연수센터와 주택 등이 들어서 있다. 구치소 위 모모치니시공원(어린이놀이터)에서 윤 시인을 기념하는 행사를 한다.

쿠오카형무소로 옮겨졌다. 윤동주와 송몽규는 사상범이었기에 독방에 수감되었다.

독방에 갇힌 몸이었지만, 노동을 피할 수는 없었다. 윤동주가 어떤 노동에 종사했는지 알 수 없지만, 사망 후 그가 남긴 내복은 왼쪽 소매와 왼쪽 가슴 부분만 유난히 닳아 헝겊의 올이 풀어지고 잔구멍들이 송송 나 있었다고 한다. 도대체 무슨 일을 시켰던 것일까?

무엇보다도 이해하기 어려운 것은 그의 죽음이다. 그는 의문사 했다. 아니, 의문사 당했다. 1945년 2월 16일 오전 3시 36분 그는 '악' 하는 외마디 소리를 끝으로 감옥 안에서 절명했다. 그의 나이 만 27 살하고 2개월 남짓이었다. 상상하기 어려운 절명 순간의 비명은 대체 무엇을 의미하는 것일까? 스물일곱의 천재 시인이 남긴 마지막 소리가 비명이었다는 사실이 너무나도 슬프다.

특고에 체포된 날로부터 19개월 이틀이 지난 시점. 2년이 채 안되는 동안에 무슨 일이 있었을까? 취조를 받는 동안 고문을 받았을 것이라는 것 정도는 짐작할 수 있지만, 그것이 직접적인 죽음의 원인은 아니었을 것이다. 윤동주가 죽은 지 20여 일 후에 마치 그의 뒤를 따르듯 죽은 송몽규도 후쿠오카형무소에서 10달 넘게 옥살이를 했다. 무엇이 젊은 두 청년을 죽음에 이르게 했을까?

일본의 『전시행형실록(戰時行刑實錄)』에 따르면, 1945년 후쿠오카형무소 사망자 수는 259명으로, 1943년의 64명, 1944년의 131명보다 훨씬 많아, 후쿠오카형무소에서 생체실험을 했다는 주장이 제기되었다. 죽기 직전의 송몽규를 면회한 윤동주의 당숙 윤영춘은 피골이 상접한 몽규에게 "왜 그 모양이냐?"고 묻자, "저놈들이 주사를 맞으라고 해서 맞았더니 이 모양이 되었고, 동주도 이 모양으로..." 라고 대답했다고 한다.

1980년 고노오 에이치(鴻農映二)는 윤동주가 맞았던 '이름 모를 주사'가 큐우슈우제대에서 실험하고 있었던 혈장 대응 생리 식염수 주사였을 가능성이 크다고 주장하였다. 2016년 개봉된 영화『동주』에서도 그를 포함한 수감자들이 정체불명의 주사를 맞는 장면이 묘사되었다. 하지만 이 문제는 위안부나 강제징용처럼 확실한 증거로서 입증되지 못하고 있다. 수감자들을 대상으로 인체 실험을 했다면 기록이 있었겠지만, 패망 직전 일제는 일체의 기록을 폐기한 듯하다.

아버지 윤영석과 당숙 윤영춘은 후쿠오카에서 그의 시신을 화장했다. 한 줌 재로 변한 그의 유해는 1945년 3월 고향 용정에 돌아왔고, 오열하는 가족들에 의해 3월 6일 동산(東山)에 묻혔다. 쓸쓸하게 서 있는 묘비『시인윤동주지묘(詩人尹東柱之墓)』는 그 해 5월 동주의 할아버지와 아버지가 세웠다.

2015년 2월 22일 일본 토우쿄우(東京) 릿쿄우(立敎)대학교 예배당에서 '윤동주 시인 70주기 추모 낭독회'가 열렸다. 초등학생부터 원로 배우에 이르기까지 국적과 세대를 초월한 이들이『햇비』『풍경』『십자가』『참회록』『쉽게 씨워진 시』『서시』등 윤 시인의 시 6편을 낭독했다.

요네무라 쇼우지(米村正治 · 69) 씨는 "종전을 몇 달 앞두고 유명을 달리한 시인의 작품을 보며, 요즘 전쟁을 향해 치달아가고 있는 듯한 일본 사회 분위기를 반성하고 싶다"고 했고 '시인 윤동주를 기념하는 릿쿄우의 모임' 야나기하라 야스코(楊原泰子) 씨는 "윤 시인의 작품을 통해 일본의 역사 교육을 바로잡고, 생명과 평화의 메시지가

도우시샤대학 안 윤동주 시비. 오른쪽에 유고시집『하늘과 바람과 별과 시』의 서문을 쓴 정지용 시인의
시비가 있다.

유우슈우 역사기행

널리 알려지길 염원한다"고 말했으며, 윤동주 생가를 방문했을 때를 회상하면서 '정말 죄송한 마음이 들었다'고 했다. 일제의 식민 지배, 저항, 민족 운동, 체포, 감옥, 죽음! 그는 너무나도 일찍 세상과 우리들과 작별했다.

군국주의에 휩쓸렸던 일본은 젊은 시인의 삶을 잔인하게 망가뜨렸지만, 오늘 일본인들은 역사의 진실 앞에서 솔직한 마음을 표현하고 있다. 릿쿄우대학이 있는 토우쿄우뿐만 아니라 도우시샤대학이 있는 쿄우토, 윤동주가 마지막 생을 마감한 후쿠오카에도 일본인들이 윤동주를 기억하고 그를 추모하며 비극의 역사를 돌아보고 있다. 도우시샤대학 안에는 윤동주 시비가 서 있고, 후쿠오카에서는 1995년부터 '후쿠오카 · 윤동주 시를 읽는 모임'이 한국인들과 함께 시낭송 모임 등을 하며 활동하고 있다.

그러나 양국 사이에는 여전히 쉽사리 넘을 수 없는 벽이 서 있기도 하다. 니시오카 켄지(西岡健治) 후쿠오카현립대 명예교수는 '후쿠오카에 윤동주 시비를 설치하는 모임'을 만들고, 후쿠오카형무소가 있던 후쿠오카구치소 옆 모모치니시공원(百道西公園)에 시비를 세우려 했으나, 2015년 여름 관할 사와라(早良)구청으로부터 '불허' 통보를 받았다.

구청은 윤동주가 후쿠오카에서 유명하지 않고, 후쿠오카시에 공헌한 인물도 아니라며 불허 설정을 내렸다고 신문은 전했다. 윤동주 시비가 '시민의 교양에 값한다고 인정할 수 없다'고 판단했다는 것이다. 이 소식에 많은 이들이 실망했으나, 니시오카 교수는 "시비는 역사를 바로 보는 계기가 될 뿐만 아니라 일본인의 손으로 세운다면 상호 이해도 깊어질 것"이라며 "비를 세우기 위한 모금 활동은 계속해 나가겠다"고 했다.

구청의 견해처럼 윤동주는 후쿠오카시에 공헌한 인물이 아니다. 요즘 같으면 법의 심판을 받을 하등의 이유가 없는 대학생들의 스터디 모임을 한 것이 문제가 되어 후쿠오카형무소에서 복역하다 죽었을 뿐이다. 구청은 그의 시비를 통해 일본인들이 감추고 싶은 역사의 진실을 알게 될 것이 두려웠을 것이다.

이 같은 구청의 판단은 왜곡된 역사관일 뿐만 아니라 경제, 즉 관광 진흥에도 도움이 되지 않는다. 한국인들에게 후쿠오카는 관광의 목적지, 종착역이라기보다는 경유지에 가깝다. 많은 이들이 쿠마모토나 나가사키, 사가, 벳푸 등으로 가기 위해 지나간다. 윤동주 시비가 세워진다면, 아니 한걸음 더 나아가 위성사진에 보이는 빈 터에 '윤동주추모관'을 세운다면, 그를 사랑하는 많은 한국인과 일본인은 물론 세계인들이 후쿠오카를 찾을 것이다.

2016년 8월 20일 오후 4시, 후쿠오카형무소가 있었던 모모치니시공원에서 '후쿠오카·윤동주 시를 읽는 모임(福岡·尹東柱の詩を読む會)'의 마나기 미키코(馬男木 美喜子) 회장을 만났다. 시모임은 1994년

모래가 깔려있는 놀이터에서 어린이들이 뛰놀고 있다. 사진 중앙에 서있는 나무 두 그루 뒤쪽에 후쿠오카형무소가 있었다.

12월에 결성되었으니 벌써 20년이 넘었고, 마나기 회장은 1995년부터 참가했다. 한 달에 한 번 윤동주의 시를 한 편씩 읽고 있는데, 그동안 윤동주 시 전편을 한 번 다 읽고 두 번째 읽는 중이다. 꾸준히 나오는 회원은 10명 정도이지만, 시모임을 거쳐 간 사람이 2,000명쯤 된다고 하니, 일본인 가운데 윤동주를 아는 이들의 숫자가 적지 않다고 할 수 있을 것이다.

마나기 회장은 윤동주와 인연이 있다. 윤동주는 연희전문을 나오고 도우시샤를 다녔는데, 그녀 역시 도우시샤와 연세대를 다녔다.

한국에서 공부했기에 그녀의 한국어는 수준급이다. 일본을 여행한 이들이 공통적으로 하는 말 중 하나는 '일본인은 친절하다'는 섯이 다. 나 역시 100% 동감이다. 처음 일본 토우쿄우에 갔을 때, 넓고 복잡한 토우쿄우역에서 길을 몰라 헤매는 내 손을 잡고 개찰구까지 안내해 준 청년, 오오사카의 한 백화점에서 조카 선물을 살 때, 자기 네 가게에 찾는 물건이 없자, 다른 가게 몇 곳을 손수 안내해 준 여 직원 등을 뚜렷이 기억하고 있다.

나가사키 유메(YOUME)타운 안에 있는 서점에서 경험한 일도 잊을 수 없다. 책 제목을 적은 메모지를 내밀고는, 이 책이 있느냐고 더듬 더듬 물었을 때, 시종일관 생글생글 웃으며 '지금 자기 서점에 없다 면서, 다른 서점에 있는지 검색해 보겠다면서, 아마 이 책은 나온 지 오래되어서 헌책방에 가야 구할 수 있을 것 같은데, 헌책방 재고는 검색이 안 된다면서 죄송하다'는 말을 거듭 반복하면서 친절히 안내 해 주었던 여직원도 잊을 수 없다. 찾던 책이 없는 것이 그 직원이나 서점의 잘못을 아니었을 텐데, 왜 '죄송하다'는 말까지 했을까?

마나기 회장도 그런 일본인이었다. 후쿠오카로 가기 전 미리 전자 우편으로 연락을 하고, 도움을 청했을 때부터 그녀는 친절했다. 윤 동주가 옥사한 현장을 처음 찾은 우리 일행을 안내하며, 없어진 형 무소 자리가 주택지로 바뀌었다는 설명과 함께 추정되는 위치를 알 려주고, 오래 전 이곳의 모습을 확인할 수 있는 사진과 지적도 등도

유우슈우 역사기행

보여주었다. 후쿠오카형무소를 헐고 그 옆에 지은 후쿠오카구치소와 그 담벼락 앞에 만들어진 작은 놀이터도 소개해 주었다.

모래가 깔려있는 놀이터에서는 해마다 윤동주의 기일이 되면 추모행사를 열고 있는데 '윤동주가 옥사한 형무소 바로 그 자리는 아니지만, 가깝고, 무엇보다 이곳이 순진무구한 아이들의 보금자리라는 점이 윤동주를 기리는 장소로 가장 적합하다'고 판단했다는 설명도 들을 수 있었다. 『서시』와 『별 헤는 밤』을 사랑하는 한국인들은 윤동주가 『조개껍질』『고향집』『병아리』『오줌싸개 지도』 등 많은 동시를 남겼다는 사실을 알고 있을까?

마나기 회장이 가리키는 옛 형무소 터를 바라보았다. 높은 담장도 붉은 벽돌 건물도 없지만, 그는 저기 갇혀 있었다. 정말로 이상한 주사를 맞았을까? '악'하는 외마디 비명을 끝으로 저세상으로 떠난 시인이 감당해야 했을 고독, 고통, 원통함은 감히 짐작도 할 수 없다. 식민지 백성으로 태어나 꽃을 피우기도 전에 떠나야 했던 천재 시인의 마음을 식민지를 경험하지 못한 후손 그 누가 온전히 느낄 수 있으랴.

저녁 6시 후쿠오카시건강지원센터(福岡市健康づくりサポートセンタ) 안에 있는 작은 방에서 '시모임'이 시작되었다. 마나기 회장을 비롯해서 회원 다섯 분이 자리했다. 50~60대에 걸친 나이가 지긋한 분들이었다. 나와 이상혁 교수, 박기범 신생도 사리를 함께 했고 한사

람씩 돌아가며 그날의 시 『식권』을 읽었다.

『식권(食券)』

식권은 하루 세 끼를 준다.

식모는 젊은 아이들에게
한때 흰 그릇 셋을 준다.

大洞江 물로 끓인 국,
平安道 쌀로 지은 밥,
조선의 매운 고추장,

식권은 우리 배를 부르게

1936년 3월 20일에 쓴 시다. 내용이 간단하고 단순하다. 하지만 뭔가 시인의 깊은 생각이 담기지 않았을까? 일반론이지만 시인은 거짓말을 하지 않는다. 진실을 말한다. 하지만 그게 여의치 않을 때 진실을 살짝 감추어 말한다. 토론 중 이상혁 교수가 재미있는 발언을 했다. "도대체 무슨 국이었을까?" 의외의 질문이었지만 상당히 흥미로운 이야기가 전개되었다.

유우슈우 역사기행

시모임을 이끌고 있는
마나기 미키코 회장

회원들은 이구동성으로 말했다. 일본인이라면 '국'은 십중팔구 '미소시루(味噌汁)'일 것이라고. 하지만 한국인들에게 '국'은 특정할 수 없을 정도도 종류가 많다. 김칫국, 된장국, 콩나물국, 시금칫국, 뭇국, 소고깃국, 오징어국 등등. 국은 찌개와 함께 한국 음식 문화의 한 특징이자 대단히 중요한 요소다. 한국인들은 밥을 먹을 때 국물이 없으면 섭섭하다.

반면 일본인들에게 국은 그다지 중요해 보이지 않는다. 스이모노(吸い物)라고 해서 국 종류가 없는 것은 아니지만, 한국 밥상의 국이나 찌개와 같은 무게감은 느낄 수 없다. 대개 미소시루면 된다. 일본인들도 미소시루를 좋아한다. 하지만 없어도 그만일 수 있다. 한 예로 일본에서 벤토우(弁当)를 사면 벤토우만 준다. 그래서인지 대개

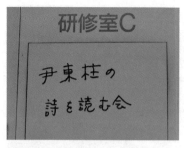
윤동주 시를 읽는 모임

일본인들은 차를 마시며 벤토우를 먹는다. 한국에서 도시락을 사면 어김없이 된장국이 딸려 나온다. 그만큼 한국인에게 국은 중요하다.

회원들은 말했다. 일본인에게 있어서 중요한 것은 밥과 미소시루와 우메보시(梅干し, 매실장아찌)다. 세 가지는 일본 식탁에서 가장 기본적인 요소이면서, 이것만 있으면 살아갈 수 있다고 생각하게 하는 삶의 원천이기도 하다. 이 세 가지를 일본인의 자랑(誇り, 自慢)이라고 당당히 말한다.

1935년 11월부터 평양은 일제의 신사참배 강요로 시끄러웠다. 일제는 각 학교에 평양신사 참배를 강요했지만, 기독교계 사립학교들은 이를 거부했다. 그 결과 1936년 1월 맥큔(G. S. Mccune) 선교사의 숭실중학 교장 인가가 취소되었고, 2월 학생들은 동맹 휴교에 들어갔다. 3월 21일에 맥큔 교장이 미국으로 추방되고, 학생들이 하나둘 고향으로 떠나갈 때 시인은 『식권』을 썼다.

일제의 식민지가 되고 15년이 흘렀다. 하지만 시인은 밥과 미소시루와 우메보시를 말하지 않았다. 그는 '대동강 물로 끓인 국, 평안도 쌀로 지은 밥, 조선의 매운 고추장'이라고 분명히 적었다. 일본은 동화란 깃발 아래 조선인을 일본인으로 만들려고 애를 썼지만, '나는 여전히 조선인'이라는 선언이었다.

한국인들은 일제강점기 일본이 행한 많은 일들을 기억한다. 잊기도 어렵고 잊을 수도 없기 때문이다. 반면에 일본인들은 무슨 일이 있었는지 잘 모른다. 학교에서 배우지 않았다고 한다. 다 그런 것은 아니겠지만 일본 학생들은 전국시대에서 에도시대를 거쳐 메이지, 청일전쟁, 러일전쟁까지를 배우는 것 같다. 일본이 중국을 물리치고 서양의 강대국 러시아마저 누르면서 승승장구하던 때까지를 자랑스럽게 기억한다.

하지만 시모임의 회원들은 윤동주를 통해 지나간 역사의 진실에

윤농주 시모임 회원들이 돌아가며 『식권』을 읽고 있다.

다가서고 있다. 마나기 회장이 젊은 회원들이 적은 것을 아쉬워했듯이 나는 일본의 젊은이들이 시모임에 많이 참가하기를 희망한다.

후쿠오카의 RKB매일방송(RKB毎日放送)에서는 2017년 3월 방영을 목표로 『하늘을 우러러 윤동주의 시로 이어지는 일한관계(空を仰いで ~尹東柱の詩でつなぐ日韓關係~)』라는 프로그램을 제작했다.

제작을 맡고 있는 오오무라 유키코(大村由紀子) 피디는 참으로 아름다운 시를 쓴 윤동주가 후쿠오카형무소에서 죽었다는 것을 알고 몹시 마음이 아팠다고 했다. 그리고 20년 동안이나 활동하고 있는 '후쿠오카 · 윤동주 시를 읽는 모임'을 알게 되어 많은 사람들에게 그의 시와 삶을 전하고 싶다는 생각으로 취재를 시작했다고 했다.

"윤동주의 시를 통해서 일본인과 한국인이 서로 이야기하고, 깊이 이해하는 것이 중요하다고 생각합니다." 오오무라 피디의 얘기다.

지난 7월 23일 자하문 아래 있는 윤동주문학관에서 일본 카나가와(神奈川)에서 온 방문객들을 만났다. 어떻게 윤동주문학관을 찾아왔을까? 부천시와 독서 교류를 하고 있는데, 이번 방문에서 윤동주를 알게 되어 기쁘다는 말을 듣고 얼마나 반가웠던가? 하루아침에 서로에 대한 생각이 크게 달라지지는 않겠지만, 이렇게 오가면서 한걸음 한걸음 다가가야 한다.

오오무라 피디가 만든 『하늘을 우러러 윤동주의 시로 이어지는 일한관계』는 지난 4월 1일 방영되었다. 시청률은 3%가 채 안 되었지만 시청자들로부터 좋은 반응을 얻었으며 격려 편지도 받았다고 했다. 궁금했지만 나는 방송을 보지 못했다. 후쿠오카에서만 방영되었기 때문이다. 하지만 나는 방송을 본 일본인들이 지나간 역사에 관심을 갖고, 새로운 한일관계를 어떻게 만들어가야 하는지에 대한 많은 영감을 받았으리라 믿는다. 『하늘을 우러러 윤동주의 시로 이어지는 일한관계』는 윤동주가 생전에 다녔던 릿쿄우대학의 자료관에서 상영하고 있으며, 도우시샤대학에서는 강의 자료로 활용하고 있다고 한다.

조국의 해방을 보지 못하고 윤동주는 떠났다. 그리고 1947년 그

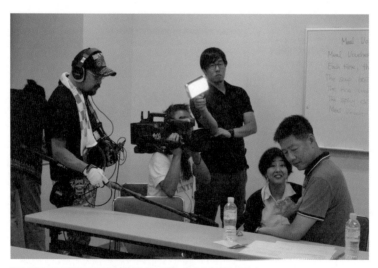

글쓴이(맨 오른쪽) 바로 옆에서 질문을 하고 있는 이가 오오무라 피디다.

의 유고 시집『하늘과 바람과 별과 시』가 극적으로 출판되어, 그는 한국인들이 가장 사랑하는 시인의 한 사람이 되었다.

"죽는 날까지 하늘을 우러러 한 점 부끄럼이 없기를. 잎새에 이는 바람에도 나는 괴로워했다. 별을 노래하는 마음으로 모든 죽어가는 것을 사랑해야지. 그리고 나한테 주어진 길을 걸어가야겠다. 오늘 밤에도 별이 바람에 스치운다."

서시와 윤동주를 기억하는 일본인들이 많아진다는 사실은 올바른

● 후쿠오카형무소 터 가는 길

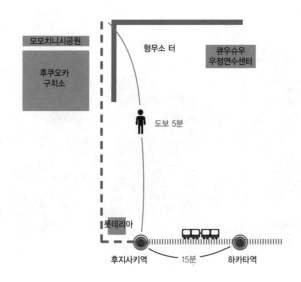

후쿠오카 구치소 뒤편 모모치니시공원(어린이 놀이터)

한일관계 정립을 위한 희망의 싹이 될 것이다. 시인의 시와 삶을 통해 양국인 모두 역사의 진실 앞에 다가설 수 있기 때문이다.

"이런 세상에 태어나서 시를 쓰기를 바라고, 시인이 되기를 원했던 게 너무 부끄럽고 앞장서지 못하고 그림자처럼 따라다니기만 한 게 부끄러워서 서명 못 하겠습니다." – 영화 『동주』

후쿠오카 여행은 이렇게 준비하자

☑ 가는 길

인천공항에서 후쿠오카공항까지 1시간 20분 정도 걸린다. 실제 비행시간은 50분 정도이니 한국에서 가장 가까운 해외 도시다. '벌써 도착했어?'하는 소리가 절로 나온다. 부산에서 배로 이동해도 고속선으로 3시간, 뱃삯이 저렴한 페리를 이용해도 8시간이면 닿으므로, 배를 타고 대한해협과 현해탄의 푸른 바다를 가르며 고대 한반도 사람들의 뒤를 좇는 길도 후쿠오카 여행의 묘미를 더할 것이다.

☑ 현지 교통

후쿠오카는 나카스 카와바타(中洲川端)와 텐진(天神), 하카타역을 중심으로 번화가가 형성되어 있다. 후쿠오카공항역에서 지하철로 5분이면 하카타역, 11분이면 텐진역으로 이동할 수 있고, 버스를 이용해도 하카타 15분, 텐진 30분이면 갈 수 있다. 하카타항에 서라면 버스로 텐진까지 15분 정도 걸린다. 일본은 교통요금이 비싸다. 멀리 갈수록 요금을 더 내야 하는데, 시내를 도는 100엔버스를 이용하면 어디를 가든 거리 상관없이 100엔만 내면 된다.

하카타(博多)역에서 JR(일본철도)을 이용하면 큐우슈우의 다른 도시인, 쿠마모토, 사가, 나가사키, 카고시마, 유후인, 벳푸 등은 물론 큐우슈우 바깥의 다른 지역으로도 쉽게 이동할 수 있다. 현실적으로 후쿠오카를 찾는 관광객들의 목적지가 나가사키, 벳푸, 쿠마모토 등인 경우가 많아 후쿠오카는 그냥 거쳐 가는 곳으로 생각하는 이들도 적지 않다. 후쿠오카하면 다자이후를 먼저 떠올리는데, 텐진에 있는 니시테츠 후쿠오카(西鐵福岡)역에서 23분이면 디지이후(大宰府)역에 도착한다.

☑ 후쿠오카의 관광지

후쿠오카에서는 시내관광이나 쇼핑, 밤거리관광 등을 즐길 수 있다. 도심과 바다를 동시에 조망할 수 있는 후쿠오카타워(福岡タワー), 물개 쇼를 볼 수 있는 수족관 마린월드(マリンワールド), 쇼핑몰인 JR하카타시티(JR博多シティ), 캬나루시티하카타(キャナルシティ博多), 후쿠오카의 밤을 대표하는 나카스(中洲), 그리고 나카스 강변에 자리한 나카스야타이(中洲屋台) 등이 있다.

신사를 찾는 이들은 주로 하카타역에서 가까운 스미요시신사(住吉神社)나 쿠시다신사(櫛田神寺)를 방문한다. 쿠시다신사를 그저 일본의 신사 중 하나로 여기고 이곳을 방문하는 한국인들도 있지만, 명성황후를 시해할 때 쓰인 것으로 알려진 칼이 소장돼 있는 곳이라는 사실을 기억하자.

☑ 음식

8월 17일 6시 15분 후쿠오카공항 도착, 예약해 둔 렌터카를 빌린 후에 나가사키로 출발하기 전 공항 인근에 있는 텐푸라히라오(天ぷらひらお)에서 저녁을 먹었다. 튀김 정식 맛집으로 유명하다. 입구 식권판매기에서 식권을 사고, 길게 늘어선 줄 때문에 30분 정도 기다린 후에야 자리에 앉아 저녁을 먹을 수 있었다. 손님이 앉은 자리 바로 앞에서 싱싱한 해산물과 채소 등을 튀겨서 접시에 담아주는 것이 이 집의 좋은 점이다. 700엔에서 800엔 정도면 바삭하고 씹히는 뜨거운 튀김과 함께 맛있는 쌀밥을 먹을 수 있다. 텐푸라히라오 텐진점도 있다.

후쿠오카는 일본에서 가장 일찍 우동을 먹기 시작한 곳이다. 기온(祇園)역에서 가까운 사찰 조우텐지(承天寺)에는 우동과 소바의 발상지임을 알리는 기념비가 있는데, 송나라에 다녀온 조우텐지의 승려가 1241년 귀국하면서 만두, 우동, 소바를 만드는 기술을 가지고 왔다는 것이다. 유서 깊은 도시인만큼 우동으로 이름난 집이 꽤 있는데, 캬나루시티 입구에 있는 카로노우동(かろのうろん), 하카타역 앞에 있는 우동타이라(うどん

유우슈우 역사기행

튀김 정식 맛집으로 유명한 텐푸라히라오

卒) 등이 유명하다.

　또한 후쿠오카는 톤코츠라아멘(豚骨ラーメン)의 발상지이기도 하다. 후쿠오카는 면에 강하다. 특히 하카타라아멘(博多ラーメン)이 유명한데, 텐진역 6번 출구에 가까운 아카노렌(赤のれん), 니시테츠후쿠오카역 인근에 있는 케곤라아멘(けごんラーメン), 우리나라에도 진출한 잇푸우도우(一風堂), 나카스카와바타역 2번 출구 인근에 있는 이치란(一蘭) 등이 맛집으로 유명하다.

　한국에서는 어디서나 볼 수 있는 포장마차를 일본에서 좀처럼 보기 어렵지만, 후쿠오카에는 후쿠오카의 명물 야타이(屋台)가 있다. 에도시대에 처음 등장한 야타이는 1960년대부터 간단한 술과 안주, 라아멘 등을 판매하면서 성장했는데, 지금은 오뎅(おでん), 야키토리(燒き鳥)를 비

다자이후텐만구우 참배길에 늘어서 있는 점포에서 파는 우메가에모치(梅ヶ枝餅)와 냉녹차. 단팥이 들어 있는 찹쌀떡을 노릇하게 구워 겉은 바삭하고 속은 쫄깃하다

롯한 여러 종류의 꼬치구이, 교우자(餃子: 일본식 군만두) 등등 다양한 먹을거리를 팔고 있다. 텐진과 나카스에 가면 일렬로 죽 늘어서 있는 야타이들을 볼 수 있는데, 저녁부터 새벽까지 장사를 하므로 늦은 시각 출출한 배를 채우기에도 좋다. 다만 흠이라면 한국의 포장마차보다 상당히 비싸다는 점이다. 나카스 강변의 한 야타이에서 네 사람이 저녁을 겸해 간단히 먹고 12,500엔을 냈다.

여행지에서는 누구나 그 지역의 특별한 음식을 먹고 싶어 한다. 후쿠오카에 간다면 앞서 소개한 우동, 라아멘, 튀김정식 등이 그 대상이 될 것이다. 다만 한 가지 맛집을 찾는데, 너무 많은 시간을 허비하는 것은 좋지 않다. 소문난 식당이 아니더라도 맛있는 음식을 먹을 수 있고, 공원 벤치에서 벤토우를 먹는 것도 좋은 추억이 될 것이다.

☑ 숙박

우리 일행은 캬나루시티에 있는 캬나루시티후쿠오카워싱턴호텔(キャナルシティ·福岡ワシントンホテル)에 숙박했다. 교통이 편하고, 번화가인 나카스, 텐진과 가까워 시내 관광에 편한 곳인데다가 숙박비도 저렴한 편이다. 일본의 비즈니스호텔이 대개 그렇듯이 방은 좀 좁지만, 깨끗하다.

http://washington-hotels.jp/fukuoka/
092-282-8800
이밖에도 비즈니스호텔인 베스트웨스턴후쿠오카나카스인(BEST WESTERN

FUKUOKA NAKASU INN), 소라리아니시테츠호테루(ソラリア西鐵ホテル) 등이 있고, 후쿠오카타워 옆에 있는 후쿠오카힐튼시호크(Fukuoka Hilton Seahawk Hotel), 하카타역에 가까운 하얏트리젠시후쿠오카(HYATT REGENCY FUKUOKA) 등 특급 호텔이 있다.

숙박비는 전체 여행 경비에서 큰 비중을 차지한다. 호텔에서 긴 시간을 보낸다면, 특급 호텔이 좋겠지만, 잠만 자는 수준의 숙박이라면 굳이 비싼 호텔에 묵을 필요는 없다. 여행의 성격과 이동 경로, 주머니 사정 등에 맞춰 얼마든지 편하고 깨끗한 호텔을 찾을 수 있다. 한 가지 주의할 것은 호텔은 많아도 일찌감치 예약하지 않으면 방을 구하기 쉽지 않은 때가 있다. 특히 하카타기온야마카사마츠리(博多祇園山笠祭リ)가 열리는 7월 1일부터 15일까지는 일본 내외에서 많은 관광객이 몰리므로 정말 서둘러서 호텔을 예약해야 한다.

☑ 글쓴이가 간 길

다음 장은 나가사키. 명성황후와 윤동주에 관한 이야기가 시간적으로 먼저여서 후쿠오카를 앞쪽에 실었지만, 사실 후쿠오카 답사는 나가사키 답사가 끝난 8월 20일 오후부터 시작되었다. 8월 20일 토요일 오전 9시쯤 나가사키를 떠났고, 도자기로 유명한 아리타(有田)와 이마리(伊万里)를 거쳐서 후쿠오카로 들어갔다.

후쿠오카 첫 일정으로 후쿠오카형무소터와 '후쿠오카·윤동주 시를 읽는 모임'을 방문했고 이튿날은 쿠시다신사, 큐우슈우국립박물관, 다자이후 텐만구우, 다자이후정청 터, 오오노성, 셋째 날은 후쿠오카에서 서쪽으로 50km쯤 거리에 있는 카라츠성(唐津城), 니지노마츠바라(虹ノ松原), 요부코(呼

子)항, 히젠나고야성 터(肥前名護屋城跡) 등을 둘러보았다. 빡빡한 일정이었지만, 요부코항에 있는 이카혼케(いか本家)에서 산오징어회정식을 먹을 수 있었던 것 또한 여행의 즐거움이었고, 빈 터만 남아있는 나고야성에서 무령왕의 탄생지로 알려진 카카라지마섬(加唐島)과 이키섬(壹岐島), 츠시마를 눈으로 확인할 수 있었던 것은 말로 형언할 수 없는 큰 기쁨이었다. 이 이야기는 미야자키편 끄트머리에서 서술할 것이다.

이카혼케 http://www.ikahonke.jp/index.html

0955-82-5511

● **1일(8월 20일)**

후쿠오카형무소 터, 놀이터, 후쿠오카구치소 – 후쿠오카 · 윤동주 시를 읽는 모임

● **2일(8월 21일)**

쿠시다신사(櫛田神寺) – 큐우슈우국립박물관(九州国立博物館) – 다자이후텐만구우(太宰府天滿宮) – 다자이후정청 터(大宰府政庁跡) – 오오노성 터(大野城跡)

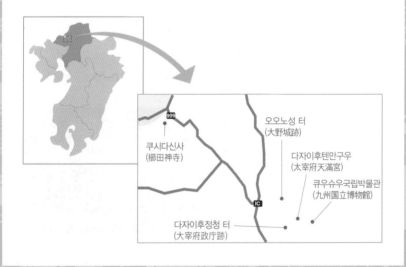

유우슈우 역사기행

● 3일(8월 22일)

카라츠성(唐津城) – 니지노마츠바라(虹ノ松原) – 요부코항(呼子港) – 나고야성 터
(名護屋城跡) – 후쿠오카공항

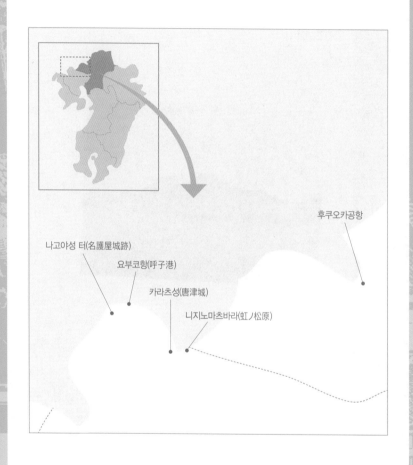

3부

「...

조선에서, 특히 일본에서 가장 가까운 해안에서 헤아릴 수
없이 많은 수의 조선인들이 노예로 잡혀왔다. 그중에는 보기
에도 딱한 어린이도 있었다. 그들은 아주 헐값에 매매되고
있었다.

...」

나가사키

長崎

동서양의 출입구

—

　　　　　　　나가사키는 작지만 아름다운 항구 도시다. 구라바가든(グラバ一園)이나 이나사야마(稻佐山)전망대에 올라가면 시 전체가 한눈에 들어온다. 곳곳에 여행자의 호기심을 자극하는 많은 사연이 있고, 이동거리가 짧아 전차를 타거나 걷거나 하면서 쉽사리 돌아볼 수 있으며, 나가사키의 명물인 찬퐁(チャンポン)과 카스테라(カステラ)로 빈속을 달랠 수도 있다.

　나가사키의 밤 풍경은 코우베(神戸), 하코다테(函館)와 더불어 일본의 3대 야경으로 꼽힌다. 이나사야마전망대에서 칠흑 같은 밤을 밝히는 도시의 불빛과 밤하늘의 별빛을 동시에 감상할 수 있다. 나가사키는 일본에서 가장 먼저 서양의 문물을 받아들인 곳이고, 중국과의 교류도 활발했다. 카스테라(カステラ)와 찬퐁(チャンポン)이 증거다.

　　　　　　　　　　　　　　　　　　　유우슈우 역사기행

구라바가든에서 바라본 나가사키 시내.

나가사키는 한국과도 인연이 깊은데, 임진왜란 때 납치해 간 조선인들을 이곳 노예시장에서 유럽에 팔았다.

'노예' 하면 아프리카에서 신대륙으로 끌려간 흑인들의 모습이 제일 먼저 떠오른다. '조선인 노예'는 말도 생소하고, 상상도 잘 안 되지만, 전쟁에 지면 노예가 되는 것은 패전국 국민의 운명이다. 멀리 유럽까지 팔려간 조선인들은 어떻게 살았을까?

나가사키는 일찍이 서양 문명을 받아들인 곳이지만, 태평양전쟁 때 원폭이 투하된 두 곳 중 한 곳이다.

히로시마(広島)에 평화기념공원, 원폭돔(原爆ドーム) 등이 있고, 이곳에는 평화공원과 원폭낙하중심지공원(原爆落下中心地公園), 나가사키원폭자료관(長崎原爆資料館) 등이 있다. 당시 피폭으로 사망한 많은 희생자와 온갖 후유증으로 고통 받은 일본인들이 있다. 그렇지만 1945년 8월 9일 타카시마(高島)탄광, 하시마(端島)탄광 그리고 미츠비시조선소 등에서 노역에 종사하고 있던 조선인들이 함께 희생되었다는 것은 널리 알려지지 않았다.

나가사키에는 볼 것이 많고 갈 곳이 많다. 일본, 서양, 중국의 문화가 만나 어우러진 역사를 눈으로 확인할 수 있고, 나가사키의 아름다운 산과 바다를 감상할 수 있지만, 전쟁의 비극을 피하지 못한 나가사키의 운명과 그늘에 가려진 조선인들의 아픔 또한 마주해야 한다.

동서를 이은 인공섬 '데지마'

—

        나가사키는 작지만 번화한 도시다. 항구를 중심으로 발달한 도시는 지구상의 여느 도시와 다를 바 없이 빌딩과 주택, 공원 그리고 도심을 통과하는 도로와 만을 가로지르는 다리가 눈에 들어온다.

  하지만 당신이 350년 전 나가사키를 방문했다면, 제일 먼저 데지마에 눈길이 멈출 것이다. 발끝에 튀어나온 사마귀처럼 신경을 자극하는 작은 섬, 바로 데지마(出島)다. 그럼에도 옛 모습을 재현해 놓은 그림 속의 데지마는 아름답게도 보인다. 데지마란 과연 어떤 물건인가?

  1543년 포르투갈 상선이 카고시마현(鹿児島県) 남부, 오오스미반

네덜란드 국기가 꽂힌 작은 섬이 '데지마'다.

도(大隅半島) 남쪽 약 40km 해상에 있는 타네가시마섬(種子島)에 상륙하면서 서양과 일본의 교류가 시작되었다. 이때 포르투갈 상인들이 가지고 온 철포가 일본에 전해졌다.

일본인들은 불을 뿜는 기다란 막대기에 놀랐지만, 곧 신무기의 위력과 가치를 알아보았고, 모조하는 데 성공하였다. 그리하여 타네가시마라는 이름은 에도시대 철포의 대명사가 되었다.

일본인들은 이것을 '텟포우(鉄砲)'라고 했다. 갑자기 영화 『넘버3』의 '무대포정신'이 떠오른다. '무대포'는 텟포우 앞에 없을 '무(無)'를 붙인 것이다. 군인이 총도 없이 싸우러 나간다니, 무모하기 짝이 없

유우슈우 역사기행

는 행동이라는 거였다. 그러니까 '무뎃포우'라는 말은 앞뒤 없이 함부로 행동한다는 뜻이고 한마디로 '무모하다'는 뜻이지만, 일본어, 조직에 있는 분들이 즐겨 애용하는 말임을 기억해 두자.

　1549년에는 스페인의 예수회선교사 자비에르(Francisco Xavier)와 토레스(Cosmo de Torres)가 카고시마(鹿児島)에 도착하여 기독교를 포교하기 시작하였는데, 일본인들은 그들의 종교를 난반교우(南蛮教)라 불렀다. '난반'은 글자 그대로 '남방 지역의 오랑캐'란 뜻이다. 일본인들은 처음 만난 서양인들을 남방에서 온 오랑캐로 생각했는데, 오늘날 '난반'이란 낱말은 서양 문화를 통칭하는 용어로도 쓰인다.
　여하간 오랑캐로 인식된 이들이 가지고 온 것은 기독교였고, 새로운 세상에 눈을 뜬 일본인들이 신자가 되었다. 그 결과 유력 다이묘(大名)들을 포함하여 세례자 70만이라는 엄청난 교세를 구축하였다. 그러나 기독교 수용은 일본인들의 가치관과 행동양식에 큰 변화를 초래하는 것으로 인식한 위정자들은 기독교를 위험한 사상으로 간주하고 박해했다.
　토요토미 히데요시(豊臣秀吉)는 바테렌(伴天連: 가톨릭 사제)추방령을 내렸으며, 토쿠가와 이에야스(德川家康)도 억압정책을 폈다.

🌏 쇄국정책과 무역

일본 천하를 통일한 토쿠가와막부는 쇄국정책을 실시했다. 포르투갈 상인들의 내항을 금지하였고, 천주교 교인이 아니라는 증명서를 받아야 하는 단가제도(檀家制度)를 실시하는 등 엄격한 법령을 적용했다. 1651년 토쿠가와 이에스나(德川家網)는 종래의 억압정책을 폐지했지만, 쇄국정책을 견지했다. 그러면서도 외국과의 무역을 포기할 수 없는 진퇴양난의 상황이었다.

에도막부는 기발한 아이디어를 생각했다. 서양인들의 출입을 원천적으로 금지할 수 없으니, 앞바다에 인공섬을 만들고, 그 섬 안에서만 서양인들과 교류를 하겠다는 것이었다. 사실 잠깐 들어왔다 나가는 것이라면, 항구에 배를 정박한 상태에서 간단히 교섭을 할 수도 있었겠지만, 장기 체류를 요하는 방문자와 그들을 머물게 할 필요가 있었기에, 그들 전용의 숙소를 건설하겠다는 것이었다. 요즘으로 치면 두바이 인공섬에 있는 '버즈 알 아랍 호텔'하고 비슷하다고 할까? 여하간 1636년 포르투갈인들을 수용하기 위한 '인공섬 데지

난학관(蘭学館)에 전시된 시계

유우슈우 역사기행

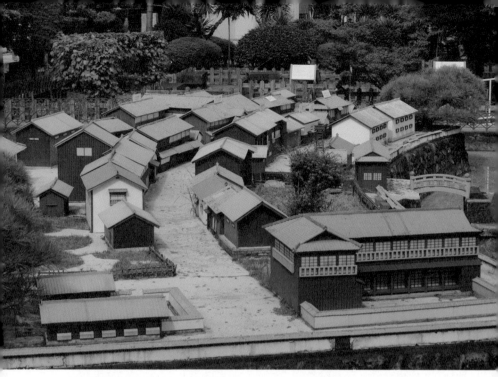

1/15 크기로 재현해 놓은 데지마. 바다로 돌출된 작은 섬 데지마는 오른쪽 중앙 작은 다리를 통해 육지로 연결되었다.

마'가 건설되었다.

1637년 일본의 큐우슈우 북부에서 '시마바라의 난(島原の亂)'이 발생했다. 정부의 과중한 세금 착취, 기독교인에 대한 탄압 등이 원인이 되어 발생한 이 사건으로 인해, 기독교에 대한 탄압은 더욱 거세어졌고, 난의 배후 세력으로 지목된 포르투갈 상인들은 모두 추방되었고, 일본은 포르투갈과 단교하였다.

1641년 서양과의 교역을 포기할 수 없었던 막부는 큐우슈우 북부

히라도(平戸) 섬에 있던 네덜란드 상인들을 기독교를 전파하지 않는 다는 조건 아래 데지마로 불러들였고, 데지마는 쇄국시대가 끝나는 1859년까지 대외무역과 교류, 정보 소통의 중심지가 되었으며, 서양의 첨단 문물이 유입되는 유일한 통로가 되었다.

네덜란드 상관의 장이 바뀔 때마다 신임 상관장은 쇼우군(將軍)을 알현했고 상관장은 의무적으로 바깥소식을 전하는 오란다풍설서(オランダ風說書)를 제출했으며, 이를 통해 일본은 서양의 정세는 물론 천문 · 지리 · 풍속 · 의학 등 난학(蘭學)을 수용했다. 네덜란드 의사 엥겔베르트 캄퍼(Engelbert Kaemper)는 난학의 토대를 닦았으며, 난학 부흥에 기여한 인물은 '일본의 린네'로 불린 식물학자 칼 튠베르크(Carl Peter Thunberg)였다.

서양학의 개척자 아라이 하쿠세키(新井白石)는 1708년 천주교 포교를 위해 큐우슈우 서남해안에 잠입했다가 체포된 이탈리아 선교사 지오반니 시도티(Giovanni Battista Sidotti)와의 대화를 통해 서양의 지리와 문화를 다룬『서양기문(西洋紀聞)』과 기독교를 논한『채람이언(采覽異言)』을 썼고, 난학의 창시자 스기타 겐파쿠(杉田玄白)는 해부학 서적인『해체신서(解體新書)』를 출판하여 침과 뜸의 세계였던 일본에 서양 의술을 소개했다.

17~18세기에 이루어진 난학의 수용과 정립은 성리학과 불교, 신도 등으로 범벅이 되어 있던 관념적이고 사변적인 일본의 사상 체계

에 과학과 실용이라는 근대의 핵심적인 가치관을 심음으로써 일본인들의 세계관을 뒤엎으며 근대화를 촉발시킨 사회 변혁의 시발점이었다.

그러나 데지마로 거주가 엄격하게 제한된 네덜란드인들의 생활은 유쾌하지 않았다. 데지마는 '버즈 알 아랍 호텔'이 아니었다. 부채꼴 모양의 데지마는 길이 180m, 폭이 60m, 넓이 10,800㎡(4,000평) 정도의 고립된 섬이었다.

네덜란드인들은 바다와 일본 군인들에 둘러싸인 작은 섬 안에서 죄인처럼 생활했다. 종일 일본 관리들의 감시를 받아야 했고 몇몇 허락된 관료, 상인, 통역사만을 접할 수 있었다.

드물게 허용되는 특별한 외출은 나가사키의 유곽을 방문하는 것이었는데, 이마저도 유곽의 여인들이 데지마로 건너오는 경우가 더 많았다. 1720년이 되어서야 외국 서적이 일본으로 유입되고 서양 의사들이 일본 학생과 접촉이 허락되는 등 규제가 완화되었다.

노예시장의 조선인들

—

임진왜란 당시 최소 2만~3만, 많게는 10만 명 내외의 조선인들이 일본으로 끌려갔다. 1642년 바닷가에 위치한 히라도마치(平戶町: 나가사키의 발상지이며 현재 이름은 만자이마치(万才町))에는 49채의 집이 있었는데 그중 13채에 조선인들이 살고 있었다.

당시 호적에 따르면 스케몬의 출생지는 고려였다. 48년 전에 오카야마(岡山), 즉 임진왜란 당시 총대장격인 우키타 히데이에(宇喜多秀家)의 영지로 끌려왔다가 나가사키로 왔다. 부인은 53살이고 태어난 곳은 역시 고려. 정유재란 당시 코니시 유키나가(小西行長)의 영지였던 히고노 야츠시로(肥後八代: 현재 쿠마모토현 야츠시로시)로 끌려 왔으며, 나가사키에서 마카오로 팔려갔다. 이토는 11살 때 아리마라는 이름의 장군 영지에 포로로 잡혀 온 후로 평생을 하녀로 살았다(호적 기록 당시 나이 58세).

　조선인들은 이토처럼 일본 각지에서 노예 같은 삶을 강요당했는
데, 노예시장에서 포르투갈 상인들을 통해 동남아시아나 유럽으로
팔려간 이들도 많았다. 노예가 돈벌이가 된다는 것을 안 일본인들은
일본 각지를 돌아다니며 끌려온 조선인들을 '매입'하는가 하면, 직
접 조선으로 건너가 노예사냥에 나섰다.

　이곳에서 거래된 조선인 노예들이 얼마나 많았던지 국제 노예 값
이 대폭락했다고 한다. 당시 노예 가격은 아프리카에서 170스큐티,
페루가 400스큐티였는데, 이곳에서 거래된 조선인 노예는 2.4스큐
티, 당시 쌀 두 가마니 4말 가격에 불과했다. 다음은 조선인 어린이
를 구매했던 이탈리아 상인 카를레티(Carletti)가 쓴 『나의 세계 일주
기』의 한 대목이다.

　조선에서, 특히 일본에서 가장 가까운 해안에서 헤아릴 수 없이 많은 수의 조
선인들이 노예로 잡혀왔다. 그중에는 보기에도 딱한 어린이도 있었다. 그들은
아주 헐값에 매매되고 있었다. 나도 12스큐티를 주고 다섯 명을 샀다. 그들에게
세례를 준 후, 그들을 데리고 인도의 고아까지 가서 자유로운 몸이 되게 놓아
주었다. 그중 한 어린이만은 플로렌스시로 데리고 갔다. 그는 지금 로마에 살고
있는데, 안토니오 꼬레아라는 이름으로 불리고 있다.

루벤스의 '한복 입은 남자' 미국 폴 게티 미술관 소장.

유우슈우 역사기행

카를레티에 의하면 안토니아 꼬레아는 역사상 최초로 유럽 땅을 밟은 조선인이었고, 이후 자유의 몸이 되어 상인으로 성공했다고 한다. 1983년 런던의 크리스티 미술품 경매장에 루벤스가 그린 '한복 입은 남자'가 출품되었다.

조선시대 사대부로부터 서민에 이르기까지 널리 입던 철릭을 입은 남자는 상투를 틀고 있었고 쌍꺼풀진 눈에 수염은 기르지 않았다. 많은 이들의 시선을 사로잡은 이 그림은 미국의 폴 게티 미술관에 당시 소묘 그림으로서는 최고 가격인 324,000파운드에 팔렸다.

한복을 입은 남자 안토니아 꼬레아가 임란 때, 나가사키를 거쳐 유럽으로 팔려간 조선인 노예 중 1명인지에 대해서는 의견이 분분하다. 이탈리아에는 '꼬레아'라는 성을 지닌 사람들이 있어 그들이 바로 안토니아 꼬레아의 후손이라는 설도 있었지만, 우연의 일치였을 뿐이다.

'천국의 맛' 카스테라

—

카스테라(カステラ)를 나가사키에 전한 것
은 포르투갈과 스페인의 상인들이었다. 16세기 초반 타이완을 번갈
아 점령했던 포르투갈과 스페인의 무역선들이 중국 명나라의 무역
상 왕직(王直, '왜구'라고 불린 해적의 두목)의 도움을 받아 큐우슈우에 상
륙했다. 상인들 사이에는 가톨릭 신부들의 조직인 예수회 사제들이
있었는데 스페인의 프란시스코 자비에르를 비롯한 사제들은 큐우슈
우의 영주들에게 환심을 사기 위해 시계 · 망원경 · 돋보기 · 철포 등
을 선물했고 이 과정에서 카스테라가 나가사키 사람들에게 인기를
끌었다. 카스테라를 처음 맛본 일본인들은 부드럽게 녹아드는 달콤
함에 '천국의 맛'이라며 감탄했다.

'카스테라'라는 이름의 어원에는 두 가지 설이 있다. 카스테라의

원형은 스페인의 '비스코초(Bizcocho)'라는 과자로 '두 번 구웠다'는 뜻을 갖고 있다. 비스코초는 오랜 기간 바다를 항해하는 선원들을 위해 상하지 않도록 만들어진 보존 식품이었다.

1611년 스페인에서 만들어진 코바르비아스사전에는 '건빵', '함대나 선박이 식료를 가지고 가기 위해 구운 빵으로, 썩지 않게 건조된 상태로 가지고 가기 위해 두 번 구웠다'고 되어 있다. 그런데 1726년에 만들어진 왕립언어사전에는 '16세기에 여자 수도원에서 구운 부풀고 부드러운 것'이라는 의미가 더해졌다. 이것이 오늘날의 카스테라에 대한 설명에 가깝다.

포르투갈에는 비스코초와 비슷한 '팡데로(pãodeló)'가 있다. 일본어 팡(パン)의 어원이 바로 팡(pão)이다. 일본어 '팡'이 우리나라에 와서는 된소리를 끔찍이 사랑하는 한국인들에 의해 '빵'이 되었다. 여하간 비스코초와 팡데로가 카스테라의 원형이다. 그러면 이게 어떻게 '카스테라'가 되었을까?

16세기 스페인의 카스티야 지방에서 비스코초를 잘 만들었다. 일본인들이 과자의 이름을 묻자 '카스티야 지방에서 만든 것'이라고 대답했는데, '카스티야'를 '카스테라'로 들었다는 것이다. 또 다른 설은 카스테라를 만들 때 높이 부풀게 하기 위해 달걀 거품을 내면서, "Bater as claras em castelo(거품아, 성처럼 높아져라)"하고 주문을 외웠는데, 여기서 '카스텔로(castelo)'가 귀에 남아 '카스테라'라고 불리게 되었다고도 한다.

당시 카스테라와 지금의 카스테라는 같을까 다를까? 원조의 맛을 유지하기란 쉬운 일이 아니다. '원조 평양냉면'이라고 해도 화학조미료가 들어가고 단맛이 강해졌다는 것이 원조의 맛을 기억하는 냉면 광들의 비평이다. 카스테라 역시 일본인의 손에 의해 변형되는 과정을 수백 년간 되풀이했다. 카스테라는 소맥분, 사탕, 계란을 섞어 반죽을 만들어 냄비에 넣고 찐 다음, 이것을 다시 가마에 넣어서 위아래에서 가열하며 굽는다.

에도시대부터 소재의 배합이나 감미료 등이 변화하였고, 일본인의 미각에 맞는 제조법이 각지에서 연구되었다. 감미료로는 사탕과 함께 일본인들이 좋아하는 물엿을 사용하게 되었다. 윗불(上火)과 아랫불(下火)을 조절할 수 있는 일본식 오븐이라고 일컫는 히키가마(引き釜)를 사용하는 등, 제조법도 개량되어 일본 특유의 카스테라가 탄생했다.

일본인들은 외국의 것을 잘 받아들이고, 잘 개량해서 현지화를 잘한다. 나는 초등학교 때 처음 먹은 카레의 맛을 잊을 수 없다. 어머니는 우리나라에 처음 출시된 오뚜기 분말 카레 5인분에 전분을 잔뜩 넣고 양을 부풀려 10~20인분을 만들었다. 한 번 카레를 끓이면 3일 내내 카레만 먹었지만, 그래도 전혀 물리지 않았다. 요즘에는 이런 식으로 양을 늘려 먹는 경우는 극히 드물 것이다.

신기한 것은 40년 전에 먹던 카레나 요사이 먹는 카레나 우리나라에서 카레는 거의 달라진 게 없다는 점이다. 집에서 먹던 카레나, 학교 앞 분식점에서 먹던 카레나, 경양식집에서 먹던 카레나 오십 보백 보였는데, 지금도 식당에서 카레를 주문하면 밥에다 카레소스를 얹어 먹는 식이고, 종류도 비프카레나 닭고기카레 정도 아닐까?

수년 전 일본의 카레전문점에 들어갔을 때 수십 가지가 넘는 종류의 카레를 팔고 있는 것에 놀랐다. 비프카레, 치킨카레, 돈카츠카레, 함바가카레, 생선프라이카레, 오징어카레, 새우카레, 고로케카레, 채소카레, 가지카레, 시금치카레 등등 우리나라에서는 맛볼 수 없는 것들이었다. 물론 밥에 얹어 먹는 카레소스의 맛은 비슷했다. 하지만 소고기와 감자, 당근의 한계를 극복하고 뭔가 다른 것을 곁들이면서 일본인들은 다양한 카레의 맛을 즐기고 있었다.

우리나라에서 카레는 예나 지금이나 같은데 일본은 어떻게 이렇게 다를까? 우연히 NHK에서 하는 요리 경연 프로그램을 봤을 때 그 답을 찾은 듯했다. 그 대회는 카레를 주제로 한 것이었는데, 해마다 열고 있는 듯했고 출품작들은 기본 카레에 다양한 식재료를 가미함으로써 새로운 내용과 형태의 카레를 선보이고 있었다.

김이 모락모락 올라오는 밥에다 얹어 쓱쓱 비벼 먹으면 그만인 카레지만, 일본인들은 끊임없이 새로운 것을 만들어내기 위해 고민하고 파고들면서 실험을 거듭하고 있었던 것이다. 최근에는 우리나라에도 카레전문점이 생겨 여러 가지 종류의 카레를 먹을 수 있지만, 이것 역시 일본에서 들어온 것으로 알고 있다.

🌏 약간의 변화

그럼 다시 카스테라로 돌아가자. 처음 나가사키를 방문했을 때 맛본 카스테라는 분메이도우(文明堂)였다. 1900년에 창업했으니까, 120년 가까운 역사를 자랑하고 있다. 분메이도우란 이름은 19세기 말 후쿠자와 유우키치(福澤諭吉)가 『문명론의 개략』을 펴내면서 일본 사회를 문명화의 광풍으로 몰아넣은 데 크게 영향을 받았을 것이다.

분메이도우는 전통 카스테라에 약간의 변화를 주어 독자적인 맛을 만들어내는 데 성공했다고 하는데, '약간의 변화'는 영업 비밀이어서 며느리도 모르고 시아버지도 모른다. 일본의 공항 면세점에 쫙 깔려 있는 것은 대부분 분메이도우의 카스테라다. 일본어로 단 것을 좋아하는 사람을 아마구치(あまぐち)라고 하는데, 나 역시 단 것을 좋아해서 일본을 방문할 때마다 분메이도우를 사먹었다.

그런데 재일동포 사회의 민족교육에 대해서 공부하던 중 알게 된 아오야마대학(靑山大学)의 송연옥 교수님이 사다 준 후쿠사야(福砂屋)의 카스테라를 먹고는 깜짝 놀랐다. 맛이 크게 다른 것은 아니었지

유우슈우 역사기행

만, 상자 안에 든 설명서에 1624년에 창업했다고 적혀 있었기 때문이다. 반신반의하면서 설명서를 읽기 시작했다.

인상적인 박쥐 모양의 상표로 유명한 후쿠사야는 일본을 대표하는 가장 오래된 카스테라 전문점이다. 서양인들에 의해 카스테라가 전해진 직후(?)에 창업해서 무려 392(2016-1624)년의 역사를 이어오고 있다. 1681년에 창업한 쇼우오우켄(松翁軒)보다 이르다. 시니세(老舖: 오래된 점포)가 많기로 유명한 나라지만, 같은 이름의 빵집이 392년이나 존속할 수 있다는 것은 상상하기도 믿기도 쉽지 않았다.

후쿠사야의 창업은 1937년에 나가사키시에서 간행한 『나가사키 안내』에도 소개되어 있는데, "315년 전인 관영 원년에 포르투갈인으로부터 카스테라 제조법을 전수받았다. 그 원명은 '카스토루보루

カステラ本家 福砂屋では
さまざまなシーンに合わせた
各種詰め合わせを
ご用意させていただいております。

후구사야 카스테라   http://www.fukusaya.co.jp/

일본을 대표하는 가장 오래된 카스테라 전문점 '후쿠사야'

(カストルボル)'라고 한다. '카스토루'란 스페인의 주 이름이고 '보루'는
과자를 의미한다"고 되어 있다.

후쿠사야(福砂屋)란 이름은 어디서 왔을까? 창업 당시 대점(大店 :
대규모 점포)이라고 불린 무역상 대부분은 지금 말하는 상사처럼 다양
한 품목을 폭넓게 취급하고 있었으므로 후쿠사야도 사탕, 쌀 등 다
양한 품목을 취급했을 것이라는데, 당시 사탕은 중국의 복주(福州)가
산지여서 복주의 배로 나가사키로 운반돼 왔고, 후쿠사야는 바로 그

유우슈우 역사기행

복주의 사탕을 취급하고 있었기 때문에 복주의 '복(福)', 사탕의 '사(砂)'가 가게 이름이 된 것으로 추정하고 있다.

중국에서 경사와 행운을 상징한다는 박쥐(こうもり)를 상표로 사용하게 된 것은 박쥐를 뜻하는 일본어 '코우모리'의 한자 표기가 '蝙蝠'이고, '박쥐 복(蝠)' 자가 '복(福)' 자와 글자의 생김새가 비슷하기 때문이라고 한다.

창업 당시 점포는 나가사키항에 가까운 히키치초우(引地町, 현재 나가사키현청과 시청 사이)에 있었는데 1689년 중국인들의 거주지(唐人屋敷)가 생긴 이후, 나가사키가 번영하던 1770년대에 이르러 지금의 본점 위치인 나가사키시 후나다이쿠마치(長崎市船大工町 3-1)로 이전했다.

'찬퐁'의 고향

—

  2015년 일본 엔에이치케이(NHK)에서 드라마 『찬퐁 먹고 싶다(チャンポンたべたか)』를 방영했다. 일본 드라마에 음식을 소재로 한 것이 많지만, 이것은 나가사키에서 태어난 소년이 바이올리니스트의 꿈을 이루기 위해 토우쿄우의 하숙집에서 생활하며 겪는 이야기를 그린 성장 드라마다. 주인공인 사노 마사시는 음악적 재능을 타고났지만, 선택받은 한두 사람만이 프로 바이올리니스트가 될 수 있다는 냉엄한 현실 앞에서 어릴 적부터 키워왔던 꿈을 포기하면서 좌절하고 방황하는데, 고향이 그리울 때마다 "찬퐁 먹고 싶다(チャンポンたべたか)"라고 외친다.

  나가사키는 '찬퐁(チャンポン)'의 고향'이다. 요코하마(橫浜), 고베(神戶)와 함께 나가사키의 차이나타운 신치(新地)는 에도시대 중기에 중

나가사키 차이나타운 신치추우카가이(新地中華街)

국에서 들어오는 무역품 창고를 만들기 위해 바다를 메워 만든 거리로, 동서·남북을 합해 약 250m의 십자로는 나가사키시의 자매도시인 중국 복건성(福建省)의 협력으로 만들어진 돌로 포장되었다. 현재는 중국 음식점과 중국 과자, 중국 잡화 등 약 40개의 점포가 있다.

  1635년 일본에서 중국과 무역이 가능했던 것은 나가사키뿐이었다. 내항한 당인(唐人)들은 처음에는 나가사키시 여러 곳에 머물고 있었는데 밀무역 증가로 인해 막부는 데지마와 마찬가지로 원록(元禄) 2년(1689)에 낭인들을 수용하는 시설을 만들었다.

당인거주시설은 나가사키봉행소(長崎奉行所)의 지배 아래 2,000~3,000명을 수용할 수 있는 규모로 설치되었다. 수입품은 주로 약품·설탕·직물 도자기였는데, 당인들이 가지고 온 화물은 일본 측에서 맡았고, 당인들은 엄중한 검사를 받은 후 간단한 개인 소지품만 갖고 입관되었으며, 귀항하는 날까지 당인거주시설 안에서만 생활해야 했다. 그래도 데지마에 비하면 낙원이었을 테이니, 서양인 우대, 동양인 박대 풍조가 만연한 오늘날과는 달라도 한참 달랐다.

쇄국시대에 데지마와 함께 해외 교류의 창구로서 역할을 수행한 당인거주시설은 1859년 개국 후에 폐옥되었고, 1870년 소실되었으며, 그 후에는 시민들에게 분양되었다. 지금과 같은 차이나타운의 골격이 형성된 것은 19세기 말이었다. 이런 배경에서 태어난 것이 바로 나가사키 찬퐁이다.

나가사키 젠닛쿠(全日空)호텔 맞은편에 나가사키항을 한눈에 내려다볼 수 있는 '시카이로(四海樓)'라는 중국 음식점이 바로 '찬퐁'의 원조로 유명한 곳이다.

시카이로의 원조 찬퐁.

1892년 나가사키에 온 푸젠성(福建省) 푸저우(福州) 출신의 천핑순(陳平順)이 1899년 세상의 모든 사람들이 형제와 같이 친하게 지내야 한다는 뜻의 사해동포(四海同胞)에서 '사해'를 따 '시카이로(四海樓)'를 열었는데, 거룩한 이름 덕분인지 날로 번성해 오늘에 이르고 있다.

🌰 한 데 섞 는 다

1900년대 촬영한 식당 사진에 '지나요리사해루온돈원조(支那料理四海樓餛飩元祖)'라는 간판이 걸려 있다. '온돈'은 중국 음식 훈툰(餛飩)에서 나온 일종의 만둣국인데, 훈툰은 일본어로 우동이다. 즉 당시에는 '찬퐁'이 아니라 '시나우동(支那餛飩)'이었는데, 1910년대에 '시나우동'이란 말과 함께 '찬퐁'이 쓰이기 시작했다. 도대체 이 '찬퐁'이란 이름은 어디서 튀어 나왔을까? 두 가지 설이 각축을 하고 있다.

일본어 '찬퐁'은 형용동사로 '종류가 다른 것을 한데 섞는다'는 뜻으로 "위스키와 맥주를 '찬퐁'해 마셨다(ウィスキーとビールをチャンポンで飲んだ)"처럼 쓰는데, 고기·해산물·채소 등 여러 가지 재료가 섞여 있는 것을 보고 일본인들이 '찬퐁'이라고 부르기 시작했다는 것이다. 다른 주장은 중국어로 '밥 먹었느냐'는 '츠판(吃飯)'의 푸젠(福建)지방 사투리인 '차폰'에서 유래했다는 것인데, '시나우동'을 먹기 시작

힌 일본인들이 중국인들이 인사말로 하는 '차폰'이란 말을 듣고, '시나우동'을 간편하게 줄여 '찬퐁'이라고 부르기 시작했다는 것이다.

어떤 설이 맞다고 섣불리 단정할 수 없지만 '시나우동'이란 이름을 간단히 줄였다는 점에서 일본인들의 장기인 '살짝 바꾸어서 현지화 하기'가 적용되었음을 느낄 수 있다. 그리고 그렇게 일본 땅에 정착한 '찬퐁'이 일제강점기에 한반도에 있던 중국인들, 혹은 일본인들을 통해 한반도에 상륙했을 것이다. 그리고 그 이름 '찬퐁'은 '팡'이 '빵'이 된 것과 마찬가지로 '짬뽕'이 되었다.

아, 정말 한국인들은 된소리를 너무 너무 좋아한다. 짬뽕, 빵, 돈까스, 쏘주, 꼬추, 까짜, 쭈꾸미, 쪼끔, 싸이즈, 뻐스, 까스, 빽, 따블, 딸러, 딲어 등등.

끌려간 사람들, 강제연행

—

　　　　　　1937년 중일전쟁 도발 이후 일본은 본격적인 전시체제에 돌입했다. 이진희와 강재언은 강제연행이란 '사람 사냥'이었다고 했다. 전쟁으로 부족해진 노동력을 채우기 위해 '모집'으로 시작했지만, 쌀밥을 먹을 수 있고, 학교도 다닐 수 있고, 돈을 벌 수 있다는 등 온갖 감언이설을 동원해도 예정된 수를 채우지 못하자, 강제연행을 시작했다.

　군과 면의 노무계가 깊은 밤이나 이른 아침 잠자고 있을 때 덮치기도 했고, 밭에서 일하는 사람을 납치하듯 트럭에 태워갔다. 마른 하늘에 날벼락이 따로 없다. 영화 『귀향』에도 주인공 강하나가 일본 군인들에 의해 끌려가는 장면이 나온다. 끌려간 사람들은 대부분 부산에서 배로 홋가이도와 큐우슈우의 탄광으로 보내지거나, 비행장 건설, 무기 생산 공장 등에서 일했다.

1939년부터 1945년 사이에 일본 본토에 강제 연행된 조선인 노동자들의 총수는 70만 명 정도였는데, 거의 반수가 탄광에서 일했고, 나머지는 건설현장, 공장 등에서 일했다. 이들 중에는 사할린에 배치되었다가 '전환배치'된 조선인 광부들도 많았는데, 멋모르고 지원해 간 사람도 있었지만, '누군가는 징용을 가야 된다'며 심지 뽑기를 해서 걸리는 바람에 끌려간 사람들도 있었고, 종이공장이란 말을 듣고 갔다가 탄광에서 고생한 사람도 많았다.

남사할린에서 생산되는 석탄의 대부분은 일본 본토에서 사용되었는데, 1942년 후반부터 선박 부족과 연합군의 공격으로 인해 수송선의 피해가 늘어났고, 1944년 8월에는 배선 중단 사태를 맞았다. 결국 일본은 사할린 탄광을 휴폐광하였고, 사할린의 조선인 광부들이 1944년 8월부터 9월까지 후쿠오카 17개소 탄광, 후쿠시마(福島) 1개소 탄광, 나가사키 4개소 탄광, 이바라키(茨城) 4개소 탄광 등 총 4개현 26개소 탄광으로 '전환배치'되었던 것이다.

군함을 닮은 섬

—

2016년 8월 20일 12시 50분 나가사키 토키와터미널(常盤ターミナル)에 도착했다. 조금만 움직여도 땀이 나는 무더운 날씨였다. 군칸지마콘세르쥬(軍艦島コンシェルジュ)에서는 오전과 오후 하루 두 번 배를 운항한다. 1인당 승선료 4,000엔과 입장료 300엔은 적지 않은 금액이지만, 인터넷을 통해 일찍 예매하지 않으면 표를 구하기 쉽지 않다. 출항을 기다리는 많은 사람들 뒤에는 미처 예매를 못해 취소되는 표를 무작정 기다리는 사람들도 있었다.

2015년 7월 5일 유네스코 국제기념물유적회의는 나가사키의 군칸지마(軍艦島), 즉 군함도를 포함해 메이지일본의 산업혁명유산 제철, 제강, 조선, 석탄산업(明治日本の産業革命遺産 製鉄・製鋼, 造船, 石炭産業)을 세계문화유산으로 설정했다. 이들 장소와 시설이 일본의 전쟁을 도왔다는 점, 조선인과 중국인 등 외국인들이 강제 노역으로 고통 받았다는 사실 때문에 당사국들이 거세게 반발했지만, 결과는 일본의 승리였고, 이미 2009년 4월부터 군칸지마 상륙 투어를 시작한 나가사키는 환호했다.

세계문화유산 등재 소식과 함께 군칸지마는 나가사키 관광산업의 에이스가 되었다. 현재 다섯 개 선박회사가 군칸지마 상품을 팔고 있는데, 휴일과 평일을 가리지 않고 만석 행진을 이어가고 있다. 대부분의 관광객은 일본인이지만, 서양인도 적지 않고, 일본인과는 전혀 다른 관심으로 승선하는 한국인들도 많다. 일본이 군칸지마를 세계문화유산으로 만들려는 시도를 한다는 뉴스가 나왔을 때부터 한국의 많은 방송사가 현지를 취재하였다.

우리가 탄 배는 1시 40분에 출항했다. 일렁이는 푸른 파도를 가르며 미끄러지듯 나가사키항을 벗어나자 해안가를 따라 조성된 미츠비시조선소가 눈에 들어왔다. 군칸지마와 함께 세계문화유산으로 등재된 자이언트 크레인은 1909년에 설치된 것인데, 지금도 현역으로 활동하고 있다. 가이드는 그밖에도 여러 산업시설들에 대한 설명을 이어갔다.

이오지마항(伊王島港)에 잠시 정박해 승객을 더 태운 배는 출항 후 40분 만에 목적지인 군칸지마에 도착했다. 바로 배를 대지 않고, 섬 주위를 돌면서 시설물에 대한 설명도 하고, 여러 가이드북에 실린

유람선에서 관광객들이 군칸지마를 촬영하고 있다.

사진처럼 군함같이 보이는 지점에 머물며 승객들이 기념촬영을 할 수 있도록 유도한다. 이 섬의 원래 이름은 '하시마(端島)'지만, 1921년 나가사키미츠비시조선소에서 건조 중이던 전함 토사(土佐)와 닮았다는 신문 보도가 나오면서 '군칸지마'라는 별칭을 갖게 되었다. 푸른 바다 한가운데 군함처럼 떠있는 섬 하시마! 일본인들에게는 매력적으로 보였을지 몰라도 조선인 광부들에게 이곳은 '지옥도'였다.

조선 광부들의 '지옥도'

—

큐우슈우에 있는 탄광들은 대부분 100년
이 넘은 것이어서 파먹을 만큼 파먹었다. 그러다 보니 3,000미터 이
상을 파내려갔다. 깊이 내려갈수록 산소가 부족해서 숨이 가쁘다.
그래서 압축기로 하루에 한 번씩 바람을 넣어주었다. 전기가 끊어지
기라도 하면 탄부들은 공기 부족으로 죽을 수도 있었다.

특히 노동 강도가 센 곳이 바로 나가사키 타카시마(高島)와 하시마
(端島)였다. 1810년 하시마에서 석탄이 발견되었지만, 이를 해저탄
광으로 개발한 것은 1890년 미츠비시였다. 바다 속 막장은 습기가
많고 늘 물이 차 있었다. 질척거리는 바닥에 눕다시피 탄을 캐는 것
도, 밀차에 탄을 실어내는 것도 여간 힘든 일이 아니었다. 막장 안에
가스가 차올라 위험해져도 일을 멈추라고 하지 않았다. 가스가 폭발

하면 죽을 수밖에 없었다.

하시마에서 일하던 일본인 광부들은 1916년 일본에서 처음으로 지어졌다는 최신식 철근콘크리트 아파트에서 살았다. 1974년 폐광된 이후 세월의 풍상을 겪은 탓에 뼈대만 남았지만, 당시의 호화로운 생활을 짐작할 수 있다.

일본인 광부들은 다른 지역 노동자들의 두 배가 되는 월급을 받았다. 대우가 좋았다는 얘기지만, 그만큼 노동 강도가 높았다는 반증이기도 하다. 어쨌거나 그들은 일이 힘들어도 그만한 대가를 받았다. 남북으로 약 480m, 동서로 160m밖에 되지 않은 작은 섬에는 광부들의 가족을 위한 학교와 병원도 있었고, 심지어는 극장과 파칭코도 있었다.

조선인들도 임금 노동자였지만, 과연 어땠을까? 미츠비시가 약속한 월급은 50~70엔이었지만, 실제로 받은 돈은 식사비와 숙소비, 속옷 구입비, 세금과 건강보험료, 작업도구 대여비를 제외하면 5엔이었다. 그마저도 일본 정부의 채권 구입을 유도하여 실제로는 0엔이었다. 그들이 기대했던 것처럼 돈을 벌어 돌아가거나 가족들에게 생활비를 부치는 일은 꿈도 꿀 수 없었다.

2001년 유명을 달리한 서정우 옹은 하시마는 '감옥도'였다고 했다. 14살 때 면사무소로부터 징용 통지서인 빨간딱지가 날아왔을 때, 할아버지는 집에 농사지을 일손이 부족하다면서 반대했지만, 강

제로 트러에 태워졌고 부산, 시모노세키를 거쳐 나가사키 하시마에
도착했다.

나고야(名古屋)에 부모님이, 사세보(佐世保)에 친척이 있어서 어딜
가더라도 기회를 보아 탈출을 할 생각이었으나 하시마에 도착하는
순간, 완전히 희망을 잃어버렸다. 섬은 높은 콘크리트 벽으로 둘러
싸여 있었고 보이는 것은 시퍼런 바다뿐이었다.

함께 끌려온 300명의 조선인들은 9층 아파트 구석에 있는 별도의
2층 건물과 4층 건물에 수용되었는데, 겉은 철근이었지만 속은 너
덜너덜했고, 1인당 타타미 1장 공간도 차지할 수 없는 좁은 방에 7,
8명이 배당되었다.

도착 다음 날부터 고된 노동이 시작되었고, 승강기를 타고 채탄장
으로 내려가 엎드린 자세로 탄을 캐야 했고, 덥고, 피로 탓에 일하는
도중에도 졸음이 쏟아졌다. 낙반 사고로 한 달에 4, 5명이 목숨을
잃었고, 죽은 사람은 인근 나카노지마(中之島)에서 화장되었다.

식사는 콩(80%)과 현미(20%)를 섞은 것에 생선을 두들겨 으깬 것으
로 허구한 날 설사를 했으며 몸은 급속히 쇠약해졌다. 일을 좀 쉬려
고 하면 관리사무소에 끌려가서 구타를 당한 다음, 다시 탄광으로
돌아가야 했다.

숙소와 탄광을 오가는 제방 위에서 바다 건너 고향 땅을 바라보면
서 수도 없이 바다에 뛰어 들어 죽을 생각을 했다. 동료 가운데는 자

살한 이들도 있었고, 탈출하기 위해 바다에 뛰어들었다가 50명 가까이 익사했다. 서 옹은 5개월 뒤 나가사키 미츠비시의 사이와이마치기숙사(幸町寮)로 이동되어 구사일생으로 하시마를 탈출할 수 있었다.

하시마에서는 하루 2교대로 탄을 캤다. 서 옹의 증언처럼 때때로 목숨을 걸고 탈출을 기도한 이들도 많았지만 결과는 비참했다. 대부분 바다에서 죽거나 붙잡혀 모진 고문을 당했다. 그래서 이 섬을 한번 들어가면 나올 수 없는 '지옥도'라고 부른 것이다. 하시마에 강제 동원된 조선인은 800명 정도였고, 1925~45년 사이에 134명이 숨진 것으로 공식 집계되었는데, 누락되거나 은폐된 이들은 더 많을 것이다.

콘크리트로 둘러싸인 섬은 거대한 성이나 요새와 같은 모습이었다. 선착장은 방파제 없이 바다로 돌출되어 있어서 성벽처럼 높았다. 배를 접안했을 때, 높은 형무소 담장 아래 선 것 같은 느낌이었다. 사람들은 조심스럽게 섬으로 올랐다. 절해의 고도! 태양과 바다, 습기를 먹은 뜨거운 바람이 방문자들을 맞아주었다. 덥다. 뜨겁다. 가이드를 따라 불과 50~60m를 이동하는 데도 어느 덧 턱 밑으로 땀방울이 뚝뚝 떨어지고 있었다. 그렇다고 해도 기온은 35℃였다.

선 한 쪽에 광부들이 이용하던 승강기가 있다. 저것을 타고 지하

군칸지마 선착장에 배가 한 척 정박해 있다. 섬을 빙 둘러싸고 있는 높은 담벼락이 마치 거대한 형무소를 연상케 한다.

로 1km를 내려간다. 가이드의 설명에 의하면 갱도 내의 평균 기온은 40℃였다. 게다가 습도도 높아서 찜통과 다를 바 없었다. 광부들은 쉴 새 없이 흐르는 땀 때문에 연거푸 젖은 옷을 짜면서 일을 했다. 나는 그저 가만히 서서 가이드의 설명만 듣는데도 숨이 턱턱 막혔다. 과연 저 아래 잠시라도 들어갔다 나올 수 있을까? 70여 년 전이 섬에 강제 징용된 조선인 광부들이 겪었을 고통은 아무리 머리를 쥐어짜도 온갖 상상력을 동원해도 감히 짐작도 할 수 없다.

유우슈우 역사기행

일본인들만 기억하는 박물관

—

토키와터미널에서 구라바가든 쪽으로 길을 건너면 군칸지마데지타루뮤지아무(軍艦島 デジタルミュージアム)라는 간판이 눈에 들어온다. 이곳은 군칸지마콘세르쥬(軍艦島コンシェルジュ)가 일본 근대화에 기여한 군칸지마의 역사·문화적 가치를 알리기 위해 만들었다. 디지털뮤지엄이라는 이름 그대로 화상이나 영화 같은 자료에 최첨단 디지털 기술을 구사하여 군칸지마와 섬사람들의 생활상을 영상으로 재현해 보여준다. 보통 박물관에서 볼 수 있는 실제 유물은 하시마에서 나온 석탄 원석 외에는 없다.

입장료가 성인 1,800엔이다. 뮤지엄을 만들 때 들어간 돈이 많은 듯 단기간에 투자금을 회수하려는 속셈일까? 그래도 군칸지마를 갔다 온 이들에게는 반값으로 할인해 준다. 고맙기도 하지만 온 김에

토키와터미널에서 가깝고 건너편에는 찬 퐁의 원조 시카이로가 있다. 내부 사진을 몇 장 소개하고 싶었지만, 뮤지엄쪽에서 불편해 하는 관계로 싣지 않았다.

뮤지엄까지 보고가라는 것이다. 시간에 쫓기는 여행객들이라면 굳이 여기까지 갈 필요는 없겠지만, 도대체 군칸지마를 어떻게 선전하고 있는지 궁금했던 우리 일행은 일말의 주저함도 없이 안으로 들어갔다.

2층 전시실에서는 대형화면으로 메이지, 타이쇼우, 쇼우와시대의 군칸지마를 볼 수 있고, 당시 최첨단 기술로 건설된 군칸지마의 이모저모를 설명하는 '군칸지마의 수수께끼'라는 코너도 있다. 한편에는 가장 번성했던 시기였다는 1960년대 아파트 방을 재현해 놓았는데, 재봉틀, 벽시계, 텔레비전 세트 등이 놓여 있다. 텔레비전 보급률이 100% 였다는 것은 일본의 수도인 토우쿄우보다 하시마의 생활이 윤택했음을 강조한다.

3층 '군칸지마의 표정'이란 전시를 통해 생활상을 엿볼 수 있다. 섬에는 소학교와 중학교, 병원, 우체국, 파칭코, 영화관, 이발소 등

유우슈우 역사기행

의 시설이 있었다. 활기차게 아침을 시작하는 광부들의 모습, 음악회 · 마츠리 · 운동회 등에 참가한 여성들과 아이들의 환하게 웃는 얼굴에 행복이 담겨 있다. 아이들은 날마다 수영을 할 수 있어서 좋단다.

몹시 흥미로운 사진이 하나 눈에 들어왔다. 섬으로 밀어닥치는 높은 파도를 섬 일각에서 바라보는 주부들의 모습이 담겨 있었고, '태풍이 와도 즐거움을 잃지 않았다'는 문구가 달려 있었다. 하시마는 바다 한가운데 떠있는 섬이어서 늘 높은 파도에 시달렸다. 높은 파도가 들이치면 건물 저층은 그 피해를 고스란히 입었다. 이 사진을 보다가 생각난 것은 어린 시절 여름이면 어김없이 겪어야 했던 물난리였다.

그때는 조금만 비가 거세게 와도 이내 냇물이 범람했고, 상류에서 세숫대야, 밥상, 작은 찬장을 비롯한 온갖 가재도구들이 둥둥 떠내려 왔고, 간혹은 돼지나 닭들이 떠내려 오기도 했으며, 사지를 바동거리며 바깥으로 빠져나오려고 안간힘을 쓰는 개도 볼 수 있었다. 철부지 아이들에게는 이런 풍경도 진기한 구경거리였지만, 동네 아주머니들은 걱정스러운 눈빛으로 출렁거리는 물살을 바라보고 있었다. 아마 사진 속의 아주머니들도 그런 조마조마한 심정이었을 것이다. 그러니 '태풍이 와도 즐거움을 잃지 않았다'는 설명에는 아무리 노력해도 납득이 가지 않았다.

뮤지엄에서는 절해고도에서 생활한 이들이 겪었을 고충도 엿볼 수 있다. 마실 물이 부족했었다는 점, 목욕 시설 부족, 전기 문세 등 등 절해고도의 탄광섬이었기에 많은 어려움이 있었을 텐데, 이런 점은 여러 가지 자료를 통해 충분히 짐작할 수 있다. 하지만 뮤지엄이 보여주는 온갖 자료에는 일본인들만이 존재했다.

같은 공간에 그들과는 너무나도 다른 열악한 환경에서 노역에 종사하며 고통 받았던 조선인이나 중국인 광부들의 존재는 찾아볼 수 없었다. 군칸지마에 강제동원 사실을 설명하라는 유네스코의 권고나, 이웃나라의 요구는 2016년 8월 현재까지 무시되고 있다. 뮤지엄도 마찬가지다. 그들이 강제동원 사실을 애써 감추고 있다는 것은 그만큼 떳떳하지 못하고 부끄럽기 때문일 것이다. 역사를 보존하고 전시하는 박물관은 모든 것을 보여 주어야 한다. 보여주고 싶은 것만, 알리고 싶은 것만, 선전하고 싶은 것만, 자랑하고 싶은 것만 전시한다면 박물관이 아니라 홍보관이라고 해야 할 것이다.

전쟁과 침략의 기간 시설

—

미츠비시중공업 나가사키조선소(三菱重工業 長崎造船所)는 민간용 선박은 물론 일본 해군이 사용했던 키리시마(霧島), 무사시(武藏), 토사(土佐) 등의 군함을 만든 곳으로 부국강병을 위한 전쟁과 침략의 기간 시설이었다. 조선소에는 일본인 기술자들뿐만 아니라 많은 수의 조선인들이 노동자로 일하고 있었는데, 1943년 8월 큐우슈우에 살고 있던 300명의 조선인을 채용했으며, 1944년 초에는 북한 지역에서 약 1,500명의 조선인을 동원했다는 증언도 있다.

경남 남해 출신의 배한섭은 누님 댁에서 꽃 장사를 돕다가 운송회사 조수로 취업 중 현지에서 동원되었으며, 경남 산청 출신의 김종술은 모집에 응하여 탄광에 취업한 뒤 탈출, 간장공장에서 일하다가 동원되었고, 경남 함안 출신의 박정태는 마산의 철공소에서 일하다가 기술자로 동원되었다.

미츠비시는 조선인 노동자들을 작업장에 바로 투입하지 않고, 한 달에서 길게는 석 달 동안 교육을 시킨 후에 현장에 배치했다. 기술이 없는 대부분의 조선인들은 거대한 철판을 움직이고 잇고 붙이는 단순 작업을 담당하여, 늘 부상을 당할 수 있는 위험에 노출돼 있었다. 실제로 노동재해에 의한 사고자, 영양실조와 가혹한 노동으로 인한 병사자, 상해자가 많이 발생했지만, 종전 직후에 관련 문헌을 소각하거나 기업이 자료를 은닉했기 때문에 그 전모는 파악되지 않

나가사키조선소 사료관

는다.

조선소 안에 나가사키조선소 사료관(長崎造船所 史料館)이 있다. 사료관 건물은 1898년 주물을 생산하는 목형장(木型場)으로 건설된 것으로, 조선소 안에서 가장 오래된 공장 건물로서 2015년 메이지일본의 산업혁명유산으로 등록되었다.

조선소의 전신인 나가사키용철소(長崎溶鉄所)가 건설된 1857년 이후의 역사와 관련 자료를 전시하고 있는데, 나가사키역에서 사료관을 오가는 셔틀버스를 이용하게 되어 있다. 조선소 안으로 들어가면 버스로 이동하면서 세계유산인 자이언트 캔틸레버(cantilever) 등을 볼 수 있다.

관람은 사전예약제이므로 반드시 미리 전화로 문의해야 한다. 095-828-4134,

http://www.mhi.co.jp/company/facilities/history/

죽음의 비가 내린 1945년 8월 9일

—

8월 6일 히로시마에 원폭이 떨어졌다. 미국은 종전을 앞당기기 위해 신무기인 핵폭탄을 투하했다. 히로시마에서 7만, 나가사키에서 3만의 사망자를 낸 두 발의 폭탄에는 아이러니컬하게도 '리틀 보이(Little Boy)'와 '팻 맨(Fat Man)'이라는 우스꽝스러운 이름이 붙어 있었고, 리틀 보이는 우라늄으로, 팻 맨은 우라늄과 플루토늄을 함께 사용해 만든 것이어서 성질도 좀 달랐다.

그래서 항간에는 미국이 신무기인 두 폭탄의 위력을 확인하고 만방에 과시하기 위해 모두 터뜨릴 이유가 있었다고도 한다. 그래도 일본이 히로시마 피폭 후에 즉각 항복을 했다면 나가사키는 무사했을 것이다. 일본은 자국의 도시와 국민들이 한순간에 사라져버린 전대미문의 사태 앞에서 우물쭈물한 데 대한 책임까지 져야 할 것이다.

7월 말 워싱턴의 고위 군사 당국이 원자폭탄 투하 예정지로 정한 곳은 쿄우토(京都), 니이가타(新潟), 히로시마, 코쿠라(小倉)의 4개 도시였는데, 나중에 옛 도읍으로 문화재가 많아 보존 가치가 있다는 이유로 쿄우토가 빠지고, 조선소와 어뢰제조공장이 있는 나가사키가 추가되었다.

그래도 2차 목표는 코쿠라였다. 8월 6일 아침 9시 55분, 폭격대는 코쿠라 상공에 들어섰지만, 공습으로 생긴 연기가 구름에 섞여 코쿠라 시가지를 뒤덮고 있어 조병창을 찾기가 쉽지 않았다. 조병창은 22만 평의 부지에 세워진 거대한 공장 지대로 시야가 나빠도 유효반경이 2,300m나 되는 플루토늄폭탄이 빗나갈 염려는 없었기 때문에 레이더에 의한 조준 폭격도 불가능하지 않았다.

그러나 작전명령은 눈으로 확인해서 폭격하라는 것이었다. 폭격대는 코쿠라시 상공을 세 바퀴나 빙글빙글 돌았지만 끝내 조병창을 찾지 못했다. 기장 스위니(Charles W. Sweeney) 소령은 코쿠라를 단념하고 2차 목표인 나가사키로 향했다. 코쿠라와 나가사키의 운명이 갈린 순간이었다.

🌏11시 2분, 시계는 멈추고

폭격대는 나가사키 상공에 도착했다. 하지만 나가사키도 두꺼운 뭉게구름에 덮여 있었고, 육안 폭격을 하기 어려웠지만, 그들에게는 더 이상 꾸물거릴 시간이 없었다.

11시 2분 우라카미텐슈도우(浦上天主堂 우라카미천주당) 상공에서 팻맨이 폭발했다. 엄청난 빛이 하늘을 뒤덮고 흰 연기가 거대한 기둥을 만들었다. '쾅'하는 굉음과 함께 돌풍이 우라카미의 언덕을 넘어 나가사키시 전체를 강타했고, 시뻘건 불덩어리들이 세상의 모든 것을 태웠다.

모든 것이 재로 변했다. 폭심지에서 가까운 곳에 있었던 사람들은 3,000°C의 고열에 사라졌다. 조금 멀리 떨어진 곳에 있던 이들은 석쇠 위의 생선처럼 타버렸고, 목숨을 건진 사람들도 화상으로 피부가 벗겨졌다. 많은 이들이 고통 속에서 죽어갔다. 어렵사리 목숨을 구한 이들도

원폭자료관에 전시된 시계가 11시 2분에 멈춰 있다.

유우슈우 역사기행

평화기념상

평생 동안 치료 방법을 알 수 없는 방사능 후유증에 시달렸다.

피폭 후 하시마탄광에 있던 조선인 광부들에게 원폭으로 파괴된 시내를 청소하라는 명령이 떨어졌다. 섬을 벗어난 광부들은 방사능으로 오염된 죽음의 도시에서 부서진 것들의 잔해를 제거하고 시신을 수습했다. 숯검정이 된 시체는 손을 대는 순간 먼지로 변했고, 청소에 동원된 이들도 방사능 오염으로 피를 토했으며 괴이한 후유증으로 고통 받았다.

원폭이 떨어진 곳에 원폭낙하중심지공원(原爆落下中心地公園)과 나가사키원폭자료관(長崎原爆資料館)이 있다. 원폭낙하중심지공원 북쪽에 조성된 평화공원(平和公園)은 두 번 다시 전쟁의 비극을 되풀이하지 않겠다는 맹세와 함께 만들어졌다. 공원 한가운데에는 나가사키 출신의 조각가 키타무라 세이보(北村西望)가 만든 9.7m 높이의 평화기념상이 있는데, 하늘을 향해 쭉 뻗은 오른손은 핵무기의 위협을, 옆으로 뻗은 왼손은 평화를, 지그시 감은 두 눈은 희생자의 명복을 기원한다.

평화기념상 앞에는 원폭으로 갈증에 괴로워하면서 죽어간 사람들을 위로하기 위해 만든 평화의 샘(平和の泉)이 있다. 다음은 샘 전면의 비에 새겨진 글이다.

> 목이 말라 견딜 수가 없습니다.
> 물에는 기름 같은 것이 온통 떠 있었습니다.
> 그래도 너무나 목이 말라 끝내는 그 물을 마셨습니다.
>
> — 어느 날 어느 소녀의 수기에서

1년 365일 많은 사람들이 공원을 방문한다. 평화기념상 앞에다 꽃을 바치고 기도를 하며 희생자들의 넋을 위로한다. 아무 것도 모르고 뛰어다니는 아이들도 있고, 관광객들은 한 장의 추억을 남기기 위해 '치즈'나 '김치'를 외치며 포즈를 취한다. 모두들 환하게 웃으며

평화의 샘

사진을 찍으려고 애쓴다. 사실 우울한 얼굴로 찍은 사진은 우울한
추억을 동반한다. 그런 사진을 앨범 속에 오래도록 간직하는 사람은
드물다. 그래서 사진을 찍을 때는 환하게 웃으며 찍는 게 좋다. 웃을
수 있다는 것은 행복의 증거다. 하지만 웃는 얼굴로 사진을 찍어도
되나 하는 생각이 드는 곳도 있다. 이럴 때 우리는 어떤 표정을 지어
야 할까?

조선인 피폭자에게 '속죄하는 마음을 담아'

—

　　　　　　　　평화공원에서 원폭자료관으로 올라가는
계단 옆에 평화를 기원하는 소녀상이 있고, 그 뒤에 나가사키원폭
조선인희생자(長崎原爆朝鮮人犠牲者) 추도비가 세워져 있다. 너무나도
외진 곳이고, 너무나도 자그마한 비이기 때문에 자칫 잘못하면 보지
못하고 지나치기 십상이다. 이마저도 '나가사키재일조선인 인권을
지키는 회'의 대표였던 평화운동가 오카 마사하루(岡まさはる)가 애쓴
결과였다. 추도비는 오카가 '속죄하는 마음을 담아' 계획하고 시민
들에게 모금을 호소하여 완성했다.

　1979년 8월 9일 건립된 비에 따르면, 1945년 8월 나가사키 주변
에는 3만여 명의 조선인들이 미츠비시계열의 조선소, 제강소, 전기,

나가사키원폭조선인희생자 추도비

병기공장과 도로, 방공호, 군수공사장 등 토목공사장에서 강제노동
에 시달리고 있었다. 1939년부터 시작된 일본의 '강제연행'의 결과
였다.

오카는 원폭이 터졌을 때 약 2만의 조선인들이 피폭했으며, 약 1
만이 폭사했다고 주장했다. 이는 한국원폭피해자협회의 추정치와
같은데, 나가사키와 히로시마의 피폭자 총수는 5만, 피폭사한 수는
3만이었다. 원폭 당시 하시마나 타카시마탄광 지하갱도에서 탄을
캐던 사람들은 화를 면했으나, 해변에서 휴식을 취하다가 화상을 입
은 사람은 목숨을 잃었다.

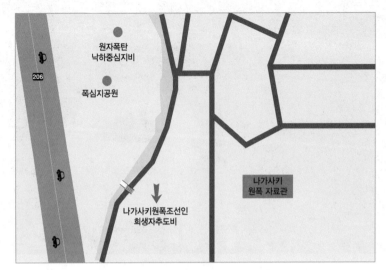

원자폭탄
낙하중심지비

206

폭심지공원

나가사키
원폭 자료관

나가사키원폭조선인
희생자추도비

나가사키원폭조선인희생자 추도비는 나가사키원폭자료관에서 폭심지공원 가는 길옆에 있다

　나가사키에 있던 조선인들 모두가 끌려갔다는 것은 아니다. 그 중
에는 살기 위해, 돈을 벌기 위해 스스로 도일한 이들도 있었다. 하지
만 이것 역시 일제의 조선 강점의 결과였음은 부정할 수 없는 역사
적 사실이다. 원폭 피해를 목도하였던 곽기훈 씨는 말했다.
　"한국인 원폭피해자들은 자기가 원해서 일본에 건너가 원폭을 맞
은 게 아니다. 따지고 보면 모두 일본의 전쟁수행도구로서 강제로
연행돼간 사람들이다."

조선인의 인권을 위해 투쟁한 일본인

—

오카 마사하루(岡まさはる)는 1918년 오오사카에서 태어났다. 1910년 한국을 병합한 일본은 대륙 진출에 박차를 가하고 있었고, 군국주의의 거센 바람은 일반 국민들에게까지 깊숙이 침투하고 있었다. 오카도 해군 소년전신병 시험을 거쳐 제국의 해군이 되었고, 아시아태평양전쟁에서 복무하며 전쟁의 참상을 목격했다.

오카는 천황제를 떠받들고 있던 국가신도와 자신의 기독교 신앙 사이에서 갈등했고, 히로시마에 원폭이 투하된 날, 에타지마(江田島)의 해군사관학교 교원실에서 천황에게 전쟁 종결을 직소하자는 연설을 하여 상관에게 구타를 당했으며, 유치장에 수감되었다. 훗날 오카는 비국민이라는 꼬리표와 군법회의, 총살을 각오하고 싸운 것은 11년 2개월의 해군 생활 중 고작 6일에 불과했다며 참회했다.

전쟁이 끝나고 목자의 길을 선택한 오카는 1951년 토우쿄우에 있는 일본 루터신학교에 입학했고, 1956년 38세로 신학교를 졸업하고, 일본 복음 루터 나가사키 목사로 부임해 성직자로서 '나가사키 재일조선인의 인권을 지키는 모임'의 대표로서, 천황제 폐지, 핵무기 폐지, 조선인피폭자 원호 등을 요구하며 시민의 인권과 평화를 실현하기 위해 투쟁했다.

🌏 진심으로 사죄하는 길

이미 언급했듯이 '나가사키원폭조선인희생자 추도비'를 세운 것은 그였다. 세계 유일의 피폭국, 피폭희생자 일본인이라는 그늘에 가려 억울하게 희생당한 조선인을 비롯한 외국인들의 존재를 알리기 위해서였고, 일본인보다 먼저 그들을 원호하는 것이 전쟁을 일으킨 일본의 책임이고 진심으로 사죄하는 길이라고 주장했다.

76세의 일기로 생을 마감할 때까지 패전 당시, 나가사키에 있었던 조선인들과 피폭자들의 숫자, 사망자, 부상자, 그들이 겪는 고통 등을 낱낱이 조사하고 세상에 알렸다. 조선인 문제를 외면하는 정부를 상대로 정부의 공식 사과, 피폭 외국인들에 대한 보상을 요구하며 싸웠다. 우익세력에 의한 테러의 위협 속에서도 굴하지 않았다. 죽을 때까지 신념을 꺾지 않도록 그를 지탱한 것은 기독교 신앙과 인간에 대한 사랑이었다.

나가사키 니시자카마치(西坂町)에 있는 '오카마사하루기념 나가사키 평화자료관' 건립은 그의 마지막 꿈이었다. 일본의 식민지 지배와 가해의 책임을 감추고 진행되는 평화운동은 진정한 평화운동이 아니라고 피를 토하듯 웅변하면서 진정한 평화자료관을 만들기 위해 동분서주하다가 갑작스레 세상을 떠났다. 그를 따르던 제자들과 동지들에게 참으로 슬프고 안타까운 죽음이었다.

조선인 피폭자를 기억하는 공간

—

오카는 떠났지만, 그의 유지를 받든 시민
운동가들이 노력한 결과, 1년 3개월 후 평화자료관을 설립했다. 8
월 19일 오전, 미츠비시중공업 안에 있는 사료관을 방문한 후에 나
가사키역사 안에 있는 식당에서 간단히 점심을 먹고 평화자료관으
로 향했다.

평화자료관은 나가사키역에서 멀지 않은 곳에 있지만, 제법 가파
른 언덕길을 올라야 했다. 나가사키역 맞은편에서 26성인기념관(26
聖人記念館) 팻말을 따라 니시자카(西坂)를 오르니 왼쪽에 기념관 오
른쪽에 성당이 보인다. 그 사이를 통과해 조금 더 올라가니 자료관
이다. 분위기는 한산했다. 건물 안쪽에 여성 한 분이 자리를 지키고
있었다. 인사를 하고 한 사람당 250엔씩 관람료를 낸 다음 전시된

오카마사하루기념 나가사키 평화자료관(岡まさはる記念長崎平和資料館)

자료들을 둘러보았다. 관람객은 우리뿐이었다.

　제일 먼저 눈에 들어오는 것은 '조선인피폭자코너'였다. 나가사키에 원폭이 투하되었을 때, 약 3만 명의 조선인이 나가사키시 주변에서 생활하고 있었고, 그 중 약 2만 명이 피폭당해 1만 명 정도가 목숨을 잃었다. 지금 원폭자료관의 전신이었던 '나가사키시국제문화회관(長崎市国際文化会館)'에 외국인피폭자코너가 있었지만, 미국인·영국인·네덜란드인 등이 포로수용소에서 피폭되었다는 설명은 있었어도, 가장 많은 피해를 입은 조선인이나 중국인에 대해서는 아무런 자료도 전시하지 않았다.

오카는 오랫동안 조선인과 중국인들이 겪은 비극을 알려야 한다고 시에 요구했다. 1996년 '원폭자료관'으로 재정비할 때 조선인피폭자의 증언을 일부 전시하기도 했지만, 당시 조선인피폭자들이 겪은 참상을 알리기에는 미흡했다.

이 같은 현실을 반영해 평화자료관 1층에 전시를 결정한 것이 바로 '조선인피폭자코너'였고, 현재 나가사키에 살고 있는 조선인피폭자 박민규 옹과 서정우 옹의 증언을 통해 강제연행과 노동, 피폭 이후 외국인이라는 이유로 원호대상자에서 제외되어 일본정부로부터 아무런 치료와 보상을 받지 못했음을 고발하고 있다. 한편에는 석탄을 캐는 갱구도 재현하여 당시 광부들이 얼마나 비좁은 공간에서 석탄을 캤는지를 실감케 한다.

'전후보상코너'에서는 침략전쟁에 동원된 외국인피해자들의 실태를 알리며, 전후 일본정부가 피해보상에서 외국인들을 배제한 사실을 비판하면서 그들에 대한 피해보상이 실현되어야 함을 역설하고 있다.

자료관 1층에 재현된 탄코우(炭坑: 탄갱)

2층에는 '군위안부코너', '하시마 · 타카시마탄광코너', '황민화교육코너', '중국인강제연행코

나카지마중학교(中島中學校) 조선어린이회 학생들의 '인간을 돌려달라'는 절규와 함께 치바경제대학부속고교 보통과 학생들이 종이를 접어 만든 벽장식에 '평화기념(平和祈念)'이란 글귀가 적혀있다.

너', '전후보상코너', '남경대학살코너', '오카마사하루코너' 등이 있다. 작은 공간에 마련된 소수의 사진과 문헌 자료들이지만, 전쟁 시기 일본이 무엇을 했는지를 한눈에 알 수 있는 귀한 자료들이다.

사실 이 같은 자료들은 이제까지 발간된 저서, 증언집, 사진집 등을 통해서도 알 수 있고, 인터넷에서도 얼마든지 관련 자료들을 찾아볼 수 있지만, 오카를 비롯한 일본의 양심 있는 시민과 지식인들이 지나간 역사를 성찰하고 일본의 반성을 촉구하기 위해 만든 공간이기에, 이곳이 지니는 의미와 소중함은 백 번을 강조해도 지나치지 않는다.

국적을 막론하고 이곳을 찾은 관람객들은 적잖은 충격을 받을 것이다. 3·1운동에 참여한 조선인들을 고문하는 장면, 위안소에 끌려온 여성들의 모습, 전쟁 중이었다고 하지만 작두로 사람의 목을 자르는 일본 군인의 사진은 거짓말이라고 항변하고 싶을 정도로 끔찍하다. 일본인들에게 이곳은 내면 깊은 곳에 숨어있던 카인의 얼굴을 마주해야 하는 고통스러운 무대일 것이다. 하지만 이곳은 불행한 역사를 직시하고, 다시는 그와 같은 비극을 되풀이하지 않기 위해 한 발 앞으로 나아갈 수 있는 용기를 주는 곳이다.

"일본은 당했다고만 생각하고 있었지만, 이곳에 와서 일본이 얼마나 잔인한 일을 했는지 알게 되었다(미에현三重県, 14살 남성)."

"일본정부는 중국과 한국정부에 정식으로 전쟁범죄를 사죄해야 한다는 것을 통감했다(사이타마현埼玉県, 60살 여성)."

필리핀에서 온 관람객은 일본인들에게 "평화를 위해 이곳을 방문하기 바란다"고 부탁했다. 51세 캐나다 여성은 "오카마사하루코너가 좋았다"는 짤막한 감상을 남기면서 "세상에는 이런 사람들이 여

유우슈우 역사기행

기저기 많이 있네요"라고 했다.

오카가 조선인을 비롯한 외국인들이 일본에서 겪은 불행한 일들을 알리려고 했을 때, 일본정부는 물론 다수의 일본인들이 외면했다. 오카가 힘들더라도 진실에 귀를 기울여야 한다고 외쳤을 때, 일본의 우익들은 공갈과 협박으로 그의 입을 막고 발을 묶으려 했다. 그러나 오카는 진실을 알려야 한다는 소명으로 굴하지 않았다. 그 결과 숨겨져 있던 역사가 서서히 밝혀졌고, 평화자료관을 찾는 일본인들은 한걸음씩 역사의 진실에 다가가고 있다. 오카의 숭고한 삶에 마음 깊은 곳으로부터 고마움과 경의를 표한다.

나가사키 여행은 이렇게 준비하자

☑ 가는 길

운항 편수가 많지 않지만, 인천에서 나가사키로 가는 직항을 이용하거나 후쿠오카를 경유하는 것이 좋다. 나가사키까지 후쿠오카 하카타역에서 열차로 1시간 55분 걸리고, 버스로는 하카타버스터미널에서 2시간 10분 정도 걸리므로 시간상 큰 차이는 없다.

후쿠오카공항이나 하카타역 주변에서 렌터카를 이용할 수 있는데, 내비게이션이 장착돼 있으므로 길을 잃을 염려는 없다. 렌터카를 빌리려면 국제면허증을 소지해야 하고, 미리 예약을 하는 것이 좋다. 일본에서는 자동차가 좌측통행을 하기 때문에 운전대가 차량 오른쪽에 있어서 운전에 익숙해질 때까지 충분히 주의해야 하며 도로사정에도 익숙해져야 하는데, 대체로 도로가 좁은 편이므로 저속으로 운행하는 것이 좋다.

또한 일본의 교통법규를 반드시 숙지해야 하고, 특히 한국과 다른 규칙들을 미리 확인해야 한다. 이를테면 한국에서는 우회전을 할 때, 주위를 살피며 대충 갈 수 있지만, 일본에서 한국의 우회전에 해당되는 좌회전은 직진신호가 들어왔을 때에만 가능하다. 반면에 한국의 좌회전이나 유턴에 해당하는 우회전과 유턴은 신호가 없어도 앞에서 오는 차가 없으면 가능하다. 일본의 운전자들은 경적은 거의 사용하지 않는다.

☑ 현지 교통

나가사키시내에서는 노면전차를 이용해 대부분의 관광지에 갈 수 있다. 운임은 120엔으로 비교적 저렴한 편이지만, 우리나라와 같은 무료 환승은 츠키마치역(築町駅)에서 1호선과 5호선 환승할 때, 운전기사에게 말하고 노리츠키켄(のりつき券)을 받아 할 수 있지만, 일본어가 서툴거나, 일본어가 능숙해도 색다른 시스템에 익숙하지 않다면, 어

려움을 겪을 가능성이 높다. 1일 승차권을 500엔에 살 수 있다.

노면전차 외에 일반 버스를 이용할 수 있고, 주요 관광지를 도는 '랑랑(らんらん)'이라는 애칭의 소형 관광버스를 120엔에 승차할 수 있으며, 300엔이면 1일승차권을 구입할 수 있다. 나가사키의 야경을 감상하기 위해 이나사야마전망대(稻佐山展望台)로 가는 로프웨이를 타려면, 나가사키역을 출발해 각 호텔을 경유하여 나가사키 로프웨이까지 운행하는 무료 셔틀버스를 이용하면 된다. 운행시간은 오후 7시에서 10시까지.

☑️음식

나가사키 하면 가장 유명한 것은 역시 찬퐁과 카스테라다. 앞서 소개한 시카이로가 찬퐁의 원조이지만, 시내 곳곳에 찬퐁을 파는 식당들이 있고, 맛은 시카이로보다 낫다는 평도 있다. 카스테라는 후쿠사야(福砂屋), 쇼우오우켄(松翁軒), 분메이도우(文明堂)가 3대 명가다. 꼭 본점을 방문하지 않더라도 여러 곳에 있는 지점에서 똑같은 맛의 카스데라를 먹을 수 있는데, 구라바가는 입구 근처에 세 가게가 다 있으므로 구라바가든을 방문하는 길에 편리하게 맛볼 수 있다.

찬퐁과 카스테라가 다라면 무척 섭섭할 것이다. 후쿠사야에서 카스테라를 사면서 저녁을 먹으려고 하는데, 맛있는 음식을 추천해 달라고 했더니, 역시 생선이라고 했다. 하긴 항구 도시에서 해산물은 기본 아닐까?

나가사키 향토요리인 싯포쿠요리(卓袱料理)는 차이나타운을 통해 들어온 중국요리와 데지마를 통해 들어온 네덜란드요리 그리고 일본요리가 서로 혼합하면서 마치 카이세키요리(懷石料理)처럼 정착된 것인데, 큰 접시에 담긴 코스요리를 원탁에 빙 둘러앉아 먹는다. 원래 일본인들은 각자 작은 밥상을 하나씩 받아 식사를 했다. 하나의 테이블에 빙 둘러앉아 음식을 먹는 것은 일본에 없었던 식사법으로 서양인들에게 배운 것이다.

그래서 이 싯포쿠요리에는 화식·중식·양식(주로 네덜란드 음식)의 요소가 골고루 섞여 있어 '와카란요리(和華蘭料理)'라고도 부르는데, 싯포쿠요리를 음미하면서 나가사키가 동서융합의 시원임을 다시 한 번 확인할 수 있다. 시안바시역(思案橋駅)에서 도보로 3분 거리에 있는 나가사키싯포쿠 하마카츠(長崎卓袱 浜勝 http://www.sippoku.jp/about/)가 유명하다.

끝으로 소개할 것은 토루코라이스(トルコライス)다. 나가사키의 명물 중 하나인데, 터키에서 유래한 음식이라 '토루코'라는 이름을 붙였다는 설이 있다. 돈카츠·중국식 볶음밥인 차한(チャーハン)·스파게티·사라다(サラダ) 등을 한 접시에 담아내는 음식

나가사키 싯포쿠요리

유우슈우 역사기행

인데, 시안바시역에서 도보로 2분 거리에 1925년에 문을 연 츠루챤(ツル茶ん)이 유명하다.

나가사키에는 이렇게 맛있는 음식이 많지만, 아쉽게도 우리 일행은 바쁜 답사 일정으로 인해 다 먹어볼 수 없었다. 8월 20일은 '후쿠사야본점'을 끝으로 그날 일정을 마치고 바로 옆 골목인 시안바시요코초우(思案橋横町) 안에서 저녁을 해결했다.

밥과 술을 파는 소박한 식당이었는데, 방에 놓인 세 개의 테이블 중 가운데 자리에 앉자, 옆 테이블 남자가 "안녕하세요?"라며 한국어로 인사를 걸어왔다. 유창하지는 않았지만, 한국어로 간단한 회화가 가능한 수준이었다. 미츠비시 직원인데, 일 관계로 부산에 친구가 있어 자주 왕래한다고 했다. 일본식 곱창전골인 모츠나베(もつなべ)와 오니기리(おにぎり)가 맛있다며 추천해 주었고, 나가사키는 야경이 아름다우니 이나사야마전망대에 꼭 가보라고도 했다. 한국어와 일본어, 영어까지 섞어가면서 대화를 하다가 "저 한국 좋아해요."라고 했다. '저도 일본 좋아해요.'라고 응수하는 게 예의일까 순간 망설이다가 그저 "고마워요"라고만 했다.

"저도 일본 좋아해요."라고 말할 수 있나? 일본이 참고해야 할 좋은 점을 많이 갖고 있다고 생각하지만, 일본 여행길에 온천욕을 하는 것도 좋아하지만, 텐동(天井)이나 소바(そば)를 좋아하지만, 친절한 일본인을 좋아하지만, 일본의 깨끗한 거리를 좋아하지만, 그 순간 '일본을 좋아한다'는 말은 입에서 나오지 않았다. 그러면 그 일본인은 어떻게 그렇게 천연덕스럽게 '저 한국 좋아해요'라고 말할 수 있었을까? 가해자와 피해자로 부딪혀야 했던 암울했던 과거사 탓인가? 지금 이 글을 읽는 독자들은 어떠신가? '일본 좋아해요'라고 말씀하실 수 있나?

☑숙박

나가사키 시내에 많은 숙박시설이 있는데, 이동 동선에 따라 적당한 곳을 찾는 것이 좋다. 나가사키역 주변에 있는 숙박시설이라면 오카마사하루기념평화자료관에 가깝고, 역에서 북쪽으로는 평화공원, 원폭자료관 등과 남쪽으로는 차이나타운, 구라바가든(グラバー園), 데지마, 오란다자카 등 사통팔달이라고 할 수 있다.

나가사키역을 중심으로 북쪽을 평화공원, 남쪽을 구라바가든이라고 한다면, 목적지에 따라 그 인근에 있는 숙박시설을 선택하는 것도 좋다. 또한 나가사키에는 바다가 내려다보이는 산중턱에 온천관광호텔도 여러 곳 있다. 도심까지 차로 10분에서 20분 정도 걸리고, 숙박시설에서 운행하는 무료 셔틀버스 등도 버스 시간에 맞춰 이용할 수 있다. 온천과 전망을 중시하는 여행자라면 적지겠지만, 시내관광이 목적이라면 조금 불편할 수도 있다.

나가사키의 명소 구라바가든 안에 있는 구라바 주택은 1863년에 지어진 것으로 일본의 전통기술과 영국풍의 콜로니얼 양식의 융합을 보여주는 일본 최고(最古)의 서양식 목조건축이다.

나가사키역 근처에 제이아루큐우슈우호테루나가사키(ＪＲ九州ホテル長崎), 아파호테루나가사키에키마에(アパホテル長崎駅前) 등이 있고, 시내 중심에 데지마노유 도미인나가사키(出島の湯　ドーミーイン長崎), 구라바가든(グラバー園) 쪽에 호테루몬토레나가사키(ホテルモントレ長崎), 호테루베르뷰나가사키데지마(ホテルベルビュー長崎出島) 등이 있으며, 온천호텔로는 시내 쪽에는 타테야마(立山) 산중턱에 나가사키잇쇼우칸(長崎にっしょうかん)이 있고, 이나사야마(稲佐山)에 이나사야마온센호테루아망디(稲佐山温泉　ホテル　アマンディ), 가덴테라스나가사키호테루엔리조토(ガーデンテラス長崎ホテル＆リゾート) 등이 있다.

☑ 글쓴이가 간 길

8월 17일 오후 6시 15분 후쿠오카공항 도착, 저녁 식사 후 렌터카로 나가사키로 이동, 11시쯤 나가사키 도착. 늦은 시각이어서 바로 호텔에 짐을 풀고, 다음 날부터 답사 시작.

목요일은 군함도디지털박물관과 군함도, 오란다자카, 구라바가든, 차이나타운, 후쿠사야 본점. 금요일은 미츠비시조선소 사료관과 오카마사하루기념평화자료관, 원폭자료관, 평화공원 등을 둘러보았다.

이삼평을 신으로 모시고 있는 아리타의 토우잔신자에서 참배하는 이 교수!

맨 왼쪽이 백파선의 비이고, 오른쪽으로 아들과 손자의 비가 나란히 서있다.

토요일 아침 일찍 나가사키를 출발하여 도자기의 고장으로 유명한 아리타(有田)와 이마리(伊万里)로 향했다. 아리타의 토우잔신사(陶山神社)는 임진왜란 때 끌려온 조선인 도공 이삼평을 도자기의 할아버지로 모시고 있는 곳이어서 본전 앞에서 당당하게 참배를 하였고, 호우온지(報恩寺)에 있는 백파선(百婆仙)의 탑을 찾아보았다.

백파선은 이삼평과 마찬가지로 임란 때 끌려간 조선인 도공 김태도, 창씨명 후카우미 소우덴(深海宗傳)의 아내인데, 김태도가 타케오(武雄) 우치타무라(内田村)에서 도자기를 만들다 1618년 타계하자, 1630년 일족을 이끌고 아리타의 히에코바(稗古場)로 이주해 도자기를 생산하였다. '후카우미'란 자신의 고향인 김해(金海)를 마음 깊이 그리워한다는 뜻이다.

그 다음 이마리로 이동해서 나베시마야키(鍋島燒)의 생산지인 오오카와우치야마(大川内山)를 시간 관계상 아주 잠시만 둘러보고 아쉬운 발걸음을 옮겨야 했다.

유우슈우 역사기행

● **2일(8. 18. 목)**

데지마(出島) – 군칸지마디지털뮤지엄(軍艦島デジタルミュージアム) – 시카이로(四海樓) – 군칸지마(軍艦島) – 오란다자카(オランダ坂) – 구라바가든(グラバー園) – 차이나타운(新地中華街) – 후쿠사야 본점(福砂屋本店)

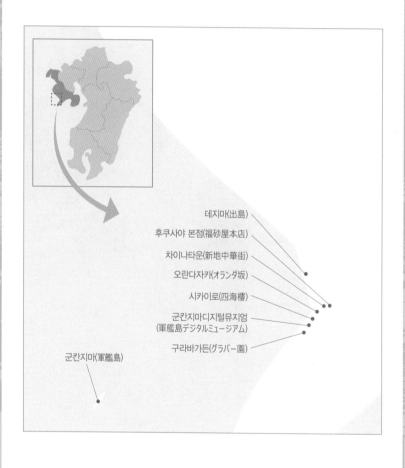

데지마(出島)

후쿠사야 본점(福砂屋本店)

차이나타운(新地中華街)

오란다자카(オランダ坂)

시카이로(四海樓)

군칸지마디지털뮤지엄
(軍艦島デジタルミュージアム)

구라바가든(グラバー園)

군칸지마(軍艦島)

● **3일(8. 19, 금)**

　나가사키조선소 사료관(長崎造船所 史料館) - 오카마사하루기념 나가사키 평화자료관(岡まさはる記念長崎平和資料館) - 나가사키원폭자료관(長崎原爆資料館) - 나가사키원폭조선인희생자비(長崎原爆朝鮮人犧牲者碑) - 나가사키평화공원(長崎平和公園)

나가사키평화공원
(長崎平和公園)

나가사키원폭조선인희생자비
(長崎原爆朝鮮人犧牲者碑)

나가사키원폭자료관
(長崎原爆資料館)

오카마사하루기념 나가사키
평화자료관(岡まさはる記念
長崎平和資料館)

나가사키조선소 사료관
(長崎造船所 史料館)

유우슈우 역사기행

● 4일(8. 20. 토)

나가사키(長崎) － 아리타(有田: 토우잔신사, 백파선탑, 이즈미야마도석지) － 이마리 오오카와우치야마(伊万里 大川内山) － 후쿠오카(福岡)

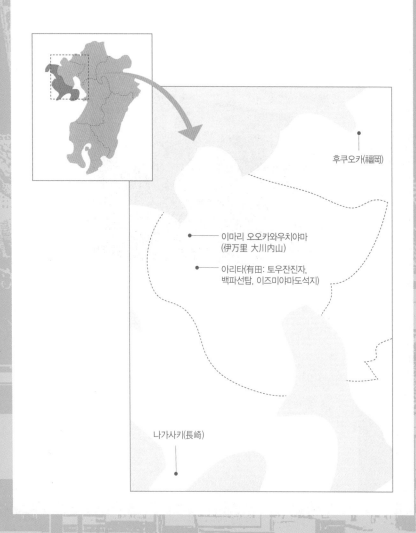

후쿠오카(福岡)

이마리 오오카와우치야마
(伊万里 大川内山)

아리타(有田: 토우잔진자,
백파선탑, 이즈미야마도석지)

나가사키(長崎)

4부

『…

밤마다 큰 돌이 큰소리를 내며 움직이면서 이상한 빛을 하늘
로 뿜어 올렸다. 이것을 본 마을 사람들이 두려움을 느끼어
무당에게 점을 쳐 보니, 조선종묘의 신 단군의 혼이 마을 사
람들을 보호하기 위해 왔다는 것이었다.

…』

카고시마

鹿児島

드라마틱한 **역사가 숨 쉬는 곳**

—

　　　　　　큐우슈우 남부에 위치한 카고시마는 아름
다운 자연과 드라마틱한 역사가 숨 쉬는 곳이다. 푸른 바다가 반도
의 삼면을 둘러싸고 있고, 사쿠라지마(櫻島)화산과 키리시마연산(霧
島連山)의 크고 작은 화산들이 아직도 활동을 하고 있어 온천도 많다.
키리시마산지에는 키리시마(霧島)온천, 묘우켄(妙見)온천 등이 있고,
남쪽 땅 끄트머리에 모래찜질로 유명한 이부스키(指宿)온천이 있다.

　삼나무 숲이 우거진 키리시마에는 신궁이라는 이름에 걸맞은 대
신사 키리시마신궁(霧島神宮)이 있고, 사쿠라지마가 눈앞으로 보이는
바닷가에 자리한 사츠마(薩摩: 카고시마의 옛 이름)의 번주 시마즈(島津)
가의 별장 센간엔(仙巖園)은 일본을 대표하는 정원 중 하나이다.

　카고시마는 나가사키와 더불어 바깥세상과 활발히 교류해 온 역

해발 107m에 자리하고 있는 시로야마공원전망대(城山公園展望台)에 서면 카고시마 시내와 바다 건너 사쿠라지마가 한눈에 들어온다.

사를 지니고 있으며, 메이지유신의 3걸 중 2인인 사이고 타카모리 (西郷隆盛)와 오오쿠보 토시미치(大久保利通)가 태어난 곳이어서 '메이지유신의 고향'이라고도 불린다.

카고시마는 천혜의 자연과 고대의 신비, 드라마틱한 근대만으로도 충분히 매력적인 관광지이지만, 현재는 2차대전 말 카미카제(神風) 특공기지가 있었던 치란(知覧)에서도 끊임없이 관광객들을 불러들이고 있다. '아, 가고 싶다 카고시마!'

메이지유신의 산실

—

카고시마중앙역(鹿児島中央駅) 앞 광장에는 '젊은 사츠마의 군상'이라는 조각이 있다. 1865년 일본에서 최초로 영국에 유학을 갔던 19명의 사츠마번 출신 젊은이들을 기린 동상이다. 인솔자와 통역을 제외한 15명 유학생은 모두 20세 전후의 엘리트였으며 13세 소년도 한 명 있었다.

당시 막부에서는 해외 도항을 금지하고 있었지만, 사츠마번주 시마즈 히사미츠(島津久光)는 사츠마번의 발전을 위해 서구의 신문물 도입이 절대적이라는 판단 하에 밀항시키듯 유학생들을 보냈다고 한다.

비록 국법을 어겼으나 미래를 내다보는 혜안과 결단력을 지닌 지도자였다.

유우슈우 역사기행

시내를 동서로 가로지르며 흐르는 코우츠키가와(甲突川) 바로 옆에는 메이지유신 당시의 역사와 주요 인물을 소개하는 이신후루사토칸(維新ふるさと舘 유신고향관)이 있다. 사이고 탄생지와 오오쿠보가 성장한 유서 깊은 땅에 기념관을 건립해, 기념관 관람 전후에 주위를 산책하며 영웅의 발자취 등을 확인할 수 있도록 위치를 선정한 듯하다.

카고시마추우오오에키(鹿兒島中央駅) 앞 광장의 '젊은 사츠마의 군상'

한 가지 흥미로운 것은 코우츠키가와의 이름이다. 한국식 독음으로 읽으면 갑돌천(甲突川)인데, 이 강에는 코우라이바시, 즉 고려교(高麗橋)라는 이름의 다리가 있다.

이 다리를 고려교라고 하는 것은 이 강 건너에 고려인, 즉 임진왜란 때 끌려온 조선인들이 모여 사는 마을이 있기 때문이라고 하는데, 갑돌천이라는 이름도 '갑돌이와 갑순이' 이야기에 등장하는 비련의 주인공 '갑돌이'와 무슨 관계가 있지 않나 하는 엉뚱한 추측을 하게 한다.

정한론을 두고 맞선 메이지유신의 두 영웅

—

카고시마현립박물관에서 츠루마루성 터 (鶴丸城跡)에 이르는 역사와 문화의 길(歷史と文化の道)을 따라 걸으면 시립미술관, 현립도서관, 사이고 타카모리 동상 등을 감상하며 레이메이칸(黎明館 여명관)에 이르고, 세이난전쟁(西南戰爭) 당시 총탄의 흔적이 남아 있는 사학교의 돌담도 확인할 수 있다.

사이고와 오오쿠보는 죽마고우였고, 메이지유신을 성공으로 이끈 동지였지만, 정한론을 두고 견해가 엇갈리면서 서로 총부리를 겨누는 비운의 주인공이 된다.

1868년 삿초우(薩長)동맹은 막부를 무너뜨리고 메이지유신(明治維新)을 선포했다. 1871년 기존의 번을 폐지하고 '현'이라는 행정 단위로 개편하는 '폐번치현(廢藩置縣)'을 단행하고, 각 번의 군대를 해산시

유우슈우 역사기행

역사와 문화의 길. 레이메이칸을 관람한 다음, 츠루마루성 성벽 아래에서 출발해도 좋다.

키고, 국민개병제를 도입했다.

　문제는 신분 하락에 직면한 사무라이의 불만이었다. 1873년 여름, 영화『라스트 사무라이』의 모델이 된 인물답게 사이고는 사무라이 계급 활성화를 주장했고 이를 실현하는 방편으로 '정한론'을 주장했다.

　사이고는 자신이 조선에 가서 무례한 행동을 하면 조선인들이 자신을 죽일 것이라고 하면서, 자신의 죽음을 전쟁의 명분으로 삼아 조선을 치라고 했으며, 1873년 8월 천황의 재가를 받았다.

　죽음을 자처한 시이고아 국가에 대한 불타는 충성심에서 그랬겠

'역사와 문화의 길'에 서있는 사이고의 동상

지만 죽으러 가겠다는 신하의 요청을 받아들인 메이지 천황은 어떤 심사였을까? '아니야, 너를 사지로 몰아넣을 수는 없어. 하지만 고마워, 네가 죽어야 전쟁 명분이 생기니까, 그래 내가 뭐 네가 죽기를 바라서 이러는 건 아니야, 다만 지금 이 상황에서 뭐 뾰족한 수가 없잖아. 그리고 내가 죽으라고 한 것도 아니고, 네가 자처한 거니까. 역시 넌 마지막 사무라이야.' 뭐 이런 거였을까?

그런데 이때, 구미 선진 문명을 시찰하러 떠났던 이와쿠라(岩倉)사절단이 귀국했고 사절단은 해외 정벌보다 정치 · 경제 · 교육 · 산업 여러 방면에서 일본을 발전시키는 것이 우선이라며 이 결정을 취소시켰다.

실상 조선을 친다는 데 있어서 사이고나 오오쿠보의 생각은 다르지 않았다. 다만 시기가 문제였다. 이 같은 생각의 차이가 평생 동지였던 두 사람을 정적으로 만들어 버렸고 근대의 문 앞에 선 일본의

유우슈우 역사기행

운명을 걸고 벌어진 결전의 패자는 사이고였다.

모든 직을 버리고 사츠마로 돌아온 사이고는 육군사관 창성을 위해 유년학교, 총대학교, 포대학교 등을 설립했고 각지의 사무라이들이 몰려들어 학생 수가 2만에 달했다. 사츠마의 움직임을 심상치 않게 생각한 메이지정부는 사츠마에 있던 정부의 무기와 탄약을 오오사카(大阪)로 옮기려 했고 이것이 사학교를 자극함으로써, 사이고의 사무라이들은 정부가 사이고 암살과 사학교 탄압을 기도하는 것으로 단정하고 군사를 일으켰다.

사이고도 스스로 중앙정부를 문책한다는 명분을 세워 13,000여 명의 군대로 쿠마모토성(熊本城)을 공격했지만, 임진왜란 때 카토우 키요마사(加藤清正)가 축성한 견고한 성을 깨지 못하고 사츠마로 퇴각했다. 추격해 온 정부군에 대항해 마지막 일전을 불사했지만, 결국 사이고는 9월 시로야마(城山)에서 정부군의 총공세 속에 할복, 최후를 맞이했다.

사람은 나고 죽는다. 제아무리 걸출한 인물이라 해도 죽음을 피해갈 수 없다. 하지만 역사는 단절되지 않고 모든 것을 기억한다. 140년이 지났지만 카고시마 사람들은 그들의 영웅들을 잊지 않고 있다. 사츠마의 문명개화를 주도한 개명 번주 시마즈, 유신의 주역 오오쿠보, 마지막 사무라이 사이고에 이르기까지 오늘도 카고시마는 격동의 일본 근대사를 들려주고 있다.

'아롬다운 산'에서 꽃 핀
조선 도공의 혼

—

1592년 정명가도(征明假道)를 구실로 시
작된 7년 전쟁의 서막이 올랐다. 100년이 넘는 전국시대(戰国時代)에
걸친 오랜 전투 경험으로 숙련된 왜군은 강했고 신무기 조총의 위력
앞에 조선 군대는 제대로 된 저항 한 번 하지 못하고 추풍낙엽처럼
스러졌다. 의병의 봉기와 명나라의 원군 덕에 국가 존망의 위기를
모면했으나, 백성들은 전란의 풍파 속에서 목숨을 잃거나 포로가 되
어 일본 땅으로 끌려갔다.

임진왜란은 약탈을 위한 전쟁이었다. 일본군에는 약탈이 임무인 6
개의 특수부대가 있었다. 도서부는 조선의 서적을, 공예부는 자기류
를 비롯한 각종의 공예품을, 포로부는 조선의 학자 · 관리 및 목공 ·
직공 · 토공 등 장인, 노동력을 가진 젊은 남녀의 납치를, 금속부는

조선의 병기·금속활자를, 보물부는 금은보화와 진기한 물품들을, 축부는 조선의 가축을 포획해 갔다.

당시 끌려간 조선인들 가운데 도공들이 많았다. 임진왜란을 '야키모노센소우(燒き物戰爭)', 즉 '도자기전쟁'이라고도 한다. 15세기 무로마치막부(室町幕府) 시대에 지배층에 유행하기 시작한 일본의 다도는 좋은 찻잔을 필요로 했다.

사무라이들은 차를 마시고 다완을 감상했다. 당시 일본은 자기(磁器)를 만드는 기술이 없었기에 중국과 조선에서 값비싼 도자기를 수입하고 있었는데 '명품 다완은 성하고도 바꾸지 않았다'고 할 정도로 인기였고, 이런 상황에서 최고급 도자기를 굽는 조선의 도공들이 약탈 목표 영순위가 된 것은 조금도 이상한 일이 아니었다.

사가현의 영주 나베시마 나오시게(鍋島直茂)는 조선 도공 500명을 끌고 갔으며, 히라도(平戶)의 마츠우라 시게노부(松浦鎭信)가 200명, 사츠마의 시마즈 요시히로(島津義弘)가 박평의(朴平意)를 비롯해 김해(金海) 등지에서 200명을 끌고 간 것으로 파악되고 있다.

큐우슈우를 제외한 일본 전역의 영주가 데려간 조선 도공의 수는 훨씬 더 많을 것으로 추정되고 대부분의 도공들이 충청도와 전라도, 경상도 출신이라고 전해지고 있다.

일본으로 끌려가기 전 충남 금강 부근에서 살았던 것으로 전해지는 도공 이삼평은 초기에는 하카티(博多)의 카라츠(唐津) 부근에서 도자기를 굽다가 아리타(有田)의 이즈미야마(泉山)에서 백자광(白磁鑛)을 발견하고, 텐구다니가마(天狗谷)를 만들었는데 이것이 바로 일본 백자의 시작이었다.

그 후 김해에서 잡혀온 종전(宗田)의 미망인 백파선(白婆仙)이 장인 906명을 이끌고 아리타로 옮겨왔고, 도자기 하면 아리타야키(有田燒)를 떠올릴 정도로 아리타는 도향(陶鄕)으로 유명해졌다.

아리타를 도자업의 본향으로 만든 이삼평은 지금도 일본의 도조(陶祖)로 추앙받고 있는데, 아리타에는 그를 모시는 토우잔신사(陶山神社)와 기념비가 마을 언덕 위에 서서 지나간 역사를 말해주고 있다.

아리타야키와 함께 명성을 날리고 있는 카고시마 사츠마야키(薩摩燒)의 주인공은 조선 도공 김해와 박평의 등이었다.

정유재란 때 사츠마번주 시마즈 요시히로(島津義弘)에게 끌려온 이들이 상륙한 곳은 카고시마의 쿠시키노(串木野)라는 작은 항구인데, 빨간 난간이 인상적인 타이코바시(太鼓橋) 근처에 "경장 3년(1598년) 겨울 머나먼 풍도를 넘어 우리들의 개조(開祖) 이 땅에 상륙하다"라고 새긴 사츠마야키개조착선상륙기념비(薩摩燒開祖着船上陸記念碑)가 서 있다.

🍶 사츠마야키의 색

　포로 생활 초기 조선 도공들은 시마바라(島平)에서 토굴을 짓고 생
활하다가 1614년 나에시로가와(苗代川), 즉 현재의 미야마(美山)에서
백점토를 발견하여 가마를 열었는데, 할로겐 성질의 카오린으로 된
백토이기 때문에 엷은 베이지색을 띠었고, 이것이 오늘날 사츠마야
키의 상징 빛깔이 되었다.

　심당길은 심수관가의 초대 선조로 박평의 문하에서 도자기를 배
운 것으로 추정하는데, 이곳에 가마를 연 후 400여 년에 이르는 사
츠마야키의 전통을 지켜오고 있다. 습명 심수관은 제12대 심수관이
1873년 비엔나 만국박람회에 '사츠마 웨어'라는 작품을 출품하여 격
찬을 받은 이후 제15대 심수관에 이르기까지 이어지고 있다.

　2016년 11월 17일 목요일 아침, 이부스키를 출발해 미야마로 향
했다. 카고시마에서는 서쪽으로 20km 남짓한 거리이지만, 이부스
키에서는 북쪽으로 60km가 넘는다. 1시간 넘게 고속도로를 달려,
임란 때 끌려온 도공들이 주변의 풍광이 고향 남원의 산천과 너무나
도 비슷해서 탄성을 질렀다는 작은 마을에 도착했다. 조용했다. 자
동차도 많이 다니지 않고 거리를 지나는 행인도 없어 한산한 느낌마
저 들었다. 네거리 옆 공터에 선 도향 미야마 안내판이 은은한 미소
를 머금은 얼굴로 우리들을 맞이 주있나.

미야마마을의 안내판은 도자기 마을답게 다양한 색깔의 도편으로 만들어져 있다.

　　미야마에 사는 조선인들은 19세기 후반까지도 조선의 이름과 의복과 풍속 등을 유지하며 살았다고 한다. 일본의 문인 타치바나 난케이(橘南谿1781~1788)는 서유기(西遊記)에 나에시로가와를 방문했을 때, 신모둔(申侔屯)과 나눈 대화를 남겼다.

　　일본으로 건너온 지 얼마나 됩니까?

　　벌써 5대나 됩니다.

　　그렇다면 여기 와서 수대를 지냈으니, 더 이상 고향 생각은 하지 않으시겠지요?

유우슈우 역사기행

벌써 200년이 지났고, 옷과 머리 모양은 조선 풍속일 뿐 이제는 말도 일본어를 하고 있습니다. 고향 풍속은 그다지 남아 있지 않습니다. 그래도 간혹 고향 생각이 날 때가 있습니다. 지금이라도 갈 수 있다면 돌아가고 싶습니다.

이 말을 듣고 숙연해진 타치바나는 다시 한 번 '고향난망(故鄉難忘)'이라고 썼다 한다. 그런데 이민 2대나 3대면 모를까, 조선에 대한 아무런 기억도 가지고 있지 않았을 5대가 고향에 대한 그리움을 말하는 것은 좀 놀랍다.

이런 기록도 있다. 1884년 갑신정변 직후 봉명사신의 일인으로 일본을 방문했던 박대양(朴戴陽)은 동사만록(東槎漫錄)에서 나에시로가와의 조선인들은 자기들끼리 혼인하면서 조선의 풍속을 지켜왔다고 했고, 1887년 영국 외교가 어네스트 사토우(Ernest Mason Satow)는 3년 전만 해도 이곳 인구는 1,500여 명이었고, 조선식의 머리 모양을 하고 있었다고 했다.

그러니까 메이지유신 이후에도 나에시로가와의 조선인들은 조선의 풍속을 유지하고 있었다는 것이다. 어떻게 이런 일이 가능했을까? 비록 일본에 살아도 결코 조선을 잊지 않고, 조선인의 후예로 살겠다는 민족적 자각 같은 것이 힘겨운 타국에서의 생활을 지탱해 주었을 거라고 생각하면 왠지 가슴이 뭉클해진다.

한편, 울신대 노성환 교수는 일본 사회가 그들에게 일본인으로 사

역대심가박물관에 전시돼 있는 조선어 학습 교재

는 것을 허락하지 않은 외부적 요소를 간과해서는 안 된다고 말한
다. 일본인과의 혼인, 일본식 머리 모양, 타로우(太郎)나 지로우(次郎)
같은 일본식 이름을 갖는 것마저도 엄격하게 금지했다는 것이다. 게
다가 나에시로가와의 조선인들은 번이 조선과 교류할 때, 통역을 맡
게 됨으로써, 그들의 자손들에게 계속해서 조선어를 가르칠 수 있었
다고 한다. 미야마에 전해 내려오는 조선어 학습과 관련한 책들이
바로 그 증거라 할 수 있을 것이다.

　　노 교수가 지적한 외부적 요인을 경청해야겠지만, 14대 심수관의
이야기는 한국과 일본, 400년이라는 까마득한 시공을 뛰어넘는 뿌
리에 대한 강한 애정을 느끼게 한다.

13대 심수관은 국민학생인 아들에게 말했다. 우리 할아버지는 한국에서 왔다. 전쟁에 져서 비록 포로가 되어 왔지만, 사츠마야키라는 훌륭한 도자기를 만들어 냈다. 너는 훌륭한 혈통을 이어받았고, 대단한 역사를 계승한 사나이다. 네 몸 속에는 조선인의 자랑스러운 피가 흐른다. 이 피에 자신을 갖고 피에 먹칠을 하지 마라.

14대 심수관은 1926년생이니까, 아버지에게 이 말을 들은 것은 1930년대 중반 이후였을 것이다. 당시 조선은 일본의 식민지였다. 독립의 가능성은 점점 멀어지고 있었다. 무엇이 그의 아버지로 하여금 할아버지의 나라 조선에 대한 자부심을 지니게 했을까?

이야기는 1대 심당길로부터 시작되었을 것이다. 비록 전쟁 때 끌려왔지만, '왜=야만'이라는 조선인들의 생각은 바뀌지 않았을 것이다. 게다가 자기를 만드는 기술조차 없는 일본에서 당시로서는 첨단 기술이랄 수 있는 자기 제조 기술을 전수하였으니, 일본인들에 대한 우월감은 비록 포로 같은 삶을 이어가고 있다고 해도 변하지 않았을 것이다.

그런데다가 심수관가는 심당길이 남원성에서 이금광(李金光) 왕자를 경호하는 무관이었는데, 왕자와 함께 남원성에서 붙잡혀 일본에 건너 온 것이라고 기억하고 있다. 심당길에 대해서는 도공은 아니었지만, 호구지책을 위해 박평의에게 배워 도공이 되었다는 것이 일반적 견해이다. 그가 왕자를 호위하던 무사, 즉 조선의 귀족이었는지는 아직 규'명되지 않았지만, 심수관가가 자신들의 출신을 그렇게 기억하고 있었다는 점도 크게 작용하였을 것이다.

이러한 생각은 문자를 사용하기 이전 인류의 역사가 아버지에서 아들에게, 그 아들의 아들에게 입에서 입으로 전해진 것처럼, 1대부터 13대, 14대까지 죽 전승되었을 것이다. 우리는 본디 자랑스러운 조선인이고, 특히 심가는 귀족 출신이라는 믿음은 핍박한 그들의 삶과 자존심을 지탱해 온 정신적 버팀목이었을 것이다.

미야마의 첫 방문지로 심수관요(沈壽官窯)를 찾았다. 정문에는 '사츠마야키종가 14대 심수관'과 '대한민국 명예총영사관'이란 두 개의 현판이 자랑스레 걸려 있었다.

14대 심수관은 일본의 유명한 소설가 시바 료우타로(司馬遼太郎)가 1964년에 쓴『고향을 어찌 잊으랴(故鄉忘じがたく候)』의 주인공으로 유명해졌는데, 그릇을 굽다가도 꿈을 꾸다가도 불현듯이 떠오르는 게 고향이더라는 조선 도공들의 망향가가 많은 일본인들을 눈물 짓게 했단다.

시바는 일본의 국민작가 중 한 사람이다.『료우마가 간다(龍馬がゆく)』『성채(城塞)』『화신(花神)』『언덕 위에 구름(坂の上の雲)』 등이 그의 대표작이다. '료우마'가 1,600만 권, '언덕'이 1,000만 권을 비롯해서 밀리언셀러만 20종이 넘는 엄청난 기록을 세웠고, 일본인이 좋아하는 책을 꼽을 때 그의 책이 반드시 들어갈 정도로 사랑받는 작가다.

한편, 시바는 작가 김달수, 역사가 강재언 등 재일조선인들과 친분이 두터웠고, 이들과의 교류를 통해 한국에 대한 많은 이해를 갖게 되었다고 한다. 시바는 1971년 한국을 여행했고『한나라 기행』이라는 글을 주간아사히(週刊朝日)에 연재했는데, 이 글을 통해서 임진왜란 때 조선에 귀화한 김충선(金忠善: 일본명 사야카 沙也可)의 얘기를 일본에 처음으로 소개했으며, 백제 멸망 이후 일본으로 건

심수관요 정문에 걸려 있는 '대한민국 명예총영사관' 현판

너온 백제인들이 일본 사회 건설에 중요한 역할을 했을 것이라고도 했다. 이와 같은 교유 관계와 한국에 대한 학습을 통해서 시바는 대표적인 지한파의 한 사람이 되었다고 할 수 있겠다.『고향을 어찌 잊으랴』도 정귀문, 정조문 형제가『일본 속의 조선문화(日本の中の朝鮮文化)』라는 잡지를 내려는 포부에 감복하여 쓰게 된 것이라고 한다.

그러나 시바가 메이지의 일본을 얘기하면서, 지정학적으로 대륙

과 일본 시이에 위치한 조선을 중국이나 러시아 등 제국이 지배하게
될 경우 일본의 안보가 위태로워진다면서, 조선 침략을 일본을 지키
기 위한 불가피한 방책이었다고 말한 점, 심지어 조선의 정체성, 타
율성 등을 운운하며 조선은 망할 수밖에 없는 나라였고, 일본이 취
하지 않았다면 러시아의 먹이가 되었을 것이라는 난폭한 발언 등은
전형적인 일본 우익 사관이어서 정말로 그가 한국을 이해하고 있었
는지에 대해서는 반문하지 않을 수 없다.

심수관이란 이름은 12대 이후 '습명'하고 있다. 그만큼 12대는 뛰
어난 도공이었다. 1876년 파리만국박람회에 키 122cm의 대형 화
병을 출품하여 인기를 끌었고, 1873년 오스트리아 세계도자기전회
에는 155cm짜리 대형 화병을 출품하여 주목받았다. 그 후로 심가
는 '심수관'이라는 이름을 습명하고 있는 것인데, 아버지 이름을 아
들이 잇는 것은 한국이 아닌 일본의 전통이다.

13대는 쿄우토대 법학과를 나와 총리 비서까지 지낸 수재였지만
아버지 유훈을 좇아 도공이 되었다. 14대 또한 와세다대를 나온 수
재였는데, 그 역시 가업을 잇기 위해 도공이 되었고, 시바의 소설로
인해 일본 전국에 널리 알려지게 되었다. 14대는 일본인으로는 최
초로 대한민국 명예총영사가 되었고, 대한민국 은관문화훈장을 받
았으며, 초대 선조 심당길의 고향으로 추정되는 남원의 명예시민이
되었다.

1998년 '심수관 400년 귀향제'가 남원에서 열렸을 때 14대 심수관은 '남원의 불'을 가지고 카고시마로 갔다. 초대 선조 심당길이 일본에 끌려올 때 가져온 것은 흙과 유약 기술이었고, 일본 것은 불뿐이었다. 그래서 처음 만들어진 사츠마야키를 '오직 불뿐'이라는 뜻의 '히바카리(日ばかり)'라고 부른다. 400여 년

12대 심수관 작, 조선통신사상

이 지나 일본의 흙과 유약, 일본의 기술과 한국의 불로 만든 도자기를 한국인과 일본인들은 과연 어떤 눈으로 바라보았을까?

2013년 11월 서울 예술의 전당에서 열린 전시회에서 14대 심수관은 "사츠마도자기의 400년의 노력과 그 성과를 한국인의 민족의 힘이라고 하는 자존심에 단순히 귀착시키고 싶지 않다. 확실히 고난의 역사였다. 그러나 동시에 일본의 사회와 화합하고 서로를 인정하고, 일본인에게 격려를 받으면서 여기까지 왔다. 그러지 않았으면 원한과 반발만으로는 400년이라는 오랜 세월을 결코 살아 올 수 없었을 것이다. 사츠마도자기는 불행한 시대의 바람에 아버지인 한국의 종자가 어머니인 일본의 대지에서 싹을 틔우고 꽃을 피운 것으로써, 이 두 나라의 은혜와 사랑에 의해 여기에 있는 것이다. 그것을 부디 이해해 주면 좋겠다"고 했다.

자동차의 엠블럼을 연상케 하는 지붕 위 도자기 인형

　'단순히 한국인의 민족의 힘이라고 귀착시키고 싶지 않다.' 의미심
장한 말이다. 16세기 일본인들은 전쟁의 혼란 속에서 조선의 도공
들을 납치해 갔지만 조선백자를 보물로 여기던 일본의 지배층은 조
선의 도공들에게 도자기를 구울 수 있는 터전을 마련해 주었고, 독
립된 생활을 보장해 주었으며, 일본의 사족 신분으로 우대했다. 이
같은 토양 속에서 그들은 마음껏 실력을 발휘할 수 있었으며, 중국
도자기에 이어 일본 도자기가 유럽에 대량 수출되는 도자기산업 부
흥의 주역이 될 수 있었다.

　13대 심수관은 태평양전쟁으로 가세가 기울자 12대에게 선대의

유우슈우 역사기행

도자기를 팔자고 했다가 "산과 전답은 돈만 있으면 언제라도 다시 살 수 있지만 조선 도공의 혼이 깃든 도자기는 팔 수 없다"고 단호하게 말씀하시는 아버지로부터 호된 꾸지람을 들었다고 한다. 한마디로 심수관도자기의 역사와 명성은 조선 도공의 불굴의 장인 정신과 장인을 중시하고 가업을 잇는 전통을 존중하는 일본 사회의 독특한 풍토 속에서 자라난 것이다.

15대 심수관은 와세다대학을 졸업하고 쿄우토부립도공 고등기술전문학교를 거쳐 이탈리아 국립미술도예학교를 졸업했다. 1990년에는 여주 토기공장에서 1년간 도공의 이론과 실기를 익혔으며, 2001년 서울 '세계도자기 엑스포 2001'에 출품하는 등 활발한 활동을 펼치며 가업을 잇고 있다.

중세에서 근대, 현대에 이르기까지 한국과 일본을 잇는 심수관가의 역사는 지금도 현재진행형이다.

천황에게 '무조건 항복'을 권한
조선인 후예

—

　　　　　　심수관요 바로 뒤편에 토우고 시게노리의 기념관이 있다. 흰 건물이 기념관이고, 입구로 들어가는 통로 옆 작은 마당이 토우고가 태어난 생가 터다. 잔디밭 앞에 남아 있는 시커먼 주춧돌과 건물 벽 밑돌들로 아담한 집 크기를 짐작할 수 있다. 1882년 박무덕은 여기서 태어났다.

　그가 태어났을 때만 해도 그의 집은 가마를 열고 있었고, 박평의의 12대손인 아버지 박수승은 도자기로 돈을 꽤 많이 벌었다고 한다. 5살 때 그의 이름은 박무덕에서 토우고 시게노리(東鄉茂德)로 바뀌었다. 아버지 박수승이 토우고(東鄉)라는 사무라이의 성을 사서 귀화했기 때문이다.

　어릴 때부터 영민했던 토우고는 토우쿄우대학에서 독문학을 공부

한낮의 햇빛을 받아 눈이 부시도록 하얗게 보이는 기념관.

했지만, 졸업 후에는 아버지의 뜻을 좇아 외무고시에 도전했다. 두 번이나 낙방했지만 세 번째에 합격하여 외교관이 되었고, 스위스, 독일, 미국 등에서 근무했으며, 태평양전쟁 기간에 두 번이나 외무 대신을 지냈다.

　토우조우 히데키(東條英機) 내각의 외무대신이 된 토우고는 태평양 전쟁을 피하려고 노력했고 막지 못한 전쟁을 하루라도 빨리 끝내야 한다고 주장했지만, 군부의 반대에 막혀 사임했다. 패전 직전 토우 조우 내각 퇴진 후 들어선 스즈키 칸타로(鈴木貫太郎) 내각에 의해 다 시 외무대신이 된 그는 천황에게 무조건 항복을 권했다. 이렇듯 전

기념관 왼편, 박씨 일가가 사용했던 가마터

쟁 종결을 위해 애쓴 그였지만, 진주만공격 때 선전포고를 하지 않
았다는 이유로 A급 전범이 되어 토우쿄우 스가모구치소(巢鴨拘置所)
에 수감되었다가, 1950년 7월 23일 68세로 병사했다.

　그는 조선인의 후손 박무덕으로 태어났지만, 일본인 토우고 시게
노리로 평생을 살았다. 천황에게 무조건 항복을 종용하여 일본을 미
국에 팔았다는 비난과 세계 평화를 위해 애쓰고, 일본을 구한 정치
인이라는 평가가 엇갈린다.

　과거에는 마을 입구에 "미야마의 아이들아 지지 말아라. 힘없는

　　　　　　　　　　　　　　유우슈우 역사기행

자들을 불쌍히 여겨라. 토우고 선배를 본
받아라"는 표지판이 붙어 있었다고 한다.

토우고기념관을 지을 때 추진위원장을
맡았던 14대 심수관은 토우고를 조선인
마을 미야마를 빛낸 자랑스러운 선배로
기억한다.

기념관 안에는 그의 삶을 전하는 전시
물이 가득하다. 그가 입었던 제복을 비롯
해서 가족과 주고받은 편지 등 유품과 사
진들이 전시돼 있다. 그리고 그 한편에는
미야마의 조선인들이 단군을 모셨던 옥산
궁(玉山宮)에서 나온 유품들도 전시돼 있
다. 한눈에 봐도 조선의 것임을 알 수 있
는 전시물들을 둘러보다가 옥산궁으로 향
했다.

옥산궁에서 나온 호랑이 그림. 맨
아래 박씨, 강씨, 진씨 등 조선인
들의 이름이 적혀 있다.

망향의 마음을 달랜
조선의 사당

—

          토우고기념관을 나오는 길에 직원에게 길을 물었다. "옥산궁이요? 여기서 아주 가깝습니다. 기념관에서 내려가서 우회전해서 네거리를 지나 200m쯤 가면 왼쪽에 신사로 들어가는 토리이가 보일 것입니다. 그 길로 올라가서 조금 가면 오른쪽으로 꺾어지는 골목길을 만나는데, 거기서 우회전해서 조금 더 올라가면 됩니다."

  매우 간단 명쾌한 길 안내였지만, 네거리 지나 200m쯤에 있다는 토리이를 보지 못한 것은 순전히 내 실수였다. 일본어 실력이 많이 부족한 것이 사실이지만, 늘 이상하게 헷갈리는 것이 일본어 미기(み ぎ, 오른쪽)와 히다리(ひだり, 왼쪽)이다. '미기'를 듣는 순간 오른쪽이라는 것을 알아야 하는데, 항상 '오른쪽인가 왼쪽인가?'를 되묻는다. 이

날도 '히다리'를 오른쪽으로 착각하는 바람에 전방에 있는 고개를 넘어 갔다가, '아무래도 이 산이 아닌가 벼?'하고는 되돌아온 것이다.

얘기가 잠시 옆으로 새지만, 일본의 카나문자는 참으로 이상한 문자다. 나는 한글을 배운 이후에 한 번도 한글의 자음과 모음을 잊어본 적이 없다. '뭐, 한국인이니까 당연한 거 아냐?' 하시겠지만, 중학교 1학년 때 배운 영어 알파벳 또한, 영어를 멀리하고 살던 수십 년 동안에도 한 번도 잊어버린 적이 없다. 그런데 일본의 카나문자는 곧잘 쓰다가도 '어떻게 쓰지? 어떻게 생긴 거지?' 하고 생각나지 않을 때가 종종 있다. 히라가나(平仮名)는 덜하지만 카타카나(片仮名)는 특히 그렇다. 'デジタルカメラ(데지타루카메라)'나 'アイスくリーム(아이스쿠리므)' 같은 글자를 읽을 때, 애를 먹은 기억이 한두 번이 아니다. 히라가나 46개, 카타카나 46개, 모두 92개를 기억하는 것이 그렇게 힘든 일은 아닐 텐데 말이다.

실수는 거기서 그친 것이 아니었다. 큰 길 앞으로 선 토리이를 통과해 좁은 길을 올라갔는데, 이번에는 문제의 작은 삼거리를 또 지나쳐 막다른 길, 즉 시골 농가 마당에 다다른 것이다. 길을 잃고 헤맨 바람에 실수를 한 것이었지만, 남의 집 마당으로 차를 몰고 들어가다니, 등골에서 식은땀이 흘렀다.

허둥지둥 가까운 묘지 앞에 차를 세우고 주위를 살피는데 '박평의 기념비'라고 적인 안내판이 눈에 들어왔다. 전화위복이다. 아니 새

사츠마야키 창조 박평의기념비

옹지마일까? 시쳇말로 대박이다. 옥산궁 가는 길에 우연히 마주친 기념비여서 더더욱 반가웠다. '사츠마야키의 창조'라는 그에 대한 설명에서 야릇한 자부심을 느끼는 것은 역시 피를 나눈 동포라는 의식이 흐르고 있다는 증거일 것이다.

그 묘지 바로 옆에 또 하나의 토리이가 서 있었는데 '옥산신사'란 이름을 보고, 그 문을 통과해 올라갔다. 그리 가파른 언덕은 아니지만, 급히 걸었더니 숨이 좀 차오르는데, 이번에는 '옥산궁'이라고 적힌 작은 토리이가 서있다. 거기서부터 다시 차를 타고 눈앞에 펼쳐진 논 한가운데를 통과하니 드디어 옥산궁이고, 또 하나의 작은 토

유우슈우 역사기행

'옥산궁(玉山宮)'이란 글자가 또렷하다.

리이가 우리를 맞아주었다.

지금 이곳은 타마야마진자라고 불린다. 1637년 조선인들이 이 사당을 지었을 때에는 옥산궁이었다. 1605년에 지어졌다고도 한다. 여기에는 다음과 같은 사연이 있다.

임란 때 끌려온 조선인들은 해마다 봄 가을에 주위에서 가장 높은 부가쿠오카(舞樂岡)에 올라 아스라이 먼 바다 위 고시키시마(甑島)의 모습을 보며 고향을 생각하며 망향의 마음을 달랬다. 그런데 어느 밤 바다 저 편에서 큰 불꽃이 날아와 하치스가계곡(蜂巢ヶ谷)의 큰 바위에 떨어졌는데, 그 후로 밤마다 큰 돌이 큰소리를 내며 움직이

면서 이상한 빛을 하늘로 뿜어 올렸다. 이것을 본 마을 사람들이 두려움을 느끼어 무당에게 점을 쳐 보니, 조선종묘의 신 단군의 혼이 마을 사람들을 보호하기 위해 왔다는 것이었다. 그리하여 그 혼불이 떨어졌던 돌을 신체로서, 단군을 제사하는 사당을 만들고, 옥산궁이라고 했다.

앞서 살펴봤지만, 나에시로가와의 조선인들은 오랫동안 조선의 시조 단군을 모시며 조선의 풍습을 유지하며 생활해 왔다. 하지만 오랜 세월의 이민 생활이란 많은 변화, 특히 토착 문화와의 습합은 자연스러운 현상일 것이다. 심수관요가 심수관이란 이름을 '습명'하고 있는 것도 바로 일본식 전통을 받아들인 한 예라 할 것이다. 그렇지만 지금도 해마다 9월 15일 제사를 지낼 때 쓰는 제기와 장구, 징 꽹과리 등은 조선 것이라고 한다.

카고시마현신사청(鹿児島県神社廳)의 설명에 따르면, 1746년 시마즈가에서 옥산궁을 '도기의 신'으로서 제사 지내기 시작하면서, 일본식 신사로 개조하였고, 1901년 이후 일본의 신인 니니기노미코토(瓊瓊杵尊), 스사노오노미코토(素戔雄尊) 등을 제사하게 되었으며, 1910년에 츠루기신사(劍神社), 친주신사(鎭守神社)와 합사했다고 하니, 아마도 이러한 변화의 과정 속에서 '타마야마신사'로 불리게 되었을 것이다. 현재의 건물은 1917년에 개축한 것이어서, 일본 신사의 전형적인 배전과 본전의 구조로 되어있어 초기 옥산궁의 형태를 확인할 길이 없다.

옥산궁 내로 들어가는 마지막 토리이를 지나 단이 10개쯤 되는 계
단을 오르니, 아담한 마당 건너편에 자리한 배전이 눈에 들어온다.
터에 비해 답답할 정도로 커 보이는 건물이다. 순간 전 문화재청장
유홍준 선생이 화를 낼 만도 하다는 생각이 들었다.

배전 안에는 역시 타마야마신사란 현판이 걸려 있었고, 그 옆에는
누군가가 봉납한 일장기도 걸려 있어 일본 어디서나 볼 수 있는 신
사와 다름없었다.

그런데 배전에서 뒤로 이어지는 본전으로 발걸음을 옮겼을 때, 본
전에 걸린 빛바랜 현판 속에서 '玉山宮(옥산궁)'이란 글자를 발견했
다. 묘한 기분이 들었다. 어째서 저 현판을 바꾸지 않고 그대로 걸어
놓았을까? 지금 이 신사는 단군사당으로 지어졌을 때와는 영 다른
모습을 하고 있는 것이겠지만, '옥산궁'이라는 현판 하나가 오늘도
이곳에 살고 있는 조선인들의 역사를 말해주고 있었다.

미야마에 살고 있는 조선인들의 사연을 잘 모르는 일본인들이 이
곳에 오면 아마도 '타마야마신사'와 '옥산궁'이라는 현판을 번갈아
쳐다보며 고개를 갸우뚱할 것이다.

본전에 걸린 빛바랜 현판 속에 '옥산궁'이란 글자가 희미하게 보인다.

유우슈우 역사기행

호타루가 되어 돌아오겠습니다!

—

카미카제(神風) 특공 출격을 앞둔 밤, 미야가와(宮川) 군조는 이렇게 말했다.

"저는 돌아오겠습니다. 아주머니를 만나러 올 거예요."

토리하마 토메(鳥浜トメ)는 자신의 귀를 의심했다. 출격하면 살아 돌아올 수 없는데, 무슨 말일까? 미야가와는 의아해 하는 토메를 향해 자신의 말을 이어갔다.

"호타루(ほたる반딧불이)가 되어 돌아올 테니까, 그때 미야가와가 돌아왔다고 생각하고 쫓아내지 말아 주세요."

2001년 일본에서 제작된 영화 『호타루』의 한 장면이다. 토메는 당시 치란(知覽)에 있던 카미카제특별공격대(神風特別攻擊隊) 대원들이 이용하는 군 지정식당 토미야(富屋)의 주인이었다. 훈련이 끝난 저녁에 대원들은 이곳에 와서 밥을 먹기도 하고, 차나 술을 마시기도 했다. 출격 명령을 기다리며 생활하던 대원들에게 토미야는 유일한 안식처와 같은 곳이었고, 토메는 그들에게 이모나 어머니 같은 존재였다. 토미야는 고향에서 찾아온 가족과 마지막 이별을 하는 장소였고, 아무도 찾아오는 사람이 없는 대원들은 마지막 밤을 이곳에서 보내며 토메에게 작별 인사를 하거나, 가족에게 쓴 편지를 은밀하게 전하기도 했다.

전쟁이 끝나고, 토메는 특공대원들이 남긴 편지나 유품을 각지에 있는 유족들에게 전달했다. 그들의 마지막 모습, 출격하기 전 남긴 그들의 진짜 목소리를 전하기 위해서였다. 소식을 전해들은 유족들은 아들의 이야기를 듣기 위해 멀리서 토메를 찾았고, 그녀는 가족들이 마지막 순간을 함께하지 못했던 대원들의 이야기를 들려주었다. 토메는 특공대원들을 기리는 석등을 세우기 시작했고 특공관음당을 짓기 위해 움직였다.

1955년 토메의 노력에 의해 꽃다운 청춘을 던진 특공대원들을 위한 특공평화관음상이 만들어졌다. 처음 만들어진 것은 조그만 당우에 불과했지만, 1974년 치란특공위령현창회가 결성되면서 관음당으로 정비되었고, 1980년대 중반 일본 열도를 휩쓴 '마을 만들기 특별대책사업'의 흐름 속에서 '특공기지 치란'이라는 이미지 조성과 함께 전시관, 야외 전시관, 석등 건립 사업 등이 이어져 오늘의 치란특

유우슈우 역사기행

공평화회관에 이르렀다. 평생을 특공의 어머니로 산 토메는 1992년 4월 22일 영면했다.

카미카제특공대에 조선인이 포함되어 있다는 사실이 널리 알려지기 시작한 것은 '특공대의 어머니'로 불리던 토리하마 토메가 NHK의 '사람찾기(尋ね人)' 프로그램을 통해 조선인 출신 특공대원 탁경현(卓庚鉉, 창씨명 미츠야마 후미히로 光山文博)의 유가족을 찾는 방송을 하면서였다. 1985년에는 카고시마의 남일본방송국(南日本放送局)에서 한국의 한 유족이 특공대원이었던 동생의 과거를 찾아 떠나는 이야기를 담은 다큐멘터리『11인의 묘표(11人の墓標)』를 방영하였고, 2001년에는 탁경현을 주인공으로 한 영화 '호타루'가 제작되었다.

🐾 호 타 루 칸

2016년 11월 16일 아침 10시 20분 우리는 카고시마공항에 내렸다. 이번 답사는 이상혁 교수, 박기범 선생, 글쓴이의 은사인 서중석 교수님과 함께 했다. 지방의 작은 공항, 오가는 승객이 많지 않아 붐비지 않는다. 천천히 느릿느릿 움직이는 여유로움 속에서 미지의 세계를 향해 두근거리는 심장의 은근한 고동을 느낀다.

공항 맞은편 오릭스렌터카(オリックスレンタカー)에서 미리 예약해

옛날 토미야식당의 모습을 재현해 놓은 호타루칸

둔 차로 시내로 들어가 카고시마의 역사를 일견할 수 있는 레이메
이칸(鹿兒島縣歷史資料センター黎明館)을 잠시 관람하고, 바로 치란으로
향했다. 호타루칸(ホタル館)의 토리하마 아키히사(鳥浜明久) 관장과 2
시에 만나기로 약속을 했기에, 점심도 카고시마 시내를 벗어나는 길
에 모스버거의 햄버거를 사서 달리는 차 안에서 해결했다. 공항에서
치란 호타루칸까지 90km 정도 거리였지만, 일본의 도로는 좁은 데
다 규정 속도도 30km, 40km인 곳이 많아 속도를 내기 어려워 꼬박

1시간 50분을 달려 도착할 수 있었다.

치란초우(知覽町) 중앙로 앞에 서있는 호타루칸은 2001년 10월 사설 전시관으로 문을 열었다. 옛날 토미야식당의 모습을 그대로 재현하고 있는 2층짜리 작은 건물이다. 입구 왼편에 매표구가 있고 미닫이문을 열고 들어서면 특공대원들의 사진과 유품들이 눈에 들어온다.

전시관 맨 오른쪽에 호타루란 이름의 주인공인 미야가와 사부로우(宮川三郎)의 사진이 걸려 있고, 그 옆으로 토메와 그의 딸들 사진도 있다. 특공기 조종석에 앉은 대원, 특공기가 하늘을 나는 장면이 담긴 사진, 그들이 입던 군복 등도 걸려 있으며, 왼쪽 안 편에 영화 호타루의 주인공인 탁경현의 사진과 그에 관한 이야기, 아리랑 가사가 일본어로 적혀 있다.

토메의 손자인 토리하마 아키히사는 특공대원을 기억하고, 그들을 기리는 유품을 전시하는 공간을 만들기 위해 토미야식당을 복원했다고 하면서 '전쟁 때 특공으로 죽어간 젊은이들이 있었다는 것'을 꼭 기억해 주기 바란다고 했다. 작은 공간이지만 이곳이 들려주는 이야기는 아라비안나이트의 천일야화처럼 끊임없이 이어질 것만 같다.

저는 조선인입니다!

—

            탁경현은 1920년 경남 사천 출생으로, 6살 때 쿄우토로 이주하여, 리츠메이칸(立命館)중학교를 거쳐 1939년 4월 쿄우토 약학전문학교에 진학해 1941년 2월 졸업하였고, 1943년 7월 육군특별조종견습사관에 지원해 합격했다. 1943년 10월 1일 후쿠오카현 다치아라이(大刀洗) 육군비행학교의 분교인 카고시마현 치란(知覽)교육대에 입소해 기초 조종교육을 받았고, 1945년 5월 특공대원이 되었다.

  탁경현이 왜 군에 지원했는지에 대해서는 의견이 분분하지만, '쿄우토에서 생선가게를 하며 가난하게 살아가던 아버지를 살리기 위해서 내가 전쟁터에 나가야 된다, 나가기 싫지만 어쩔 수 없다'고 생각한 탁경현은 가족들이 일본에서 차별받지 않고 살아갈 것을 기대

했고 자신이 일본군 장교가
되는 것이 유일한 길이라 판
단해 육군특별조종견습사관
에 지원했다고 한다.

탁경현은 창씨명 미츠야
마 후미히로(光山文博)를 사
용하고 있었기에, 조선인이
라는 것을 스스로 밝히지 않
는 한 평범한 일본인으로 보
였을 것이다. 미츠야마는 출
격날인 5월 11일을 하루 앞

호타루칸에 걸려있는 탁경현의 사진

둔 밤. 그동안 자신을 돌봐준 토메에게 자신이 조선인이라는 것을
밝혔다.

"저는 조선인입니다. 그러니까 아주머니, 유서는 쓰지 않겠습니다."

그리고는 떨리는 목소리로 "마지막으로 고향의 노래를 부르게 해
주십시오. 일본은 질 것입니다. 하지만 지금은 이 나라를 지키기 위
해서는 출격할 수밖에 없습니다. 죽어서 모두를 지키겠습니다."

말을 마친 그는 컴컴한 식당 안에서 '아리랑'을 불렀다. 비행 모자를 눌러쓰고 노래하던 탁경현의 모습을 토메는 평생 잊을 수 없다고 했다.

영화는 좀 더 드라마틱하다. 김선재(탁경현의 영화 속 이름)는 이렇게 말했다. "저는 반드시 꼭 적함을 격침시키겠습니다. 그러나 대일본 제국을 위해서 죽어가는 것은 아닙니다. 저는 조선민족의 긍지를 가지고, 조선에 있는 가족을 위해서 토모코 씨를 위해서 출격합니다. 조선민족 만세. 토모코 씨 만세."

토모코는 탁경현의 약혼자였다. 출격 이후에 치란을 찾지만, 사랑하는 사람을 만날 수 없었고, 절망한 그녀는 자살마저 시도한다. 그러나 탁경현에게 약혼자는 없었다. 영화에 등장하는 약혼녀 토모코는 1945년 4월 2일 오키나와에서 전사한 최정근의 약혼자 우메자와 히데(梅澤ひで)의 이야기가 덧씌워진 것으로 보인다.

1943년 5월 육군 항공사관학교를 졸업한 최정근은 치바현(千葉県) 초우시(銚子)에서 같은 현 시모시즈치(下志津)에서 여자정신대원으로 일하고 있던 우메자와 히데를 만나 사랑에 빠지지만, 그들의 만남은 고작 서너 달 남짓이었다.

최정근은 전사했지만, 우메자와는 그를 잊지 못했다. "내 생애 잊을 수 없는 분. 그 분은 최정근. 내가 18세가 되면 결혼을 하자고 약속한 사람이었습니다. 소화 20년(1945년) 4월 2일 오키나와의 하늘에서 스물네 살의 젊은 나이로 숨지고 말았습니다."

우메자와는 2005년 말기 암으로 세상을 뜰 때까지 최정근을 잊지 못했고 유족들은 그녀의 유골을 최정근이 숨진 오키나와 바다에 뿌렸다.

영화『호타루』를 만든 후루하타 야스오(降旗康男) 감독은 "전쟁으로 목숨을 빼앗기지 않을 수 없었던 건 일본인이나 한국인이나 마찬가지였다. 그걸 보여주기 위해 일본 병사들의 고통과 조선인으로 특공대에 온 한국인들의 괴로움을 함께 담아보고 싶었다"고 영화를 만든 이유를 밝힌 바 있다.

누구도 상상할 수 없었던 자살특공대

—

        1944년 10월 필리핀 탈환을 노리는 미국과의 결전을 앞둔 일본은 이미 상당한 전력을 상실한 상태였다. 이때 마닐라에 부임한 오오니시 타키지로우(大西瀧治郎) 사령관은 정상적인 작전으로는 더 이상 미국과 싸울 수 없다고 판단한 끝에 '이제 다이아타리(体当たり: 몸체공격)라도 하는 수밖에 없다'고 판단하고 '신풍특별공격대(神風特別攻擊隊)'를 편성했다.

  신풍은 카미카제(神風)다. 1274년과 1281년 몽골은 고려를 길잡이로 해서 일본 원정길에 나섰지만, 두 차례 모두 강한 태풍을 만나 실패했다. 당시 일본인들은 그들의 신인 '카미(神)'가 '바람(風)'을 일으켜 절체절명의 위기에 처했던 일본을 구했다고 생각했다. 진주만을 공격하며 미국과의 전쟁을 일으킨 나라가 패전으로 몰린 순간, 그들

                  유우슈우 역사기행

https://goo.gl/KDBhPs

은 다시 한 번 카미카제가 일본을 구할 것이라 믿고 싶었을 것이다.

10월 25일 세키 유키오(關行男) 해군대위를 위시한 시키지마타이 (敷島隊) 특공대원을 태운 전투기가 250킬로그램의 폭탄을 장착한 채 미군의 레이테만 상륙을 엄호하던 항공모함에 자폭공격을 감행 하였다. 대원들은 모두 전사했지만, 불과 5대의 비행기로 항공모함 2대에 큰 손상을 입히고, 경순양함 1대를 침몰시키는 기대 이상의 전과를 올렸다.

일본군은 계속해서 카미카제를 출격시켰다. 교전 초기 너무나도 뜻밖의 작전에 미군은 상당한 피해를 입었으나, 레이더에 의한 카미 카제 전투기 사전 탐지, 막강한 화력의 대공포 등을 활용해 돌진해 오는 카미카제 대부분을 격추시킬 수 있었다. 1945년 3월 21일 오 키나와전선에서는 오카(櫻花)특별공격대 18대가 오오스미(大隅)반도 의 카노야(鹿屋) 해군항공기지에서 출격했지만 적지에 닿기도 전에 모두 격추당했다.

🐌 한 발 앞으로

카미카제는 지원제였다고 했다. 특공 명령이 떨어진 어느 날, '지 원하는 자는 한 발 앞으로 나오라'는 상관의 요청을 거부할 수 있는

유우슈우 역사기행

군인은 거의 없었다고 했다. 거부는 명령불복종과 마찬가지다. 명령에 복종하는 것은 군인의 본분이자 습성이다. 생사의 갈림길을 넘나들어온 전우들도 배신할 수 없다. 살고 싶다고 겁쟁이나 비겁한 자가 될 수는 없다. '한 발 앞으로'는 거부할 수 없는 명령이었다. 그렇지만 너무나도 이해하기 어려운 작전이었다. 일반적인 전투라면 열에 하나쯤은 살아 돌아올 수 있다. 그러나 카미카제는 이륙 순간 영원히 돌아올 수 없는 죽음의 출격이었다.

필리핀 · 오키나와 · 큐우슈우 남동 및 일본열도 근해에서 이루어진 특공작전을 위해 모두 647개의 특공부대가 결성되었고, 약 3,300대의 특공기가 출격했지만, 50대는 이동 중에 추락하고 2,400대는 자폭공격 과정에서 사라졌다. 그럼에도 일본은 카미카제 작전의 전과를 부풀리고, 그들을 '군신(軍神)' 혹은 '신의 날개' 등으로 부르며 그들의 전사를 "국가와 가족을 위한 순수한 자기희생"으로 선전했다.

첫 번째 희생자였던 세키 유키오 등은 숙련된 조종사였다. 카미카제가 되지 않았더라면 살아서 더 많은 전공을 세웠을지도 모른다. 그래서였는지 일본은 실전 경험을 지닌 조종사들을 희생시키지 않기 위해 막 조종술을 익힌 풋내기 조종사들을 카미카제로 만들었다. 징병을 위해 조기 졸업시킨 학도병과 막 군복무를 시작한 소년비행병, 임관된 지 얼마 되지 않은 해군병학교, 육군사관학교 출신의 초

급사관(장교)이었다.

1942~1944년 해군에서는 6차례에 걸쳐 8,500여 명의 비행예과 학생을 모집하고, 육군에서는 3차례에 걸쳐 갑종간부후보생, 육군 특별조종견습사관 3,000여 명을 확보하여 약 6개월의 훈련 끝에 실전에 배치했는데, 특공으로 사망한 육해군사관은 대부분 이 시기에 동원된 학도병들이었다. 어느 날 갑자기 카미카제 지원서를 받은 이들은 '거부(否)'와 '바람(望)'이란 선택지에서 '바람(望)'에 동그라미를 치고 떨리는 손으로 이름을 썼다. '한 발 앞으로'를 거부할 수 없었던 것과 마찬가지로 '거부(否)'는 선택할 수 없는 분위기였다. 지원제가 아닌 강제지원이었다. 출격 직전 남긴 '일본을 위해 죽을 수 있어 기쁘다'는 카미카제의 유서를 그대로 믿을 수 있을까?

조선인 **특공대원들**

—

앞서 언급한 탁경현과 최정근 외에도 꽤 많은 조선인들이 특공대원이 되었다. 치란특공평화회관이 공식적으로 발표한 숫자는 11인이지만, 현재 확인된 사료에 의해 특공사한 조선인은 17명으로 알려져 있다. 하지만 특공사가 아닌 다른 사고나, 자료의 부족으로 출신을 가리기 어려운 이들을 감안하면 실제 조선인 특공대원은 더 많았을 것이다. 그러면 그들은 누구이고 어떻게 특공대원이 되었을까?

1945년 17살의 나이로 사망한 박동훈은 1928년생으로 조선인 특공대원 중 가장 나이가 어렸다. 박동훈은 어릴 때부터 영민했다. 홍남공업학교 시절 반에서 1, 2등을 다투었으며, 1943년 10월 육군소년비행병 15기 으로 후구오가 다치아라이 육군비행학교 아마키

생도대에 들어갔고, 10중대 194명 중 수석을 다투었다.

졸업 후 경성교육대를 거쳐 랴오닝성(遼寧省) 싱청(興城)의 제27교육대, 헤이룽장성(黑龍江省) 하얼빈 제26교육비행대에서 훈련을 계속했다. 그러던 1945년 1월 '열망한다' '희망한다' '희망하지 않는다'는 특공지원서를 받고 지원했다. 당시 '희망하지 않는다'에 동그라미를 친 이는 단 한 명도 없었다.

특공 지원서를 제출한 다음 날 박동훈은 부대를 떠나 오키나와로 향했다. 그때까지 비행시간 100~150시간에 불과한 17살의 소년 비행사에게 만주에서 오키나와까지는 결코 쉬운 비행이 아니었다. 1945년 3월 28일 박동훈을 태운 마코토 제41대 97식 전투기 아홉 대는 250킬로그램짜리 폭탄을 장착하고 치란 기지를 출발하여 해가 저문 뒤 오키나와 중비행장에 착륙했다. 다음 날 새벽, 특공을 사전에 분쇄하기 위한 연합군의 선제공격으로 비행기 5대가 파괴되는 아수라장 속에서 박동훈은 이륙했고 적함에 돌진했다. 박동훈의 동기생 에토우 슈우조우(衛藤周藏)는 "그가 톱클래스의 성적이 아니었다면, 조종기술이 뛰어나지 않았다면 죽지 않았을지도 모른다"고 말했다.

박동훈은 카미카제의 1인으로 사라져 갔지만 출격 전 가족에게 남긴 그의 목소리를 들을 수 있다. "역사를 지키는 동포여, 각자가 특공대가 되어 이 역사를 영원히 지켜주세요. 그곳이 우리가 나아가

유우슈우 역사기행

야 할 길이라고 생각해 주세요. 아버님, 어머님 이 불효자를 용서해 주세요. 부모님께서 용서해 주신 것으로 알고 용감히 전쟁에 나가겠습니다.”

박동훈은 특공부대에 선발된 것을 영예롭게 여긴다고 말하며, 동포들의 적극적인 전쟁 참여를 호소했다. 물론 이러한 발언에는 일본 군부의 의중이 십분 반영되었을 것이다. 그렇다면 진실은 무엇이었을까? 당시 박동훈과 같은 부대에 있던 일본인 스즈키 히로시는 “특공대원으로 지목된 날 밤 그는 침상에 머리를 파묻고 울고 있었다”고 말했다.

🐢 전쟁에 내몰리다

김상필(연희전문대학)과 노용우(경성법학전문대학), 쿄우토약학전문대학 졸업 후 취업 중이던 탁경현 등은 지원을 강요당했다. 경성법과전문대학의 마스다 미치요시(益田道義)는 관립학교 중에서 가장 조선인 학생의 비율이 높은 경성법전에서 철저한 황민화교육을 실시하여 졸업하면 바로 지원병이 되도록 강요하였다. 연희전문학교 교장에 부임한 카라시마 타케시(辛島驍)는 “국가를 위해 거리낌 없이 죽어라”, “내일은 야스쿠니의 신이 될 몸이다”라며 제자들을 전쟁터로 내몰있다.

　김상필은 1944년 3월 후쿠오카의 다치아라이(大刀洗) 육군비행학교 쿠마노쇼우(隈庄) 교육대에서 기본 교육을 마치고, 중국 랴오닝성(遼寧省) 후루다오시(葫芦島市)의 23교육비행대에 배속되어, 99식 습격기를 조종했으며, 지린성 옌볜조선인자치구 둔화(敦化) 제1독립비행대에 배치되었다.

　얼마 후 어머니와 형이 면회를 왔다. 형은 동생에게 군에서 탈출할 것을 권했다. 하지만 김상필은 자신이 도망치면 조선놈들은 비겁하다는 평가를 듣는다며, 내가 도망치면 어머니와 형이 일본헌병대에 얼마나 끔찍한 일을 당하겠느냐며 거절했다. 그와 동시에 이번 전쟁은 백인종과 황인종의 싸움이라면서 일본에 반항하는 것은 득책이 아니라고 한 것을 보면 서양으로부터 아시아를 지키기 위한 성전이라는 일본의 선전을 받아들이고 있었음을 알 수 있다.

　1945년 2월 11일 김상필은 만주국의 수도 신징(新京)에서 편성된 마코토 제32대에 배속되었고, 미야자키현(宮崎県)의 뉴우타바루기지(新田原基地)로 이동했다. 4월 3일 김상필은 오키나와 해안에 운집한 200여 척의 미군 기동부대 선단 특공에서 전사했다. 미야자키로 가기 전 기체 개조를 위해 머물던 나가노현(長野県) 마츠모토(松本)에서 한자와 한글로 쓰고, 한글 옆에 일본어로 토를 단 글을 남겼다.

대장부 일검을 취하면 태산이 흐늘이련이

이 몸 임을 위하여 바치오니 깊은 맘 비할 곳 없어라

특공사한 한정실은 1925년 함북 경성에서 출생했다. 경성공업학교 3년 재학 중이던 1942년 돌연 학업을 중단하고, 어릴 때부터 꿈꾸던 비행사가 되기 위해 소년비행학교에 지원했다. 1942년 10월 소년비행병 15기 갑으로 사이타마현 쿠마가야 육군소년비행학교에 입학했고 1945년 5월 제113신부대에 선발돼 6월 치란으로 이동했다.

대본영은 오키나와 전투에 승산이 없음을 알았지만, 무모한 작전을 계속했고 6월 7일 한정실은 치란비행장에서 출격했다. 한정실도 김상필과 비슷한 글을 남겼다.

신들이 계시는 하늘로 돌아가는 기쁨이여, 님께 바친 목숨이기에 대공의 아들 제113신부대 하야부사덴켄대 기요하라 오장

조선인 특공대원들의 나이는 17~27세였다. 1920년대 초중반에 태어난 이들은 철저한 황민화교육을 받았기 때문에, 자원해서 일본 군인이 된 박정희처럼 일본 천황을 위해 목숨을 바쳐야 한다는 생각으로 특공대원이 뇌었을 수도 있다. 박정희의 경우 만주군관학교

에 입학하기 위해 보낸 혈서가 『만주신문』 1939년 3월 31일자에 증거로 남아 있지만, 조선인 특공대원들의 진실을 알 수 있는 자료는 없다.

최정근은 육군 항공사관학교를 졸업할 때 "나는 천황 폐하를 위해 죽을 수 없다"고 말했고 비행 훈련 중 부대원들과 함께 특공에 지원하겠다는 혈서를 쓴 민영락은 '거부할 수 없는 분위기에 휩쓸려서 쓴 것이지 정말로 그런 마음으로 쓴 것은 아니었다'고 했다.

김상필과 한정실의 '임'은 과연 조선이었을까, 일본이었을까?

유우슈우 역사기행

치란특공평화회관

—

치란특공평화회관(知覽特攻平和会館)은 호
타루칸에서 차로 5분도 걸리지 않는다. 카고시마 시내에서 출발한
다면 남쪽으로 약 40km 거리에 있다. 입구 왼편에 제법 넓은 주차
장이 있고, 자가용 승용차는 물론 관광버스도 몇 대 서 있었다. 오른
쪽은 기념품을 파는 상점, 찻집, 식당 등이다.

특공기지가 있었던 치란은 1970년대 초부터 특공 마을로 알려지
기 시작했다. 1974년에 1955년 만든 관음당을 정비하였고, 깔끔하
게 조성된 평화공원에는 특공대원의 동상이 섰고, 1975년에는 특공
유품관이 건설되었다. 1980년대 일본열도를 휩쓴 '마을 만들기' 바
람을 타고 대대적인 정비 사업이 벌어져, 그 결과 지금과 같은 전시
관, 도로(평화기념길), 평화공원 등이 마련되었다.

아리랑 진혼가비

　마을 입구에서 관음당까지 1,700m에 이르는 도로 양측에 세워진 1,036주의 석등은 전사한 특공대원의 숫자와 동일하다. 하지만 석등을 바라보는 일본인들의 마음은 복잡하지 않을까? 카미카제는 군신이라 불렸고, '사쿠라처럼 산화'한 애국의 상징으로서 모두 야스쿠니신사에 합사되었다. 하지만 역사상 유례없는 자살특공대를 기획해 꽃다운 젊은이들을 돌아올 수 없는 죽음의 바다로 내몬 군국주의 일본에 대한 경악과 분노, 비판과 혐오도 적지 않기 때문이다.

　주차장에서 치란특공평화공원으로 들어서는 길 왼편에 조

치란특공평화회관

선인 특공대원들을 위해 세운 '아리랑 진혼가비'가 있다. 미야
자키현 출신의 무용가 에토 이사무(江藤勇)가 1999년 10월 23일 세
웠다고 한다.

비문은 "아리랑의 노랫소리와 나. 어머니의 나라에 마음을 남겨
놓고 떨어진 꽃잎들"이라고 되어 있다. 옆에 서있는 팻말에 "조선반
도 출신 특공용사 11인의 영혼을 위로하기 위해 시비를 세웠다"고
분명히 적고 있는 것처럼 조선인 특공대원들의 위령비라는 성격을
명확히 하고 있지만, 비를 세울 때 한국인 유족들과는 한마디 의논

도 없었다고 한다.

아리랑 진혼가비에서 북동쪽으로 깔끔하게 단장된 평화기념길 끝으로 특공평화회관이 눈에 들어온다. 설계자의 의도가 무엇이었는지는 모르지만, 멀리서 본 건물은 막 이륙하려는 전투기와 같은 인상을 주기도 하고, 당시 특공대원들의 숙사였던 '삼각병사'를 연상케도 한다.

전시관에는 1945년 3월 이후 치란기지에서 오키나와 전투에 출격해 전사한 특공대원 1,036인의 유품과 관련 자료들이 전시되고 있다. 평화회관은 전쟁의 비극을 되풀이해서는 안 된다는 평화의 메시지를 전하는 것이 전시의 목적임을 분명히 하고 있다.

전시실 중앙에는 당시 특공 작전에 사용했던 전투기가 있고, 사면을 돌아가며 특공대원들에 관한 것들을 전시하고 있다. 전시실은 마침 견학을 온 남녀 중학생들로 붐비고 있었다. 일본 여행을 하면서 어느 박물관, 기념관에서나 볼 수 있는 장면이지만, 학생들은 공책과 펜을 들고 다니며, 전시물을 보면서 열심히 적는다. 학교에서 내준 숙제를 하느라 바쁠 수도 있지만, 여하간 시간에 쫓겨 슬쩍슬쩍 보고 지나가는 여행객들과는 사뭇 다른 태도를 느낄 수 있다.

15~17세의 어린 학생들이 전쟁의 비극을 가슴으로 느낄 수 있을지 모르지만, 전사한 특공대원들의 영정사진, 그들이 남긴 혈서나 유서, 유품들을 들여다보는 학생들의 얼굴은 조용하고 진지하고 자못

유우슈우 역사기행

심각하다. 그도 그럴 것이 전쟁의 비극 속에서 죽어간 젊은 군인들의 모습을 보는 것이 단순히 흥미롭다거나 즐거울 수는 없을 것이다. 게다가 대원 중에 자신들 또래의 소년병들이 많았다는 점, 출격하기 전 찍은 앳된 소년병의 사진을 보는 것은 상당한 충격일 것이다.

치란이 특공의 성지로 알려지면서 해마다 전국 각지에서 많은 학생들이 수학여행을 온다고 한다. 젊음을 조국에 바쳐야 했던 특공대원들의 비극적인 삶과 전쟁의 참상을 눈으로 확인한 학생들이 대부분 평화의 중요성을 깊이 인식한다고 선생님들과 평화회관 관계자는 말한다.

전시관에는 관람자들이 남긴 감상노트가 있다. 교과서에서 배우지 못한 역사를 알게 되었다거나, 나라를 생각하는 특공대원의 모습에 저절로 고개가 숙여진다거나, 비극적인 역사를 다시는 되풀이해서는 안 된다는 문구가 적혀 있다. 그렇다면 학생들에 대한 평화 교육은 성공적이라고 할 수 있을 것이다. 하지만 최근 일본의 움직임은 평화에 대한 일본인들의 태도에 의구심을 갖기에 충분하다.

태평양전쟁에서 패한 일본은 1946년 평화헌법을 제정해 전쟁을 포기하고 군사 전력을 가지지 않으며 교전권을 부인한다는 점을 명시했다. 그러나 아베정권은 평화헌법을 뜯어고쳐 일본을 '전쟁할 수 있는 보통국가'로 변모시키려 하고 있고, 시즈오카신문(靜岡新聞)이 2014년부터 3년긴 실시한 설분 조사에서는 선거권을 가진 18~19

특공작전에 사용되었던 제로센 52-헤이(零戰五二-丙). 바다에 추락한 기체를 후에 인양한 것으로 앞부분과 날개만 남아 있다.

세의 청년 70% 정도가 헌법 개정에 찬성, 9조에 대해서는 54.9%가 개정에 반대했지만, 30.2%는 9조 개정에 찬성한다고 응답했다.

여전히 평화헌법을 지키려는 이들도 많다는 것을 확인할 수 있지만, 개정에 동의하는 숫자가 점차 느는 추세이고, 2017년 1월 20일 국회시정연설에서 아베 총리는 새로운 나라, 새로운 70년을 위한 헌법개정안을 국회에 요청했으며, 5월 3일에는 개헌 추진 단체에 영상 메시지를 보내 2020년을 새 헌법이 시행되는 해가 될 것이라 예고했다.

애당초 일본의 평화헌법이란 것이 미국의 요구에 의해 만들어진

유우슈우 역사기행

것이었지만, 중국의 세력 팽창에 대응하는 미일동맹 강화라는 측면에서 미국이 일본의 헌법 개정을 반대할 이유도 없어 보인다는 것 또한 헌법 개정론자들에게 힘을 실어주고 있다.

🌍 삼 각 병 사

평화회관 전시실 바깥에는 특공대원들이 생활하던 '삼각병사(三角兵舍)'가 있다. 미군의 공습을 피하기 위해 삼나무 숲속에 반지하로 지어졌다. 중앙 통로 양쪽 침상은 한 쪽에 5~6명쯤 잘 수 있는 넓이다. 각지에서 온 대원들은 2~3일 후에는 오키나와의 하늘로 날아갔다. 대원들은 이곳에서 일장기에 충성을 서약하는 글을 쓰거나 고향으로 보내는 편지를 썼고, 출격 전날은 송별회를 열고 술을 마시면서 군가를 불렀다.

이곳은 대원들만의 공간은 아니었다. 1945년 3월 말경 대원들의 생활을 돕기 위해 여학생들로 '나데시코타이(なでしこ隊)'가 조직되었다. 3월 27일 치란고녀(知覽高女) 3년생 스무 명 정도의 여학생들이 이곳에 도착했다. 출발 전 특공대원들에게 간다는 선생님의 말을 듣고 '군신'을 만났다는 설렘에 가슴이 뛰었다고 한다.

처음 본 삼각병사는 신기하기도 했지만, 너무 좁고 누추한 곳이었

삼각병사

다. 침상에는 짚을 넣어 만든 이불과 담요 한 장이 고작이었다. 대원
들이 이렇게 고생하는 줄도 모르고, 따뜻한 이불 속에서 자는 것이
송구했다면서, 이들은 열심히 봉사할 것을 다짐했다. 청소도 하고
빨래도 했다.

　시간이 흐르면서 이들은 출격 명령을 기다리는 대원들을 지켜보
는 것이 얼마나 괴로운 임무인지 깨달았다. 침상에 앉아 멍하니 천
장을 응시하고 있는 대원, 명예롭게 죽는다며 혈서를 쓰는 대원, 깊
은 고뇌에 찬 얼굴의 대원, 출격 명령을 받은 대원의 얼굴을 바라보

　유우슈우 역사기행

톡공기를 타고 출격하는 조종사에게 벚꽃을 흔드는 '나데시코타이' 여학생들　　http://goo.gl/wcNDOk

는 것도, 어제까지만 해도 웃는 얼굴로 인사를 나누었지만 더 이상 볼 수 없다는 현실도 모두 감당하기 힘든 일이었다.

　기지 안에서 본 것은 모두 비밀이었다. 가족에게도 그 누구에게도 말할 수 없었다. 이들의 마지막 임무는 특공기를 타고 출격하는 조종사들에게 마지막으로 음식을 주고 웃으며 벚꽃을 흔드는 것이었다. 조종사들은 고마웠다, 건강하게 오래 살라는 말 등을 남기고 전투기에 올랐다. 개중에는 죽으러 가는 마당에 이런 게 무슨 필요가 있느냐며 건네는 음식을 바닥에 팽개치는 이도 있었다. 아마도 송별식은 15살 소녀들에게는 가장 감당하기 힘든 순간이었을 것이다. 이들의 이야기는 2008년 일본 후지TV에서 방영한 드라마 『나데시코타이』에 소개되어 큰 반향을 일으켰다.

　삼각병사 뒤에 관음당이 있고, 그 앞길을 따라 나오면 특공대원의 어머니상과 특공대원상, 특공기, 그리고 특공사한 대원들을 기리는 수많은 석등이 늘어서 있는 것을 볼 수 있다. 70여 년 전 세계는 전장의 아수라장이었지만, 지금 이곳은 평온하다. 특공대원들을 기리고 그들의 이야기를 알리는 이곳의 이름에는 '평화'라는 두 글자가 들어가 있다. 전쟁이 주는 교훈은 두 번 다시 전쟁을 하지 말라는 것이다.

카노야시에 잠든 조선인들의 영혼을 찾아

—

2016년 11월 18일 아침, 서둘러 호텔을 나
섰다. 비가 오락가락하는 변덕스러운 날씨였다. 시마즈가의 별장
센간엔(仙巖園)과 쇼우코슈세이칸(尙古集成館)을 관람할 때는 소나기
가 퍼부었다. 11시 반쯤 센간엔 앞 10번 도로를 타고 카고시마현 동
쪽에 위치한 카노야시(鹿屋市)로 향했다. 거리는 100km 정도지만,
빗길을 2시간 넘게 달려서 목적지인 카노야항공기지(鹿屋航空基地)에
도착했다.

카노야기지는 1936년 카노야해군항공대로서 창설되었고, 진주만
공습의 단서를 마련한 비밀회담 '카노야회담'이 열린 곳이다. 태평
양전쟁이 막바지에 이른 1945년 2월에 제5항공함대사령부가 설치
되어 특공작전을 시작하였고, 모두 828명의 특공대원이 이곳에서

출격했다. 현재는 해상자위대가 주둔하고 있다.

기지에는 들어갈 수 없지만 카노야기지의 역사를 전하기 위해 만들어진 '카노야항공기지사료관'을 관람할 수 있다. 1, 2층에는 명치유신 이후 창설된 해군의 역사와 카미카제특별공격대에 관한 자료들을 전시하고 있으며, 야외 전시관에는 해상자위대에서 사용한 항공기들이 전시되어 있다.

차로 2시간 넘게 이곳에 달려온 목적은 기지나 사료관을 관람하는 것이 아니었다. 70여 년 전 이곳에는 기지 건설을 위해 끌려온 조선인들이 있었다. 1942년 이후 카고시마의 치란, 반세(万世), 이즈미(出水), 카노야 등에 조선인 노동자들이 비행장을 비롯한 군사 시설 공사에 동원되었다. 이들은 마을 주민들의 거주지로부터 격리된 지역에 거주하였고, 마을 주민들과의 접촉도 금지되었다.

조선인 노동자들은 일본인들에 비해 훨씬 위험하고 힘든 작업, 예를 들면 다이너마이트 폭파나 무거운 짐을 나르는 일 등에 종사했다. 카노야 기지 건설 당시 기지 시설부에 근무했던 한 직원은 "전쟁 말기 엄청난 기세로 격납고가 건설되었는데, 힘든 일은 체격이 건장하고 힘이 센 조선인 노동자들의 몫이었다"고 말했다.

카고시마대학의 야나기하라(柳原) 교수는 특공기지는 "애국심에 불탄 일본인들의 손에 의해 만들어진 것이 아니라, 근로봉사로 동원된 지역 주민, 그리고 무엇보다 강제 연행되어온 조선인과 중국인들의 저주 섞인 목소리로 충만한 장소"라고 지적했다.

노역 도중에 사고로 죽거나 질병으로 목숨을 잃은 이들도 많았고, 혹독한 노동 환경, 열악한 주거 환경, 배고픔을 잊기에도 부족한 음식 때문에 탈주하는 이들도 적지 않았지만, 성공하는 경우는 극히 드물었다. 탈출하다 잡히면 회사의 사적 폭력은 물론, 경찰 등 공권력에 의한 가혹한 처벌을 받아야 했고 그 과정에서 숨진 이들도 있었다.

미군의 공습이 심해지자 감독 회사는 무책임하게 철수하였고, 전쟁에 진 일본은 이들의 귀환을 돕지 않았다. 고된 노동에서 풀려났지만, 고향으로 돌아간다는 것 또한 호락호락한 일이 아니었다. 가까스로 기차나 배를 얻어 타고 하카타(博多), 모지(門司), 사세보(佐世保) 등으로 이동해 귀국선에 오른 이들도 있었지만, 그대로 발이 묶인 이들도 많았다.

🐚 외국인납골당

1970년대 들어 일본 사회는 강제 연행되었던 외국인 노동자들 문제에 눈을 뜨기 시작했다. 물론 정부 차원이 아닌 학자, 변호사 등 진보적인 지식인들과 재일조선인들이 주축이었다. 1993년에는 카고시마지역의 불교종파와 기독교 등의 종교인과 학자들이 주축이 되어 '카고시마 강제연행을 생각하는 모임'을 결성해 카고시마에서의 강제연행 실태, 특공비행장 등 군사 시설 조사, 중국인과 조선인 등 전쟁 희생자 유골 조사 등 다양한 활동을 벌였고, 1995년에는 9구의 조선인 유골을 한국으로 송환했다. 이후로도 한국의 유가족과 일본의 시민모임 간의 연결을 통한 활동이 계속되고 있지만, 여전히 행방을 찾을 수 없는 조선인 희생자들의 영혼은 지금도 일본 땅 어딘가를 떠돌고 있다.

40대로 보이는 전시관 여직원에게 조심스럽게 '가이코쿠진노우코츠도우(外國人納骨堂 외국인납골당)' 위치를 물어보았다. 혹시 모른다고 하면 어쩌나 마음을 졸이기도 했지만, 다행이 들은 적이 있다고 하면서 다른 직원을 불렀다. 둘이서 잠시 얘기를 나누더니, 이곳에 자세한 내용을 아는 사람이 없으니 혹시 안내할 수 있는 사람이 있는지 알아보겠다면서 잠시 기다려 달라고 했다.

어딘가 전화를 걸어서 상대방과 통화를 하더니, 시청 담당 직원이 자리를 비웠다면서, 잘 아는 사람도 없고 직접 안내할 수도 없다며 난감한 표정을 지었다. 차를 가지고 왔으니 일단 찾아가 보겠다고 하자, 주소를 적어 주었다. 그리고 공원묘지라 비석이 많아 찾기가 쉽지는 않을 거라면서 외국인납골당 사진을 복사해 주었다. 이럴 때는 정말 눈물 나도록 친절하다는 말을 하지 않을 수가 없다.

서둘러 차를 타고, 내비에 주소를 입력하고 미도리야마묘원(綠山墓園)으로 향했다. 계속해서 비가 부슬부슬 내리고 있었다. 묘지는 기지에서 멀지 않았다. 10분 정도 달리자 목적지에 도착했다는 안내가 나왔다. 차를 세우고 밖으로 나와 주위를 둘러보았지만, 묘지는 보이지 않았다. 내비가 편리하지만 가끔 이렇게 부정확할 때가 있다.

부슬부슬 내리는 비를 맞으며 무작정 산으로 올라가는 도로 쪽으로 걸었다. 거리에는 행인도 거의 없어 물어볼 수도 없다. 자칫하면 묘지는 고사하고 미아가 될 수도 있는 상황이었다. 한참을 두리번거리다가 길 건너에서 나오는 트럭을 발견했다. 얼른 달려가 길을 막아서며 운전기사에게 위치를 물어보았더니, 50m 위로 더 올라가야 한단다. 고맙다는 인사를 하고 허둥지둥 올라가니 미도리야마묘지 간판이 눈에 들어왔다. '여기다!'

카노야시가 내려다보이는 언덕에 위치한 공원묘지였다. 가까스로 찾았지만, 문제는 사료관 직원의 말처럼 비슷비슷하게 생긴 비석이 수도 없이 서 있었다는 것이다. '서 교수님, 저기 어딘가에 외국인납골당이 있을 겁니다. 찾을 수 있을까요?' 하나하나 다 확인해야 찾을 수 있을 텐데, 좀 어렵지 않겠느냐는 말씀이었지만, 포기할 수는 없었다. 복사해 준 사진을 다시 한 번 확인했다. 이상혁 교수는 차를 주차하고 있었고, 박기범 선생은 우산을 들고 이제 묘지 안으로 들어서고 있었다.

'과연 찾을 수 있을까? 시간만 허비하고 못 찾으면 어쩌지?' 초조한 마음으로 묘지 맨 아랫단에 있는 비석들부터 하나하나 확인했다. '이것도 아니고, 저것도 아니고' 그 순간이었다. 박기범 선생이 "박사님, 혹시 저거 아니에요?" "네? 뭐가 보여요?" "저기 맨 위에 있는 저거, 아까 사진으로 본 거랑 같은 노란색인데요." "정말이에요?" 말을 마치기가 무섭게 위쪽을 향해 달렸다. "어디요?" "저기 저거요." "어, 저거 맞는 것 같네요."

한걸음에 달려서 가보니, 정말로 노란 비석에 '外國人納骨堂(외국인납골당)'이라고 적혀 있었다. "찾았다! 네, 이거 맞아요. 서 교수

미도리야마묘원에서 극적으로 찾은 외국인납골당

님, 이 교수님 찾았습니다. 여기 있어요!" 잠시 후 뒤따라온 서 교수
님이 "야, 신기하게 그게 박 선생 눈에 보였네요. 사실 이거 찾을 수
없는 건데, 하늘이 가르쳐 주셨나 보네요." "여기 이건가요?" 이 교
수도 숨이 턱에 찬 목소리로 물었다. "네, 박 선생이 찾았어요." 뭐
라고 해야 할까? 뭔지 모를 뜨거운 뭔가가 가슴 속에서 '울컥' 하고
올라왔다.

　카고시마 카노야시에 있는 외국인납골당은 1940년대 전반에 비
행장 건설을 위해 동원되었던 조선인 노동자들의 유골을 안치한 곳
이다. 카노야기지 건설 때 조선인 노무 관리를 담당했던 한 조선인

조선인 노동자들의 유골을 안치하고 있는 미도리야마묘원

의 발의에 의해 1962년 건립되었지만 그 유래에 대한 기록은 납골당 주변 어디에서도 찾아볼 수 없고, 카노야시에서 '외국인납골당'이라는 애매한 이름으로 관리하고 있을 뿐이다.

우리는 비석 앞에 서서 경건한 마음으로 묵념을 했다. '전쟁 때 이곳으로 끌려와서 고된 노동에 시달리고, 일본인들에게 박해받다가 언제 어떻게 돌아가셨는지도 알 수 없고, 여전히 이국의 차디찬 땅속에 묻혀 이렇게 비석 하나로 흔적을 남기고 있는 우리 선조님들의 혼령을 위로하고 명복을 빕니다.'

유우슈우 역사기행

외국인납골당이 있는 미도리야마묘원(綠山墓園)은 카노야시 고센조우초우 13번지(鹿兒島縣鹿屋市古前城町13)에 있다. 그래도 조금 마음이 편했던 것은 납골당이 선 자리가 카노야시가 잘 내려다보이는 언덕 위이고 앞이 트인 양지 바른 곳이었다는 점이다.

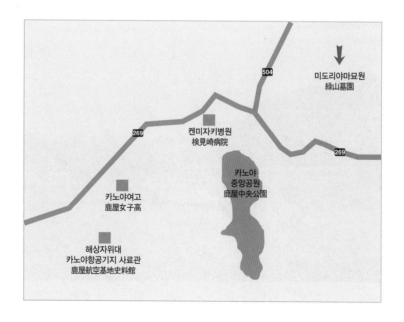

카고시마 여행은 이렇게 준비하자

☑ 가는 길

운항 편수가 많지 않지만, 인천에서 카고시마로 가는 직항을 이용하는 것이 좋다. 후쿠오카를 경유한다면 하카타역에서 신칸센으로 1시간 20분쯤 걸리고, 미야자키(宮崎)를 경유한다면 미야자키역에서 JR 특급 키리시마(きりしま)로 2시간 정도 걸린다. 미야자키와 카고시마를 두루 돌아보는 여정이라면 카고시마 → 미야자키 혹은 미야자키 → 카고시마로 일정을 짜도 좋다.

☑ 현지 교통

사쿠라지마항에 정박해 있는 페리.

유우슈우 역사기행

카고시마 시내에서는 100년의 역사를 자랑하는 노면전차와 관광 명소를 순회하는 카고시마 시티 뷰 버스, 시영버스 등을 이용할 수 있다.

자동차 운전에 두려움이 없다면 렌터카를 이용하는 것이 이부스키, 치란, 미야마, 센간엔 등으로 이동하는 데 편리하다.

사쿠라지마에 가는 여행자는 사쿠라지마항페리터미널(櫻島港フェリーターミナル)에서 24시간 카고시마와 사쿠라지마를 연결하는 페리를 이용할 수 있다. 운항 시간은 15분이고, 운행 간격은 오후 9시부터 오전 6시까지는 30분, 오전 9시부터 오후 9시까지는 15분이지만, 운항사의 사정과 계절에 따라 변동이 있으므로 이용 전에 확인을 하는 것이 좋다.

www.city.kagoshima.lg.jp/sakurajima-ferry

099-223-7271

☑ 카고시마의 관광지

• 카고시마의 상징 사쿠라지마(櫻島)

1914년 1월 초 사쿠라지마의 움직임은 심상치 않았다. 산 여기저기에서 연기가 솟아올랐고, 크고 작은 지진이 발생했다. 우물의 수위가 낮아졌고, 해안에서는 뜨거운 물이 분출했다. 공포에 휩싸인 주민들은 피난 준비를 했다. 히가시사쿠라지마(東櫻島) 촌장은 여러 차례 측후소에 문의를 했다. 측후소의 대답은 '사쿠라지마에 분화는 없다'였다. 명백한 오판이었지만, 촌장은 주민들에게 대피하지 않아도 된다고 전달했다.

1914년 1월 12일 사쿠라지마는 폭발했다. 대량의 용암과 화산재가 분출되었고, 갑작스러운 폭발에 당황한 섬 주민들이 바다에 뛰어들어 그 중 20명이 익사했다. 쏟아져 내린 용암이나 토사로 목숨을 잃은 희생자가 10명, 100명이 넘는 부상자가 발생했고 섬 전체 3,388가옥 가운데 반이 넘는 2,129채가 파괴되거나 소실되었으며, 가축들도 희생되었다.

설상가상 분화 뒤에 발생한 진도 7.1의 지진으로 사쿠라지마뿐만 아니라 카고시마나

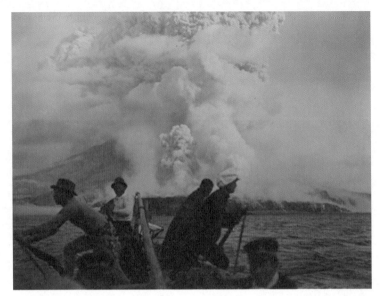

미나미큐우슈우 일대가 큰 피해를 입었다. 분화 전 완전한 섬이었던 사쿠라지마는 동남쪽으로 흘러내린 대량의 용암이 굳는 바람에 오오스미반도(大隅半島)와 연결되었다. 화산 폭발로 지도마저 바뀐 것이다.

  대폭발의 참사 속에서 촌장은 구사일생으로 목숨을 구했지만, 그는 괴로웠다. 측후소의 말을 믿지 않고, 주민들을 대피시켰다면...

  '대피하라!' '대피하라!' '대피하라!'

  그로부터 10년이 지난 1924년 1월 히가시사쿠라지마(東櫻島)소학교에 사쿠라지마폭발기념비(櫻島爆發記念碑)가 세워졌다.

"주민은 이론을 믿지 말고, 이상한 징후를 발견하면 피난을 준비하라."

주민들은 이 비를 '과학 불신의 비(科学不信の碑)'라고도 부른다. 사쿠라지마는 1914년 이후 큰 폭발은 없었지만, 여전히 살아있다. 2016년 7월 26일 분화해 5,000m 상공까지 연기가 치솟았다. 9월에는 30년 안에 다시 한 번 크게 분화할 것이라는 영국 브리스톨대학 연구팀의 보고가 나와 지역 주민들이 긴장하고 있다.

'불의 고리'라고 하는 환태평양지진대 위에 놓인 일본은 지진뿐만 아니라 화산 폭발, 태풍 등 자연재해가 빈번하다. 2011년 일본 동북지방에 지진이 일어났을 때 피해는 가공할 규모였다. 많은 한국인들이 이재민들을 위해 성금과 물자를 모았다. 일본으로 날아가 구조 활동에 참가한 이들도 있었다.

그런데 다 그런 것은 아니었다. 일본의 전쟁 범죄나 과거를 반성하지 않고 사죄도 하지 않는 태도에 대해서는 어떤 비평이나 비판도 가능하다. 하지만 자연재해로 사람이 죽어가는 비극적인 상황에서 '천벌을 받는 것'이라는 식의 망언은 하지 말아야 한다.

화산재에 파묻힌 쿠로카미마이부츠토리이(黑神埋没鳥居). 기둥은 거의 보이지 않고 기둥을 잇는 가로대만 얼굴을 내밀고 있다.

언제 또 분화할지 모르지만, 평소의 사쿠라지마는 아름답다. 사쿠라지마항에서 자동차로 15분 거리에 있는 해발 373m의 유노히라전망소(湯之平展望所)에 오르면, 당시 폭발했던 분화구에서 올라오는 희뿌연 화산 연기를 볼 수 있고, 반대편으로 고개를 돌리면 카고시마의 푸른 바다를 감상할 수 있다.

사쿠라지마항에서 유노히라와는 반대 방향으로 30분을 달리면 화산재로 뒤덮인 쿠로카미마이보츠토리이(黑神埋沒鳥居)를 볼 수 있다. 화산재에 묻히기 전 토리이의 높이가 3m였다고 하는데, 지금은 1m만 땅 위로 얼굴을 내밀고 있으니, 얼마나 많은 양의 돌과 화산재가 쏟아졌는지 충분히 짐작할 수 있다. 실상 토리이만 묻힌 것이 아니고, 쿠로카미지역 전체가 땅 속으로 사라져버린 것이다.

• 모래찜질로 유명한 이부스키온천(指宿溫泉)

카고시마 반도의 최남단에는 모래찜질 스나무시(沙むし)로 유명한 이부스키온천이 있다. 해변을 1m 정도만 파도 온천수가 솟아나오는데, 이것을 이용한 것이 스나무시다.

모래찜질을 하기 위해 줄을 선 관광객들.

유우슈우 역사기행

해안에 누운 채 모래를 덮으면 서서히 몸이 따뜻해지고 사우나를 한 것 같은 효과를 얻을 수 있다. 카고시마시에서 남쪽으로 50km 거리에 있어, 차로 1시간이면 갈 수 있다. 여유가 있어 하루쯤 숙박을 한다면 바닷가 여관이나 호텔에 있는 로텐부로(露天風呂노천탕)에서 파도소리를 들으며 밤하늘을 감상할 수 있고, 남국의 태양이 뜨거운 여름이라면 아름다운 해변에서 수영과 일광욕을 즐길 수 있다.

• 센간엔(仙巖園)과 쇼우코슈세이칸(尙古集成館)

카고시마시에서 동북쪽으로 15분 거리에 카고시마 관광에서 결코 빠뜨릴 수 없는 시마즈가의 별장 센간엔이 있다. 1658년 19대 시마즈 미츠히사(島津光久)가 지은 별장으로 정원에서 사쿠라지마를 가장(?) 가까이 볼 수 있어, 사쿠라지마를 품에 안고 있는 정원이라 해도 과언이 아니다.

센간엔은 일본의 국가 명승으로 지정된 곳으로 약 5만 평방미터의 대지에 단아한 목조 건물이 여러 채 배치돼 있다. 건물 사이에는 넓은 잔디밭과 인공 연못이 있고, 잘 가

어전 건물 안쪽에 있는 연못

꾸진 징원수, 바위, 석등 등이 깔끔한 일본 특유의 정원을 연출하고 있다. 또한 사츠마
번에서 제작하여 사츠에이센소우 때 사용한 150파운드짜리 철제 대포와 대포를 만들던
용광로 터도 있다.

1871년 폐번치현으로 카고시마시에 있던 츠루마루성(鶴丸城)이 폐성이 되자, 시마즈
타다요시가 거처를 센간엔으로 옮김으로써 별장에서 본가가 되었다. 1884년 본가답게
어전을 지었는데, 츠루마루성에 있던 것과 놀라울 정도로 똑같았다고 한다. 이 어전은
동네 이름인 이소(磯)를 따서 이소 어전이라고 불러, 센간엔을 이소정원(磯庭園)이라고
도 한다.

시마즈가문은 카마쿠라(鎌倉)시대 무장인 코레무네 타다히사(惟宗忠久)가 남큐우슈
우 최대의 장원인 시마즈소우(島津莊)의 지두(地頭)를 맡게 되자 성을 시마즈로 바꾸면
서 시작되었다. 17대 시마즈 요시히로(島津義弘)는 임란과 정유재란 때 출정했고 사츠
마야키의 박평의, 심당길 등을 끌고 간 인물이다.

19세기 중엽 개명 번주인 28대 시마즈 나리아키라(島津齊彬)는 나가사키의 네덜란드

일본 최초의 서양식 방적사업소였던 쇼우코슈우세이칸

유우슈우 역사기행

상관과 교류를 활발히 해 난벽(蘭癖) 다이묘(大名)라 불린 증조부 시마즈 시게히데(島津重豪)의 영향으로 일찍 서구 문명에 눈을 떴다.

1851년 42세로 번주가 된 나리아키라는 센간엔 옆에 근대식 공업단지인 슈우세이칸(集成館)을 조성하여, 용광로, 대포 공장, 가마솥 제작소, 금속 세공소 등을 세웠으며, 사츠마 곳곳에 방직, 도자기, 제약, 설탕 공장 등을 세워 부국강병과 식산흥업에 힘을 쏟았다. 이곳이 오늘날 쇼우코슈세이칸(尚古集成館)이라 불리는 곳이다.

1854년 사쿠라지마에서 서양식 군함 '쇼헤이마루(昇平丸)'를 진수하여 막부에 헌상했는데, 이때 서양처럼 마스트 중앙에 깃발을 올린 것이 일장기의 효시였다고 한다. 이듬해에는 증기기관선 제1호 운코우마루(雲行丸)를 건조했다.

서양 문명에 호기심이 많았던 나리아키라는 다이묘 중에 가장 먼저 사진을 찍은 인물이 되었고, 서양 유리공예를 도입해 사츠마 특유의 사츠마 키리코(薩摩切子)라는 명물을 만들었다. 나리아키라는 10년이면 사츠마 공업단지를 완성할 수 있다고 했으나, 재임 7년 만에 세상을 떠났고, 1863년 영국과의 사츠에이센소우(薩英戰爭) 때 슈우세이칸은 폭격으로 소실되었다.

영국에 패한 뒤 새 번주로 취임한 시마즈 타다요시(島津忠良)가 슈우세이칸 재건을 시작하여 1865년 준공한 기계공장이 지금 남아 있는 쇼우코슈세이칸의 본관이다. 시마즈가문의 역사와 근대화 사업을 소개하는 유물들이 전시돼 있어 사츠마의 적극적인 근대화 노력을 한눈에 파악할 수 있다. 2015년 7월 5일 메이지일본의 산업혁명유산으로 유네스코 세계문화유산에 등록되었다.

센간엔과 쇼우코슈우세이칸을 관람할 때, 입구에서 고덴쿄우츠우켄(御殿共通券: 어전공통권)을 사면, 가이드의 안내를 받을 수 있고, 견학 후에는 맛챠(抹茶)와 과자를 맛볼 수 있다. 키모노를 입은 여성의 정중한 서비스를 받으면서 일본의 다도를 경험하는 것도 여행의 즐거움이다.

http://www.senganen.jp/

• 키리시마온천(霧島溫泉)과 키리시마신궁(霧島神宮), 사카모토 료우마(坂本龍馬)

카고시마현과 미야자키현의 경계에 키리시마가 있다. 이름을 그대로 풀면 '안개섬'이 될 것이다. '산지에 무슨 섬?'하고 고개를 갸우뚱하겠지만, 이른 아침, 안개에 덮인 산들이 봉우리만 내밀고 있는 모습을 보면, '안개섬'이란 말이 거짓이 아님을 실감할 수 있다.

키리시마온천은 인근의 묘우켄온천과 카고시마 남부 이부스키온천과 함께 카고시마를 대표하는 온천지이다. 키리시마연산(霧島連山) 카라쿠니타케(韓國岳 한국악)의 서남쪽에 위치한 키리시마온천마을(霧島溫泉鄕)은 해발 600m~850m 고지대로 인근에 20여 개의 활화산이 있어, 여기저기서 뿌연 연기가 올라오므로 '온천지'란 간판이 필요 없을 정도인데, 사쿠라지마의 일몰을 감상하며 온천욕을 즐길 수 있는 온천여관도 있다. 자세한 내용은 카고시마현 관광사이트(http://www.kagoshima-kankou.com/guide/10092/)에서 찾을 수 있다.

키리시마온천마을에서 20km 거리에 키리시마신궁이 있다. 신궁이라는 이름이 말해주듯이 신사 가운데 가장 격이 높은 곳으로, 다름 아닌 니니기노미코토(邇邇藝命)를 주신으로 모시고 있기 때문이다. 본궁은 화산 폭발이나 화재 등으로 여러 차례 손실을 입었는데, 지금의 신궁은 사츠마번 21대 번주 시마즈 요시타카(島津吉貴)의 명에 따라 1715년 중건되었다.

신궁은 수령이 천년 가까운 삼나무 숲에 둘러싸여 있고, 경내에는 유구한 생명력을 상징하는 사자래이시(さざれ石), 천손강림지를 기념하는 시비가 있고, 일본에서 처음으로 신혼여행을 떠났다는 사카모토 료우마와 아내 오료우(お龍)의 신혼여행을 기념하는 안내판도 있다.

사카모토 료우마는 삿초우동맹(薩長同盟)을 성사시킨 메이지유신기의 풍운아로 일본인들에게 큰 사랑을 받고 있는데, 시바 료우타로(司馬遼太郎)의 소설 『료우마가 간다(龍馬がゆく)』가 나온 이후에 크게 이름을 알리게 되었다고 한다.

키리시마신궁에서 18km 거리에 있는 시오히타시온천 료우마공원(塩浸溫泉 龍馬公園)에는 료우마와 오료우의 멋진 동상이 있고, 작은 료우마자료관과 대중 온천탕, 료우마가 목욕을 했다는 욕조 등이 있다. 시간적으로 여유가 있다면, 동상 앞에서 사진 한

시오히타시온천 료우마공원의 료우마와 오료우의 동상

장 찍고, 전시관을 둘러본 다음, 잠시 뜨거운 온천물에 여행으로 지친 몸을 달래보자.

☑ 음식

카고시마는 사츠마이모(薩摩芋: 고구마), 쿠로부타(黑豚: 흑돼지), 사츠마아게(さつま あげ: 어묵튀김)로 유명하다. 중앙아메리카가 원산지인 고구마가 일본에 들어온 것은 17 세기로 류우큐우(琉球: 지금의 오키나와)와 중국을 거쳐서라고 한다. 오키나와에 가까운 사츠마에서 고구마 재배를 시작하고, 이름도 '사츠마이모'가 된 것은 지정학적으로 매우 자연스럽다. 겉과 속이 보라색인 사츠마이모는 혈압과 간 기능 개선에 효과가 있다고 하는데, 텐몬칸도오리(天文館通) 인근의 사츠마이모노칸(さつまいもの館)에서는 사츠마이모로 만드는 양갱, 과자, 쿠키, 술 등 많은 제품을 팔고 있다.

우리나라에서 제주도의 흑돼지가 유명한 것과 마찬가지로 '쿠로부타'하면 일본인들은 미야자키와 함께 카고시마를 떠올린다. 약 400년 전 사츠마의 번주였던 시마즈 요시히사(島津義久)가 번의 경제를 살리기 위해 본격적으로 양돈을 시작하였는데, 막말 쿠로부타에 반한 토쿠가와 나리아키(德川齊昭)가 '맛있고, 영양이 풍부한데다 정성이 느껴지는 맛'이라고 극찬하여 전국적으로 유명해졌다고 한다.

사츠마아게란 말을 직역하면 '사츠마를 튀긴 것'이다. 일본어 '아게(あげ)'는 '기름에 튀기는 일이나 그 음식'을 뜻한다. 그렇다면 '사츠마를 튀겼다'는 것은 뭔가 말이 되지 않는다. 언어도단이다. 무엇을 튀겼는지를 명확히 하려면 사츠마와 아게 사이에 '카마보코(蒲鉾: 어묵)'가 들어가야 된다. 그러면 '사츠마카마보코아게'는 카고시마만에서 잡히는 싱싱한 생선에 밀가루와 채소를 섞어 기름에 튀긴 것이 되는데, 다시 말하면 '사츠마어묵튀김'이다. 설명이 장황해졌는데, 이처럼 장황한 것을 싫어하는 일본인 혹은 카고시마 사람들이 과감하게 카마보코를 생략하고 '사츠마아게'라고 한 것일까? 그래도 사츠마아게가 무엇인지 대부분의 일본인들이 안다는 것은 카고시마의 어묵튀김이 일본의 국가대표 어묵튀김이라는 증표일 것이다.

우리나라에서는 '부산오뎅'이 유명한데 오해가 좀 있다. 일본어 '오뎅(おでん)'은 '두부, 어묵, 무, 곤약 등을 간을 맞춰 끓인 냄비요리'를 가리킨다. 포장마차나 분식집 등에서 떡볶이와 함께 먹는 '그것'이라면 '오뎅'이라고 할 수 있지만, 튀긴 것은 오뎅이라고 할 수 없다. 게다가 오뎅은 일본어이므로 우리말로는 '어묵탕' 정도가 되지 않을까? 여하간 부산오뎅이 전국적으로 유명해진 것은 축하할 일이지만, 끓인 것이 아니고, 어묵을 튀긴 신제품들까지 오뎅이라고 하는 것은 어불성설이다.

얘기가 좀 길어졌는데, 바쁜 답사 일정을 소화하다 보면 밥 먹는 시간을 충분히 갖기 어렵다. 그러나 해가 지면 뭔가를 더 보고 싶어도 볼 수 없으므로 이제 저녁을 먹어야 한다. 호텔에서 카고시마의 향토음식을 먹고 싶다고 물었을 때, 텐몬칸도오리에서 가까운 와카나(吾愛人)를 소개 받은 것은 큰 행운이었다.

와카나란 무슨 뜻일까? 말 그대로 '내 애인'이란 뜻일까? 직원에게 물어보니, '카나(愛人)'는 카고시마 남쪽에 있는 미나미오오시마(奄美大島) 지방의 사투리로 '사랑스러운 사람, 소중한 사람'이라는 뜻이란다. 가게 이름 와카나는 2대 사장과 친교가 있었던

유우슈우 역사기행

텐몬칸도오리 근처의 카고시마 향토요리점 와카나.

아동문학가 무쿠와 토주우(椋鳩十)가 지어 준 것이라고 하는데, 마치 사랑하는 사람을 대하는 것과 똑같이 손님에게 최고의 요리와 서비스를 제공하고 싶다는 2대 사장의 바람을 담았단다.

가게 안으로 들어서자, 조용하면서도 왁자지껄한 분위기가 느껴졌다. 맛집은 손님이 많은 법! 가게 안쪽 작은 방에 자리를 잡고, 메뉴판을 들여다보면서 뭘 먹어야 할까 고민을 했다. 사실 일본어를 어지간히 읽을 줄 알면서도 늘 어려움을 겪는 것이 바로 음식 이름이다. 생선 이름이라든가 채소 이름 등등 온갖 음식 이름이 한자로 적혀 있으면 말 그대로 난공불락이다. 여느 때와 다름없이 메뉴판을 들고 헤매고 있는데 뭔가 특별한 메뉴가 눈에 들어왔다. 쿠로부타샤부샤부, 치도리사시미(地鶏の刺身: 토종닭회), 사츠마아게 등 카고시마 특산물이 모두 포함된 3가지 코스요리가 있었는데 이름이 오오쿠보젠(大久保膳), 사이고젠(西郷膳), 시마즈젠(島津膳)이었다. 메이지유신 3걸 중 두 사람인 오오쿠보와 사이고 그리고 사츠마번의 번주 시마즈의 이름을 붙인 것이다.

우리나라에도 낡은 한정식 식당들이 있고, 요즘에는 코스로 요리를 내는 곳도 많다.

郷土料理ご膳

▲島津膳

西郷膳 4,200円
きびなご刺身・地鶏の刺身・かつおたたき・さつま揚・黒豚とんこつ・ 黒豚
しゃぶ鍋・きびなご天ぷら・さつま汁・ごはん・フルーツ

大久保膳 3,500円
きびなご刺身・地鶏の刺身・かつおたたき・さつま揚・黒豚とんこつ・ きび
なご天ぷら・さつま汁・ごはん・フルーツ

島津膳 5,500円
きびなご刺身・地鶏の刺身・かつおたたき・バイ貝・さつま揚・黒豚とんこ
つ・ 黒豚しゃぶ一人鍋・きびなご天ぷら・さつま汁・ごはん・フルーツ

아시겠지만 대부분 국화정식, 난정식 같은 이름을 쓰거나 A코스, B코스 같은 식의 이름이다. 그런데 이쪽 사람들은 자신들이 자랑하는 위인들의 이름을 붙였다. 우리나라로 치면, 음식 이름을 이순신정식, 율곡정식, 을지문덕정식, 세종대왕정식이라고 한 것과 같다. 세종대왕정식을 주문할 때 불경스럽다는 마음은 들지 않을까?

좋게 생각하면, 얼마나 좋아하기에 음식에까지 그 이름들을 붙였을까 하는 생각도 든다. 그런데 이런 문제는 또 어떨까? 오오쿠보젠 3,500엔, 사이고젠 4,200엔, 시마즈젠

5,500엔! 시마즈가 번주였으니까 제일 비싸다고 치고, 사이고와 오오쿠보는 같은 사무라이 신분이었다. 사이고야 불만이 없겠지만, 오오쿠보는 좀 기분이 언짢지 않을까? '사이고는 일찍 죽었고, 내가 나라를 위해 더 한 일이 많잖아'라고 불평할지도 모른다.

생애 처음으로 카고시마 향토요리를 맛볼 수 있는 기회여서 좀 호기를 부려볼까 하다가, 사이고젠으로 충분할 것 같았다. 카고시마 앞바다에서 잡히는 청어과의 작은 생선회인 키비나고사시미(きびなご刺身)를 비롯해서 닭회, 카츠오타다키, 사츠마아게, 쿠로부타샤부샤부에 이르기까지 정말로 충분했고 4사람 모두 음식에만 눈이 팔릴 정도로 맛있었다.

텐몬칸(天文館) 와카나(吾愛人)

http://www.k-wakana.com/

☑ 숙박

카고시마 시내에 여행자들을 위한 많은 호텔이 있다. 비즈니스호텔이라면 카고시마중앙역(鹿兒島中央駅) 근처나 텐몬칸도오리(天文館通) 인근에 있는 호텔을 이용하는 것이 좋고, 바다와 사쿠라지마 전망을 볼 수 있는 곳을 찾는다면 시로야마(城山) 중턱에 있는 호텔이 좋다.

소라리아니시테츠호테루카고시마(ソラリア西鐵ホテル鹿兒島)는 카고시마중앙역 바로 앞에 위치해 있어 기차는 물론 고속버스, 시내 교통 등을 편리하게 이용할 수 있고, 사쿠라지마를 조망할 수 있다.

http://www.solaria-hotels.jp/kagoshima/

099-210-5555

리치몬드호테루카고시마킨세이초우(リッチモンドホテル鹿兒島金生町)는 텐몬칸도오리와 사쿠라지마항페리터미널 사이, 도보로 이동할 수 있는 거리에 있어 시내 관광과 사쿠라지마 관광에 편리하다. 리치몬드호테루는 전국에 체인을 갖고 있는 비즈니스호

텔로 비즈니스 급에서는 상위에 속한다.

http://richmondhotel.jp/kagoshima/

099-219-6655

텐몬칸도오리 가까이 위치한 비즈니스호텔 산데이즈인카고시마(サンデイズイン鹿兒島)는 저렴한 숙박비에 비해 시설이 깨끗하고 편리하다.

http://www.sundaysinn.com/

099-227-5151

카고시마시가 내려다보이는 시로야마(城山) 해발 108m에 위치한 시로야마칸코우호테루(城山觀光ホテル)에는 대욕장과 로텐부로(露天風呂)가 마련돼 있어 온천을 즐기며 아름다운 사쿠라지마와 긴코우만(錦江湾)을 감상할 수 있다.

http://www.shiroyama-g.co.jp/

099-224-2200

☑ 글쓴이가 간 길

  11월 16일 오전 10시 20분 카고시마공항에 도착한 우리 일행은 렌터카로 이동해 레이메이칸(鹿兒島県歷史資料センター黎明館)을 관람한 다음, 곧장 치란 호타루칸으로 향했다. 오후 2시 호타루칸에 도착해서 토리하마 아키히사 관장을 만나 카미카제특공대와 호타루칸 건립에 관한 이야기를 듣고, 치란특공평화회관으로 이동하여 옥내전시관과 옥외전시관을 둘러본 다음 이부스키(指宿)로 이동하여 숙소인 큐카무라이부스키(休暇村指宿)에서 첫날밤을 보냈다.

  11월 17일 아침 일찍 미야마로 이동하여 심수관요와 토우고시게노리기념관, 옥산궁을 답사하고, 카고시마시로 이동하여 이신후루사토칸(維新ふるさと館)을 관람한 다음 사쿠라지마로 향했다. 사쿠라지마항페리터미널(櫻島港フェリーターミナル)에서 오후 4

센간엔에 전시된 150파운드 철제 대포. 카고시마가 일본 근대화의 발상지였음을 알리고 있다.

시쯤 승선하여 사쿠라지마로 건너갔는데, 해가 짧아 유노히라전망소(湯之平展望所)와 쿠로카미마이보츠토리이(黒神埋沒鳥居)만 답사하고, 카고시마 시내로 돌아와 산데이즈 인카고시마(サンデイズイン鹿兒島)에서 둘째 날 밤을 보냈다.

　11월 18일 아침 일찍 역사와 문화의 길(歷史と文化の道)을 산책한 후, 차로 이동하여 센간엔과 쇼우코슈우세이칸을 관람한 다음, 오후 2시 경 카노야항공기지(鹿屋航空基地)에 도착, 관람 후 카노야시 미도리야마묘원(綠山墓園)의 외국인납골당(外國人納骨堂)을 찾아 참배하고, 다음 답사지인 미야자키(宮崎)로 출발 니치난해안(日南海岸)을 경유해 아오시마루우도인호텔(靑島天然溫泉ルートイングランティアあおしま太陽閣)에 짐을 풀었다.

・1일(11. 16. 수)

인천국제공항 – 카고시마공항(鹿児島空港) – 레이메이칸(黎明館) – 치란(知覧: 호타루칸, 치란특공평화회관) – 이부스키(指宿)

・2일(11. 17. 목)

이부스키(指宿) – 미야마(美山) – 이신후루사토칸(維新ふるさと舘) – 사쿠라지마(桜島) – 카고시마 시내(鹿児島市内)

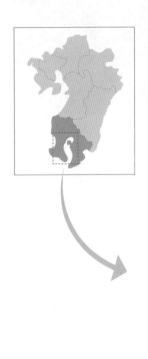

※ 1일 ● 2일 ●

카고시마공항
(鹿児島空港)

미야마(美山)

카고시마 시내
(鹿児島市内)

사쿠라지마(桜島)

이신후루사토칸
(維新ふるさと舘)

레이메이칸
(黎明館)

치란(知覧: 호타루칸,
치란특공평화회관)

이부스키(指宿)

292

• 3일(11. 18. 금)

역사와 문화의 길(카고시마시) – 센간엔, 쇼우코슈세이칸 – 카노야항공기지(鹿屋航空基地) – 미도리야마묘원 외국인납골당(綠山墓園 外國人納骨堂) – 아오시마(靑島)

※ 4일과 5일은 미야자키에서 만나요!

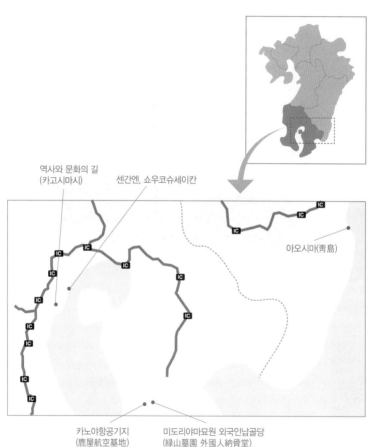

역사와 문화의 길
(카고시마시)

센간엔, 쇼우코슈세이칸

아오시마(靑島)

카노야항공기지
(鹿屋航空基地)

미도리야마묘원 외국인납골당
(綠山墓園 外國人納骨堂)

5부

『...

가슴을 드러내고 치마끈을 내려 음부를 내보이며 요란하게 춤을 추었다. 이에 모든 신들이 웃음을 터트리자, 궁금해진 아마테라스가 무슨 소동인가 하고 바위 문을 여니

...』

미야자키

宮崎

신화의 땅

—

천손강림 신화의 땅 미야자키는 큐우슈우의 남동부에 있다. 동쪽의 푸른 바다 외에는 삼면이 산으로 둘러싸여 있어 계절풍의 영향을 적게 받고 난류의 기운 덕분에 겨울에도 따뜻하다. 두산 베어즈나 기아 타이거즈의 동계 전지훈련장으로도 유명하고, 푸른 잔디를 그리워하는 골퍼들에게도 각광받는 곳이다.

남쪽으로는 아름다운 바다와 휴양시설이 있는 아오시마(靑島)와 미야자키에서 가장 아름다운 해안이라는 니치난해안(日南海岸)이 있고, 북쪽으로는 천손강림의 땅이자 일본 최고의 협곡으로 유명한 타카치호(高千穗)가 있으며, 중부 산간 마을인 난고우손(南郷村)에는 1,300년 전 백제왕의 전설이 살아 숨 쉬는 쿠다라노사토(百済の里: 백제마을)가 있다.

미야자키 아오시마에서 볼 수
있는 도깨비 빨래판. 썰물로 바
닷물이 빠져나가면 빨래판처럼
보이는 기이한 암반이 모두 드
러난다.

머리가 '핑' 도는
일본의 건국신화

—

우리나라의 건국신화인 단군신화는 일연의 『삼국유사』에 기록되어 있고, 매우 간단하다.

하늘나라 환인의 서자 환웅이 인간 세상으로 내려가고 싶어 하자 천부인 세 개와 3,000 명의 무리를 이끌고 홍익인간하기에 적합한 태백산 꼭대기 신단수 아래로 내려와 신시를 열고 풍백 · 우사 · 운사를 데리고, 곡식 · 생명 · 질병 · 형벌 · 선악 등 360여 가지를 주관하면서 인간 세상을 다스렸다.

그때 곰과 호랑이가 같은 굴에 살면서 여자로 태어나게 해달라고 기원하자, 환웅은 신령스런 쑥 한 다발과 마늘 20매를 주면서 이걸 먹고 100일간 햇빛을 보지 않으면 여자가 될 것이라고 말했다.

호랑이는 그 약속을 지키지 않았으나 곰은 21일간 햇빛을 보지 않아 드디어 여자로 변했다. 그가 웅녀다. 그 후 웅녀는 환웅과 혼인하여 단군왕검을 낳았는데, 중국의 요 임금이 즉위한 지 50년이 되는 경인년에 평양에 도읍을 두고 조선이라는 나라를 세웠다.

등장인물은 환인, 환웅, 곰(웅녀), 호랑이 그리고 단군이다. 단군은 하늘의 신 환웅의 아들이기에 우리 민족을 천손이라고 한다. 그렇다고 해서 환웅이 정말로 하늘에서 내려온 신이라고 해석하지는 않는다. 곰과 호랑이를 숭배하는 두 부족이 살고 있는 땅으로 외부에서 이주해 온 새로운 세력이었을 것이다.

서로 다른 부족이 맞부닥뜨리면 선택지는 두 가지이다. 전쟁을 할 것인가 아니면 화합할 것인가? 환웅족과 웅녀족은 결혼을 통해 화합을 이루고 그 아들 단군이 더 큰 나라, 즉 조선을 다스리는 군주가 되었다. 흥미로운 사실은 천손족과 곰을 숭배하는 웅녀족의 결합인데, 생물학적으로도 호랑이는 육식동물이어서 채소만 먹고는 살 수 없지만, 곰은 잡식성이어서 무엇이든 먹고 버틸 수 있다. 우리의 선조들이 신화를 만들 때, 이 점도 고려했던 것일까?

반면에 일본의 건국신화는 몹시 복잡하다. 8세기에 편찬된 고사기(古事記)의 내용을 아주 간단히 요약해 보자. 최대한 간단히 요약해도 머리가 핑 돌 것이다.

하늘과 땅이 처음 나누어진 이후 다카마가하라(高天原)에는 계속해서 신들이 나타났는데, 가장 마지막에 나타난 것이 이자나기(伊邪那岐)와 이자나미(伊邪那美)라는 남녀 신이었다. 남매였던 이자나기와 이자나미는 오노고로(能碁呂)섬에 내려와 결혼했다. 히루코(水蛭子)가 태어났으나 건강하지 않아 물에 띄워 보내 버렸다. 그 후 두 신은 계속 관계하여 많은 섬들과 신들을 낳았다. 마지막으로 불의 신을 낳았는데, 그 때문에 여신은 불타 죽었다.

이자나기는 요미노쿠니(黃泉國, 황천)로 여신을 찾아갔으나 구더기가 들끓고 있는 모습을 보고 놀라 달아났다. 이자나기는 불길한 기운을 씻어 내기 위해 히무카(日向)에 있는 타치바나노오도(橘の小門)의 아와키하라(阿波岐原)로 갔다. 그곳에서 왼쪽 눈을 씻자 아마테라스오오미카미(天照大御神)가 태어났고, 오른쪽 눈을 씻자 츠쿠요미노미코토(月讀命)가, 코를 씻자 스사노오노미코토(須佐之男命)가 태어났다. 이자나기는 3명의 신에게 타카마가하라와 밤의 세계인 요루노오스쿠니(夜食国) 그리고 바다인 우나바라(海原)를 나누어 다스리게 했다.

그러나 스사노오가 명령에 따르지 않고 죽은 어머니 이자나미가 살고 있는 나라로 가고 싶다고 울부짖자 화가 난 이자나기는 그를 추방했다. 스사노오는 누나인 아마테라스에게 호소하기 위해 타카마가하라에 갔으나, 아마테라스는 동생이 자신의 영역을 빼앗으러

온 것으로 오해했다.

두 신은 점을 치며 대립했다. 아마테라스는 스사노오의 검을 입에 넣고, 스사노오는 아마테라스의 '곱은 옥(曲玉)'을 입에 물고 힘껏 깨 문 다음 멀리 뿜어냈다. 그러자 스사노오의 입김에서는 남자 신, 아 마테라스의 입김에서는 여자 신이 태어났다. 스사노오의 검이 변해 여신이 되었으므로 스사노오가 나쁜 마음을 먹고 있지 않았다는 것 이 판명되었다.

그러나 스사노오는 자신의 승리에 우쭐해 난폭하게 굴었다. 그의 태도에 화가 난 아마테라스는 아마노이와토(天岩戶)에 몸을 감추었 고, 타카마가하라는 어둠으로 변했다. 이 문제로 천지 사방의 많은 신들이 상의하고 있는데, 아메노우즈메노미코토(天宇受賣命)가 아마 노이와토 앞에 내려와 가슴을 드러내고 치마끈을 내려 음부를 내보 이며 요란하게 춤을 추었다. 이에 모든 신들이 웃음을 터트리자, 궁 금해진 아마테라스가 무슨 소동인가 하고 바위 문을 여니 타카마가 하라가 다시 밝아졌다. 신들은 스사노오에게 여러 가지 제재를 가하 고 그를 추방했다. 스사노오는 이즈모쿠니(出雲国)의 히노카와(肥河) 라는 강의 상류로 내려왔다.

(이즈모는 오늘날 독도 문제로 분쟁하고 있는 시마네현(島根県)에 있는데) 이즈 모국풍토기(出雲国風土記)에 따르면, 스사노오의 4대손인 야츠카미즈 오미즈노노미코토(八束水臣津野命)가 "이즈모국은 처음에 작게 만들

었다. 여기에 너 이어 붙여 크게 만들사"고 했다. 마침 신라의 곶에 남는 땅이 있어 어린 여자아이의 가슴처럼 폭이 넓은 가래를 큰 물고기의 아가미에 내리꽂듯 신라의 튀어나온 땅에 내리꽂아 잘라 낸 다음, 세 가닥으로 꼰 그물을 걸고 "쿠니코 구니코(国來国來: 나라여 오라는 뜻)"라고 하면서 땅을 끌어당겨 이어 붙였다. 이것이 코즈(去豆)의 오리타에(折絶), 지금의 시마네현 오즈(小津) 해변이다.

그러니까 아마테라스의 남동생 스사노오가 내려온 곳이 바로 지금의 시마네현 이즈모라는 얘기가 된다. 흥미로운 것은 '신라의 땅을 끌어당겼다'는 내용인데, 실제로 땅을 끌어당길 수 없으므로, 이것은 고대 신라와 이즈모 간의 관계를 암시하는 것으로 봐야할 것이다. 이 얘기는 나중에 다시 하고, 아마테라스로 돌아가 보자.

세월이 흘러 스사노오의 6대손인 오오쿠니누시(大国主)가 하늘 세계인 다카마가하라와 지하 세계인 요미노쿠니 사이에 자리한 지상 세계인 아시하라노나카츠쿠니(蘆原中国)의 지배자가 되었다.
아마테라스는 아시하라노나카츠쿠니를 자신의 자손이 다스려야 한다고 생각해 타케미카츠치(建御雷)를 보내 오오쿠니누시의 아들들을 물리치고 그 땅을 빼앗았다. 그리하여 아마테라스의 자손인 니니기노미코토(邇邇藝命)가 그 땅의 지배자가 되어 히무카 지방의 타카치호(高千穗) 봉우리에 강림했다.

니니기의 아들 호오리노미코토(火遠理命)는 형 호데리노미코토(火照命)의 낚싯바늘을 빌려 낚시를 하다가 바늘을 바다에 빠뜨렸다. 호오리가 아무리 용서를 빌어도 형은 용서하지 않았다. 이에 호오리는 소금의 신 시오츠치(鹽土)의 도움을 얻어 바다의 신 와타즈미(海神)의 궁전으로 내려가 마침내 도미의 목에 걸려 있던 낚싯바늘을 찾았다. 그리고 바다 신의 딸 토요타마히메(豊玉毘賣)와 결혼해 돌아왔다.

호오리는 아내가 건네준 시오미츠(鹽盈) 구슬과 시오히루(鹽乾)를 이용해 형을 복종시켰다. 어느 날 호오리는 아내와의 약속을 어기고 아이를 낳기 위해 바닷가로 간 아내의 모습을 훔쳐보았다. 호오리의 아내는 그길로 바다로 돌아가 버렸다. 그녀가 낳은 아들 아마츠히코히코나기사타케우가야후키아에즈노미코토(天津日高日子波限建葺草葺不合命)의 아들이 바로 일본의 초대천황인 진무천황(神武天皇) 가무야마토이와레비코노미코토(神倭伊波禮毘古命)이다.

신화상 우리의 단군에 해당하는 이가 진무이니 여기까지면 충분하지만 호오리를 다른 이름으로 '야마사치(山幸彦)', 호데리를 '우미사치(海幸彦)'라고 한다는 점을 밝혀둔다. 왜냐하면 지금까지 등장한 이름들이 미야자키에 있는 신사 혹은 신궁들과 관계가 있기 때문이다. 그나저나 일본의 건국신화는 왜 이토록 복잡한 것일까?

타카치호(高千穗) 아마노이와토신사(天岩戸神社)에 있는 아마테라스오오미카미의 동상

유우슈우 역사기행

신사와 천황

—

아오시마(青島)는 둘레가 1.5km밖에 되지 않는 작은 섬으로 육지와 다리로 연결돼 있어 산책하듯 건너갈 수 있다.

열대와 아열대지방에서 볼 수 있는 특이한 식물들이 많아 섬 전체가 사적명승특별기념물로 지정되었으며, 파도의 침식 작용으로 만들어진 특이한 암반인 오니노센타쿠이타(鬼の洗濯板: 도깨비 빨래판)도 천연기념물로 지정돼 있다.

섬 한가운데에 규모는 크지 않지만, 바로 앞서 등장한 야마사치와 토요타마히메, 시오츠치를 모시는 아오시마신사(青島神社)가 있다. 토요타마히메는 니니기의 아내이고 야마사치는 이들의 아들로 진무의 아버지이다.

아오시마신사의 원궁(元宮)이라고 전해진다. 이곳에서 야요이(彌生) 토기가 출토돼 고대에 신을 모시는 작은 사당(小祠)이 있었고, 제사를 지낸 것으로 추정한다.

　단군신화에 견주면 '야마사치=환웅, 진무=단군'이라고 할 수 있다. 즉 이곳은 일본의 천황가와 직접 관계가 있는 신사라는 것이다.

　아오시마에서 남쪽으로 25km 거리에 있는 우도신궁(鵜戸神宮)은 토요타마히메가 야마사치를 낳은 곳으로 주재신은 야마사치이며, 그의 할머니와 할아버지가 되는 아마테라스와 니니기 등 많은 신들을 모시고 있다.

　그런가 하면 미야자키 시내에는 진무천황을 모시는 미야자키신궁

유우슈우 역사기행

해안 동굴에 지어진 우도신궁

(宮崎神宮)이 있고, 쿠마모토현에 가까운 미야자키 북단 타카치호(高
千穂), 이른바 천손강림지라고 하는 곳에는 아마테라스를 모시는 아
마노이와토신사(天岩戸神社)가 있다. 이렇듯 미야자키에 있는 많은
신사들은 천황가와 관계가 깊다.

'신사'란 무엇인가

—

             일본 어디에서나 신사(神社)를 볼 수 있는데, 'ㅇㅇ신사', 'ㅇㅇ신궁', 'ㅇㅇ궁', 'ㅇㅇ대사' 등 이름이 제각각이다. 신궁이란 위 우도신궁이나 미야자키신궁, 토우쿄의 메이지신궁처럼 천황가와 관계가 있으며, 신사 중 가장 격이 높다.

   그냥 '궁'이라고 이름붙인 곳도 있는데, '미야'라고 읽을 때는 그냥 신사이며, 토쿠가와 이에야스를 제신으로 하는 닛코우(日光)의 토우쇼우구우(東照宮)나 후쿠오카의 텐만구우(天滿宮)처럼 '구우'라고 읽으면 신궁과 동일한 격을 갖는다.

   대사(大社)는 신사의 격을 대중소로 나누었을 때, '대사'의 사격을 부여받은 것으로 이즈모대사(出雲大社)나 나라(奈良)의 카스가대사(春日大社)가 유명하다. '대사'라는 명칭은 본디 아마테라스의 자손인 니니기노미코토에게 국가를 양보한 스사노오의 6대손 오오쿠니누시노미코토(大国主命)의 공적을 기리는 의미에서 그를 모시는 신사를 '이즈모대사'라고 한 데서 기원했으나, 현재는 사용 범위가 넓어졌다. '대사(大社)'라고 쓰고 '타이샤'라고 읽는다.

그러니까 신사의 격이나 규모에 따라 '신궁-궁 · 대사-신사'라고 부르는 것인데, 신도의 정점에 천황가가 자리하고 있는 것을 보

진무천황을 모시는 미야자키신궁.

면, 여전히 일본은 만세일계의 천황을 최고의 신으로 모시는 나라인 것 같다. 현재 일본의 신사본청(神社本庁)에 따르면 일본 전토에 각각의 신을 모시는 8만 개나 넘는 신사가 있는 것으로 파악된다. 어떻게 해서 이렇게 많은 신사가 존재할 수 있을까?

아마테라스나 니니기는 본디 신이지만, 일본의 신도는 사람이 죽

으면 모두 '신'이 된다고 생각하므로 새롭게 지어지는 신사도 많다. 전국적으로 동일한 신을 모시는 '텐만구우' 같은 곳도 있지만, 일본의 3대신사로 아마테라스를 모시는 미에현(三重縣)의 이세신궁(伊勢神宮), 토우쿄의 메이지신궁(明治神宮), 오진천황(応神天皇)을 주신으로 하는 오이타(大分)의 우사신궁(宇佐神宮)처럼 각각의 신을 모시는 곳도 있고, 지역의 신을 모시기 위해 새롭게 창건된 곳도 많다.

🌏 사람이 만든 신

역사가 짧은 신사 중 대표적인 것이 바로 무진전쟁(戊辰戰爭)에서 태평양전쟁에 이르기까지 나라를 위해 싸우다 전사한 군인과 군속들을 신으로 모시는 야스쿠니신사다. 이곳은 메이지2년인 1869년 동경초혼사(東京招魂社)라는 이름으로 창건되었고, 1879년에 이름을 야스쿠니신사(靖国神社)로 바꾸었다.

이밖에 러일전쟁의 영웅인 토우고우 헤이하치로우(東郷平八郎)를 모시는 토우고신사(東郷神社)가 토우쿄 하라주쿠(原宿)에 있고, 메이지천황이 죽자 뒤를 따라 순사한 육군대장 노기 마레스케(乃木希典)를 모시는 노기신사(乃木神社)가 토우쿄 아카사카(赤坂)에 있다. 일본인들은 신이 그들을 지켜준다고 믿어서인지 계속해서 신을 만들어낸다. 신이 인간을 만드는 게 아니고 사람이 신을 만든다는 김달수 선생의 말에 100% 공감한다.

그럼 이제 신사의 구조에 대해 알아보자. 신사 입구에는 속세와 성지를 구분하는 문인 토리이(鳥居)가 서 있다. 경내에는 신령을 모시는 혼덴(本殿 본전)과 참배객들이 신께 예를 표하고 기도하는 하이덴(拜殿 배전), 신관이 종교 의식을 행하는 헤이덴(幣殿 폐전) 등으로 이루어져 있고, 규모가 큰 신사는 신을 위해 일본 고유의 무악을 연주하는 장소로 카구라덴(神楽殿 신락전)을 갖추고 있다.

혼덴에 모시는 신령은 대개 거울로 표현된다. 제사를 할 때 신령이 거울에 깃든다고 생각하기 때문이다. 그러니까 건물 안에 거울 외에 특별한 것은 없다. 사실 혼덴은 출입 엄금이라 들어가 보지 못해서 뭐가 있는지 본 적도 없다. 더러는 헤이덴만 있는 신사도 있는데, 이런 신사는 헤이덴 뒤의 자연물인 큰 바위나 나무, 산 등을 신체로 모신다고 보면 틀리지 않을 것이다.

마당에는 수호동물의 상인 코마이누(拍犬)가 있고, 손을 씻는 테미즈야(手水屋)가 있는데, 이곳에서 물을 마시는 이들은 대부분 외국인이다. 특히 한국인들은 테미즈야를 한국 절에 있는 샘물 마시는 시설로 착각해 실수하는 경우가 많다. 그리고 신사의 업무를 보는 사무실이 있고, 길흉을 점치기 위해 뽑는 오미쿠지(おみくじ)를 파는 곳과 그것을 거는 장소 등이 있다. 길점이 나온 오미쿠지는 성취를 위

해, 흉점이 나온 오미쿠지는 나쁜 운을 막기 위해 건다.

신사에 가면 어떻게 행동하면 될까? 일본 사람들에게 신성한 장소이니, 이방인이라 하더라도 점잖게 신사적으로 행동하면 된다. 간혹 일본 사람들을 따라 절을 하거나 박수를 치는 이들이 있는데, 상당한 주의가 필요하다. 한국 사람들은 '신사' 하면 일제강점기 때 강요받은 신사참배의 악몽을 떠올리는 경우가 많으므로, 종교를 초월해 교회나 성당, 절에 가서 신이나 부처님께 예를 표하는 것과는 좀 달리 인식한다.

그러나 텐만구우의 주신인 스가와라노미치자네(菅原道眞)가 신라계라는 설을 굳게 믿는다면, 스스럼없이 경배해도 될 것이다. 임란 때 끌려간 이삼평을 모시는 아리타의 토우잔신사라면 답사원 중 일인인 이상혁 교수처럼 경건하고 공손하게 경의를 표해도 좋을 것이다. 미야마의 옥산궁 같은 곳도 당연히 포함해야 하겠다. 이밖에도 도래계 신을 모시는 신사가 굉장히 많은 것으로 보고되었다.

일본인들에게 신사 참배는 일상화되어 있다. 입시 때가 되면 전국의 텐만구우는 발 딛을 틈조차 없다. 결혼식도 신사에서 많이 하고, 뜻밖의 사고가 생겼을 때도 신사에 가서 기도를 하며, 정초에는 신사에서 새해를 맞는 하츠모우데(初詣で)라는 의식을 한다. 한국의 절이 산 속에 있는 것과는 대조적으로 신사는 일본 어디에나 있다. 동네 어귀, 산, 바다, 들, 빌딩숲 가운데에도 있다.

한 가지 흥미로운 것은 일본인에게 당신은 어떤 종교를 믿느냐고 물었을 때, 신도라고 대답하는 이는 거의 없다는 것이다. 메이지천황의 칙령 12호를 통해 천황가가 정점에 서 있는 국가신도를 모든 종교를 초월하는 교육의 기초로 삼았다는 사실을 잊은 것일까? 기독교나 불교, 이슬람교 같은 것들만 종교라고 인식할 정도로 일본인에게 신도는 종교 이전에 생활이자 삶이 되어버린 것 같다.

'헤이와노토우'는 평화의 탑인가?

—

　　　　　　　　　　미야자키시가 내려다보이는 해발 60m
헤이와다이공원(平和台公園)에 흥미로운 물건이 하나 있다. 바로 이
공원을 대표하는 '평화의 탑(平和の塔)'이다. 푸른 숲에 둘러싸인 짙은
회색과 검정, 어두운 갈색 등이 뒤섞인 거대한 돌덩어리가 눈에 잘
띄는 것은 너무나 당연한 것이겠지만, 그래서 뭔가 좀 파괴적인 느
낌을 준다.

　이 탑은 1939년 '기원2600년기념사업'의 일환으로 착수되었고,
준공은 1940년 11월 15일이었다. 묘한 시기에 만들어진 '평화'를 염
원하고 상징하는 탑이다. 서양의 침략에 대항해 일본이 아시아를 지
키고 일본 중심의 새로운 질서를 갖는 대동아공영권을 건설한다는
것이 목표였지만, 현실적으로 그들이 취한 길은 만주와 중국을 제압

　　　　　　　　　　　　　　　　　　　　유우슈우 역사기행

국토봉환(国土奉還): 오오쿠니누시의 아들들이 아마테라스의 사자에게 땅을 양보하는 장면

하고 오랫동안 서양세력의 지배를 받아온 인도차이나, 말레이시아, 필리핀 등을 군사적으로 점령하는 것이었다. 1931년 만주사변에서 1945년 패전까지 일본은 이미 15년 전쟁의 소용돌이 속에 뛰어든 상태였다.

　밖으로는 이웃 국가들을 침략하고 안으로는 온 국민을 전시 총동원체제에 묶어 놓고는 그 한편에서 평화를 기원한다는 것은 상식적으로 앞뒤가 맞지 않는 행동이다. 비상식과 몰상식을 경험한 것이 한두 번이 아니지만, 과연 그들이 얘기한 '평화'란 어떤 것이었을까? '일본이 전쟁에서 이기면, 그래서 전쟁이 끝나면 평화가 온다는 뭐

　　　　　　　　　　　　　　　유우슈우 역사기행

그런 얘기 아니겠느냐는 지인의 냉소적인 농담에도 머리는 상쾌해 지지 않았다.

우리가 공원을 방문한 날, 마침 탑 내부를 공개하고 있었다. 입구에서 빌려주는 플래시를 들고 안으로 들어서니 정면에 걸린 서반구와 동반구를 담은 석고 부조가 눈에 들어왔고, 니니기노미코토가 창을 들고 땅으로 내려온 장면, 오오쿠니누시의 아들들이 아마테라스의 사자 타케미카츠치(建御雷)에게 땅을 양보하는 장면, 1867년 대정봉환(大政奉還)으로 쇼우군(將軍) 토쿠가와 요시노부(德川慶喜)가 통치권을 조정에 반납한 이후 메이지천황이 쿄우토에서 토우쿄우로 천도하는 장면 등이 담긴 부조 8개가 내부 3면을 장식하고 있었다.

이 모든 것을 만든 이는 이 탑을 설계한 조각가로 일본축구협회의 심벌인 야타가라스(八咫烏)를 디자인한 히나고 지츠조우(日名子實三)다. 야타가라스는 진무천황이 지금의 오오사카지방인 야마토로 동정할 때 길 안내를 했다는 다리가 셋 달린 까마귀이다. 일본 축구 응원단 우루토라스 닛폰(ウルトラス・ニッポン: 울트라 닛폰)의 심벌 역시 야타가라스다.

'울트라(ultra)'는 중의적이다. 왜냐하면 긍정과 부정의 느낌이 드는 뜻을 동시에 갖고 있기 때문이다. 좋게 말하면 '크다, 최고, 열정적'이란 뜻이지만, '극단적인, 과격한'이란 뜻도 있다. '크고 열정적인 일본'이면서 언제든지 '과격하고 극단적인 일본'이 될 수도 있다는 걸까? 한국도 '붉은 악마'란 이름을 갖고 있는데, '붉은 천사'라고 하면 좋지 않았을까?

일본인들은 일본(日本)이란 국명을 발음할 때, '니혼'과 '닛폰' 두 가지로 한다. 이게 의아해서 일본의 지인들에게 물어보고는 했는데, 단 한 사람도 이유를 설명해주는 이가 없었다. 오랫동안 의혹을 풀지 못했는데, 이번에 답사를 준비하면서 여러 자료를 뒤적거리다가, 1934년에 일본정부가 '日本'을 '니혼'이 아니라 힘과 위엄이 느껴지는 '닛폰'으로 읽도록 발음을 정했다는 것을 알게 되었다. 1934년이면 만주를 넘어 중국 본토를 넘보던 때여서 이 같은 발상까지 나온 모양이다.

🌏 팔굉일우

평화의 탑은 높이가 36.4m이고, 탑의 사면에는 무인 · 어민 · 농민, 상공인을 상징하는 사신상이 세워져 있다. 사신상이 같은 높이에 배치된 것은 사농공상의 차별이 없는 평등한 세상을 의미한다. 무엇보다도 눈길을 끄는 것은, 쇼우와천황(昭和天皇)의 동생 치치부노미야 야스히토신노우(秩父宮雍仁親王)가 썼다는 탑 정면의 '팔굉일우(八紘一宇)'라는 글자다.

'팔굉일우'란 천하를 하나의 집으로 만드는 것을 의미하고, 그 집은 당연히 일본이다. 팔굉의 '팔'과 탑 내부를 장식한 8개 부조의 '8'은 의도적으로 맞춰진 숫자임에 틀림없다. 도대체 '8'은 어떤 의미를 갖는 것일까?

'팔굉일우'는 『일본서기(日本書紀)』에 나오는 말이다. 진무천황(神武天皇)이 야마토(大和)의 카시와라(橿原)에 수도를 정하고, "팔굉을 덮어 집으로 삼겠다"라고 했는데, 여기서 팔굉(八紘)은 '전 세계'라는 의미이니까, 온 세상을 자신의 집으로 삼겠다는 것이고, 이것은 곧 국토창생의 당위성으로 연결된다.

이제 '팔굉일우'를 새긴 '평화의 탑'이 왜 이곳 미야자키에 세워졌는가 하는 의문도 자연스럽게 풀린다. 진무의 할아버지인 니니기가 강림한 곳이 바로 지금의 미야자키이고, 시내에 있는 미야자키 신궁은 진무를 제신으로 모시고 있다. 그러니까 1940년을 전후한 일본은 그들의 역사가 시작되었다고 생각하는 신령한 땅에 그들의 위대한 역사를 시작한 초대천황 진무의 포부와 이상을 다시 한 번 상기하고 각인함으로써 선조의 뜻을 잇는 자랑스러운 후손으로서 대동아공영권 건설의 깃발을 높이 들고 전쟁의 당위성을 역설했던 것이다.

헤이와다이공원은 미야자키 시민들에게 큰 사랑을 받고 있다. 마

음 놓고 뛰놀 수 있는 놀이터도 있고, 잔디스키장도 있고, 일본의 고분에서 출토된 하니와(はにわ)를 전시하는 하니와원(はにわ園)도 있다. 산책하기도 좋고, 바람을 쐬기에도 좋으며, 구경하기도 좋고, 잔디밭에 누워 낮잠을 자기도 좋고, 연인과 데이트하기도 좋고, 해바라기하기도 좋고, 시내 너머 보이는 망망대해를 감상하기도 좋다.

1년 365일 많은 사람들이 이곳을 찾는다. 풍선을 흔들며 웃는 아이, 배드민턴을 치는 가족, 양지 바른 곳에 놓인 긴 의자에 나란히 앉은 연인들, 하니와로 장식된 카페에서 커피를 마시며 수다를 떠는 여성들의 모습은 평화스럽다. 외지에서 온 여행자들도 평온하고 따뜻한 풍경 속으로 잠시 들어가 본다.

우리가 바라는 진정한 평화는 전 세계를 피비린내 나는 전장으로 만든 '팔굉일우'가 아니고, 이렇게 소박한 일상을 지키는 것이라 믿는다.

유우슈우 역사기행

백제왕의 전설을 찾아서

—

　　　　　11월 19일 아침 8시 호텔을 출발, 아오시
마신사, 헤이와다이공원, 이키메고분군(生目古墳群)을 둘러보고, 난
고우손(南郷村)에 있는 쿠다라노사토(百濟の里: 백제마을)로 향했다. 오
전 일정을 소화하다 보니, 예정보다 시간이 늦어져 점심 먹을 시간
이 여의치 않았는데, 우연히 발견한 도로 옆 도시락 집에서 간단히
한 끼를 해결하고, 쏟아지는 빗속을 부지런히 달려 목적지에 도착했
다. 이키메고분군에서 70km 정도 거리지만 오지 마을의 좁은 도로
를 달리다 보니 2시간 가까이 걸렸다.

　난고우손은 면적의 90%가 산지이고 농사를 지을 수 있는 땅은
10%가 채 되지 않는 작은 산골 마을이다. 미야자키 동쪽 해안 도시
인 휴우가시(日向市)로부터 약 40km 거리이니, 차로 1시간 정도면

닿을 수 있다. 그러나 이
건 도로가 뻥 뚫린 요즘
얘기이고 과거에는 구불
구불 산길을 걸어 90km
정도를 이동했다고 하
니, 하루 종일 쉬지 않고
걸어도 3일은 족히 걸렸
을 것이다. 이처럼 말 그
대로 오지 산골마을인데, 이곳이 어떻게 '백제마을'이라는 이름을
갖게 되었을까?

663년 백촌강 전투에서 백제와 왜 연합군이 패했을 때, 많은 백제
왕족과 귀족들이 바다를 건너 일본으로 갔다. 『일본서기』에 의하면
백제인 400여 명은 오우미노쿠니(近江国) 칸자키군(神崎郡)에 거주하
게 되었고, 도래한 2,000여 명에게 왜 조정은 3년간 관식을 주었다
고 하는데, 이 가운데 정가왕(禎嘉王) 일행이 있었다.

672년 야마토정권에서는 텐지천황(天智天皇)의 동생인 오오아마
황자(大海人皇子)가 지방 호족들을 규합해 텐지의 아들인 오오토모
황자(大友皇子)에 반기를 들어 삼촌이 조카를 죽이고 왕위에 오르는
'임신의 난(壬申の乱)'이 일어났다. 숙질 간에 벌어진 권력쟁투의 혼란
속에서 정가왕 일가는 배를 타고 오오사카를 떠나 거친 바다를 항해

유우슈우 역사기행

하다가 지금의 휴우가시(日向市) 해안에 표착했다고 한다.

그런데 난고우손(南鄉村) 니시노쇼우소우인(西の正倉院)에 있는 비기대명신본연기(比木大明神本緣記)에는 정가왕이 휴우가에 온 것을 756년으로 기록하고 있기 때문에 정가왕의 이주를 임신의 난과 직접 관련짓는 데 어려움이 있다는 지적도 있지만, 대체로 임신의 난으로 폭발한 백제계와 신라계의 권력 다툼에서 설 자리를 잃은 백제계 정가왕이 화를 피해 피신한 것으로 보고 있다.

정가왕을 모시는 미카도신사(神門神社)에서 발견된 비단묵서(緋緞墨書)에는 의자왕의 아들 풍장이 백촌강 전투에서 패한 후 고구려로 건너간 뒤에, 그의 아들 사(絲) 왕자가 일본으로 자리를 옮겼다고 한다. 후쿠슈쿠 타카오(福宿孝夫) 교수는 그의 후손이 바로 정가왕이라고 추정하고 있는데, 아쉽게도 정가왕이라는 이름은 고사기, 일본서기, 한국의 삼국사기, 삼국유사 등 어디에서도 그 이름을 찾을 수 없다.

휴우가에 도착한 정가왕 일행은 추격군에 의해 일족이 멸하는 것을 피하기 위해 흩어지기로 결정하고, 점괘에 따라 정가왕은 정착지를 찾아 산중 오지로 향했는데, 사방이 산으로 둘러싸인 분지를 발견하고 정착한 곳이 바로 미카도(神門), 즉 오늘의 난고우손(南鄉村)이다. 한편 정가왕의 장남 복지왕(福智王) 역시 공을 던져 길지를 점쳤는데, 떼굴떼굴 굴러간 공이 멈춘 곳은 히키(比木)였다.

이렇게 성가왕은 미카도에 복지왕은 히키에 떨어져 살게 되었는데, 아니나 다를까, 이들의 뒤를 쫓아온 추격군이 정가왕을 공격했고 이 소식을 들은 복지왕이 아버지를 구하기 위해 한걸음에 달려와 목숨을 건 일전을 불사했지만, 불행히도 화살을 맞은 정가왕이 사망했다.

훗날 정가왕은 미카도신사(神門神社)의 주신이 되었고, 왕비는 해변에 있는 오오토시신사(大歳神社 또는 大年神社), 장남인 복지왕은 히키신사(比木神社), 차남인 화지왕(華智王)은 이사카신사(伊佐賀神社)에 모셔졌다. 이후 주민들은 해마다 12월이면 정가

사이토바루고훈군 중 오니노이와야(鬼の窟)고분. 6세기 후반에서 7세기 전반에 만들어졌다. 2007년 촬영.

왕과 복지왕 부자의 상봉을 재현하는 시와스마츠리(師走祭)를 벌였고, 이것이 1,300여 년이란 오랜 세월 동안 끊이지 않고 이어지고 있는 것이다.

미야자키는 일본 역사가 발원한 곳답게 4~7세기에 이르는 고분 시대에 조영된 많은 고분들이 있다. 사이토바루고분군(西都原古墳群)

유우슈우 역사기행

을 비롯해 뉴우타바루고분군(新田原古墳群), 타카나베고분군(高鍋古墳群), 이키메고분군(生目古墳群) 등에서 150기가 넘는 전방후원분을 포함해 1,200기 정도의 고분이 발견되었다.

전방후원분(前方後圓墳)은 말 그대로 앞은 네모지고 뒤는 둥근데, 이는 하늘은 둥글고, 사람이 사는 땅은 네모지다는 천원지방(天圓地方)과 통한다. 실제로 매장시설인 관이 들어가는 곳은 뒤쪽 원형의 분구 아래로, 죽음은 곧 하늘로 돌아가는 것을 의미함을 무덤의 형태만으로도 알 수 있으니, 세상에 의미 없이 만들어진 것은 없지 않나 싶다.

또한 이처럼 많은 숫자의 고분이 만들어졌다는 것은 당시 난고우손이 속한 미야자키 일대에 상당한 정치 세력들이 활동했음을 의미한다. 어디까지나 추측이지만, 난을 피해 오오사카를 떠난 정가왕 일행이 단순히 파도와 바람에 밀려 표착했다고 보기보다는 자신들을 보호해 줄 수 있는 세력이 존재하고 있던 휴우가지역을 목표로 도피했을 가능성이 더 크다. 파도에 떠밀려 표착했는데 선주민들이 적군이라면, 늑대를 피하려다 다른 늑대나 호랑이를 만난 것과 다를 바 없다. 예나 지금이나 유사시에는 가족이나 지인 등 연고가 있는 곳, 안전한 곳을 찾는 법이다.

1,300년의 오랜 역사와 전통을 지닌 시와스마츠리가 한국에 알려진 것은 1980년대 후반이었다. 1980년대 일본에서 '마을 만들기' 운

동이 펼쳐지자, 난고우손 주민들은 마을에 백제왕에 대한 전설이 내려오고 있고 백제왕을 모시는 신사도 있으니, 백제를 살려 마을을 살리기로 했고, 하라다 스미오(原田須美雄) 씨를 포함한 마을 대표 3명은 백제의 마지막 도읍이었던 충남 부여로 날아갔다.

느닷없이 들이닥친 일본 노인들이 백제마을을 만들겠다고 하니 당황한 쪽은 부여시청 공무원들이었다. 하지만 이들은 진지했다. 그 결과 1990년 주일 한국대사관과 후쿠오카 총영사관의 도움으로 얻은 설계도에 따라 부여 왕궁터에 있었던 객사를 실제 크기로 복원해 '백제관'을 세울 수 있었다. 단청도 한국에서 온 장인들이 직접 했고 기와와 백제 전통 문양이 찍힌 보도블록도 한국에서 특별 주문한 것이었다.

1996년에는 미카도신사에서 나온 정가왕의 유물 24점을 특별 관리하기 위해 나라현 동대사(東大寺) 왕실 유물 창고인 쇼우소우인(正倉院)을 본뜬 '니시노쇼우소우인(西正倉院 서정창원)'을 건립했다. 주민들은 '서정창원'을 세우느라 빚을 내기도 했지만 관광객들이 많이 찾아온 덕분에 입장료 수입만으로 부채를 다 갚을 수 있었다고 한다. 난고우손의 백제마을 만들기는 산토리문화상(サントリ文化賞) 등 22개의 지역발전공로상을 받았다.

우리 일행은 제일 먼저 미카도신사를 방문했다. 미카도신사는 718년에 창건되었다고 하는데, 지금 서있는 본전은 1661년 건립된

미카도신사 본전. 앞은 배전이고 뒤로 본전이 이어져 있다.

것이라 하니, 이 마을에서 볼 수 있는 가장 오래된 건축물로 화려한 장식 없이 소박한 자태를 지니고 있다. 지난 2000년에 큐우슈우남부지방 건축의 발전을 알 수 있는 중요한 유물로 인정되어 국가중요문화재로 지정되었다.

　니시노쇼우소인은 미카도신사 바로 옆이다. 2007년에 방문했을 때와는 달리 유니폼 차림의 사람들이 부산하게 움직이는 게 다소 소란스러웠는데, 아니나 다를까, 가는 날이 장날이라고 일본 엔카 가수 마츠바라노부에(松原のぶえ)가 나스이석유상사(那須石油商社) 50주

마츠바라노부에의 콘서트가 열리고 있는 니시노쇼우소우인 앞마당

년기념콘서트를 하고 있었다. 뜻밖에 일본 유명 가수의 라이브를 감
상했지만, 니시노쇼우소우인은 임시 휴관이었고, 정가왕이 남긴 동
경과 마령(馬鈴), 마탁(馬鐸) 등 유물을 감상할 수 없었다.

박물관 관계자에게 한국에서 왔다고 하니, 먼 길 오셨는데, 박물
관이 휴관이라 정말 미안하다며, 백제관(百濟の館)을 안내해 주었다.
60대 초반으로 보이는 남자 해설사였는데, 정가왕의 전설에서부터
백제관 건립에 얽힌 이야기, 전시물 등에 대해 상세하게 설명해 주
었다.

시와스마츠리(師走祭)는 해마다 한 번 아들 복지왕이 아버지 정가

왕을 만나러 가는 것을 의식화한 것이다. 음력 12월 14일에 복지왕의 신주를 모신 제관들이 히키신사를 출발, 닷새 만에 미카도신사에 도착, 이틀간 제사 의식을 갖고, 23일에 히키신사로 돌아온다. 본디 9박10일 동안 치러지는 큰 행사였는데, 태평양전쟁 후에 2박3일로 기간을 단축했다고 한다. 여러 가지 사정이 있었겠지만, 마을의 인구 감소, 예산 조달 등이 가장 큰 문제였을 것이다.

흥미로운 것은 헤어질 때 하는 인사말이다. 복지왕의 신위가 다시 히키로 돌아갈 때 마을 사람들은 '오사라바(おさらば: 안녕)'라고 외친다. 요즘 일본인들은 주로 '사요나라(さよなら: 안녕)'라는 말을 많이 쓰지만, 역사극에서 '사라바'라는 말을 들을 수 있다. 그렇다면 '사요나라'의 고풍스러운 표현이라고 할 수도 있겠지만, 왠지 한국어 '살아 봐'와 비슷하다.

일본어로 해석이 안 되는 일본의 옛 노래 '만요우(万葉)'를 고대 한반도어로 풀어야 한다고 주장하는 이영희 교수는 '사라바'가 한국어 '살아 봐'에서 왔다고 한다. 그의 주장이 맞는다면, 오오사카 시텐노오지(四天王寺)의 '왓소마츠리(ワッソ祭り)'의 '왓소'가 한국어 '왔소'가 화석처럼 굳어서 오늘날 마츠리 이름에 남아있는 것과 마찬가지로 한국어 '살아 봐'가 일본어 '사라바'로 남은 것으로 추정할 수 있다. 일본어에는 '왔소(ワッソ)'라는 단어가 없다.

종과 자물쇠

—

　　백제관을 둘러보고 난 다음 코이비토노오카(戀人の丘: 연인의 언덕)에 올랐다. 부여 낙화암에 있는 백화정과 똑같은 모양과 이름의 정자가 있고, 그 안에는 우호의 증표로 한국에서 보낸 종이 걸려 있다. 연인, 부모, 형제자매가 이 종을 치면 인연이 깊어지고, 이 종 앞에서 사랑을 맹세하면 영원히 변치 않는다고 해서 특히 젊은 연인들이 많이 찾는다고 한다. 그래서인지 정자 한편에는 하트 모양의 걸대에 이곳을 방문한 연인들의 '사랑의 자물쇠'가 가득 걸려있었다.

　　일반 여행자들에게 쿠다라노사토는 접근하기 쉬운 곳이 아니다. 급조된 마을이라는 비판과 함께 니시노쇼우소우인 소장 유물을 크게 평가하지 않는 이들도 없지 않다. 2003년부터 2008년까지 시와스마츠리를 조사한 츠지 시호(辻志保) 박사는 백제왕 전설이 시와스마츠리를 탄생시킨 것이 아니고, 옛날부터 있었던 제사에 훗날 백제왕 전설을 적용했다는 견해를 밝히기도 했다.

사실 정가왕의 출신, 난고우손에 정착한 연대, 배경에 관한 정확한 역사를 밝히는 것은 쉽지 않은 일이다. 그렇지만 고대 한반도와 일본 간의 활발했던 교류를 생각하면, 많은 학자들이 미야자키에서 발견된 고분의 주인공들이 도래인이라고 주장하는 것을 보면, 전설의 주인공인 정가왕의 존재는 자연스럽고, 역사적 사실일 가능성이 높다.

모양과 이름이 부여 낙화암에 있는 것과 같은 백화정

쿠다라노사토는 작은 마을이고, 관람객들이 줄을 설 만한 어마어마한 보물을 갖고 있는 곳은 아니다. 잘 알면서도 우리는 쿠다라노사토를 방문했다. 왜 방문했느냐고 묻는다면, 쿠다라노사토라는 이름이 반가웠고, 거기 쿠다라노사토가 있어서 방문했다고 대답하련다.

정가왕 전설은 1,300년을 거슬러 올라가는 케케묵은 역사지

만, 한국과 쿠다라노사토를 잇고 있었다. 오랫동안 잊고 있었는데 1,300년 넘게 시와스마츠리를 지켜오고, 쿠다라노사토를 만들고 마을의 역사를 알리기 위해 애쓴 사람들 덕분에 길은 다시 연결되었다. 정가왕이 없었다면 시와스마츠리도 없었을 것이고, 이 마을 사람들이 부여를 방문하는 일도 없었을 것이며 한국에서 온 여행자를 따뜻하게 맞아준 해설사의 상냥한 미소와 다정한 음성도 만날 수 없었을 것이다.

유우슈우 역사기행

신화의 무대를 찾아서

—

오후 4시 코이비토노오카를 출발해 타카치호(高千穂)로 향했다. 거리는 80km, 예상 소요 시간 1시간 40분. 그러나 통상 더 걸린다고 봐야 한다. 일몰 전에는, 늦어도 7시 30분 전에는 이마쿠니료우칸(今国旅館)에 도착해야 한다. 타카치호신사(高千穂神社)에서 매일 저녁 8시에 공연하는 요카구라(夜神楽)를 보기로 했기 때문이다. 일찍 도착하면 저녁을 먹고 공연장으로 갈 수 있다.

388호 국도를 타고 북상하다가 현도 20호로 갈아타고, 다시 신화가도(神話街道)를 타고 달린다. 신화가도란 이름이 흥미롭다. 갈수록 산은 깊어지고 고도는 높아졌다. 다시 국도 218호, 현도 203호, 현도 50호로 길을 바꾸며 6시쯤 타카치호에 도착했다.

여관에서 타카치호에서 유명한 소고기 스테이크를 파는 나고미

(和)라는 식당 위치를 물었더니, 토요일이라 이미 만석일 것이라고 했다. 하긴 일본에서 유명한 맛집들은 미리 예약을 해야 한다. 아예 예약을 받지 않는 곳도 많다. 저녁을 어떡하나 하고 잠시 고민을 하는데, 갑자기 들어온 예약 취소 때문에 그들을 위해 준비한 식사 4인분이 남는단다. 어쩌면 우리랑 인원수까지 딱 맞을까? 이런 걸 불행 중 다행이라고 하는 걸까? 여하간 그분들 덕에 1인당 2,000엔에 나름대로 훌륭한 카이세키요리(懷石料理)를 먹을 수 있었다.

7시 20분, 여관에서 제공하는 셔틀버스로 타카치호신사로 갔다. 버스 안에는 우리 말고도 10여 명 더 있었다. 신사에 도착하니, 공연장인 카구라덴(神樂殿) 타타미(疊)가 깔린 바닥에 벌써 반쯤 사람들이 자리를 잡고 앉아 있었다. 공연은 8시. 잠시 바깥 구경을 하면서 시간을 보내고 있었는데 사람들이 구름처럼 모여들더니, 8시 직전에는 입추의 여지없는 지경이 되어 맨 뒤에서 공연을 봐야 했다. 단체관광을 비롯해서 가족, 연인, 친구 등등 남녀노소 구별 없이 객석을 꽉 채웠다. 자, 그럼 이제 무대 위에서 펼쳐지는 배우들의 연기와 함께 다시 한 번 신화의 세계로 여행을 떠나보자.

이자나기(伊邪那岐)와 이자나미(伊邪那美) 사이에서 아마테라스오오미카미(天照大御神), 츠쿠요미노미코토(月讀命), 스사노오노미코토(須佐之男命)가 태어났고, 아마테라스와 스사노오가 서로 대립하다가, 화가 난 아마테라스가 아마노이와토(天岩戸)에 몸을 감추자, 타카마가하라(高天原)는 칠흑 같은 어둠으로 뒤덮였다.

이 문제로 천지 사방의 많은 신들이 아마노야스카와라(天安河原)에 모여 상의하고 있는데, 아메노우즈메노미코토(天宇受賣命)가 아마노이와토 앞에 내려와 가슴을 드러내고 치마끈을 내려 음부를 내보이며 요란하게 춤을 추었다. 이에 모든 신들이 웃음을 터트리자, 궁금해진 아마테라스가 무슨 소동인가 하고 바위 문을 여니 타카마가하라가 다시 밝아졌다.

공연은 바로 이 대목, 아메노우즈메노미코토가 요상한 춤을 추어 동굴에 숨은 태양의 신 아마테라스를 끌어내는 장면을 연기했다. 음악과 춤과 연기만으로는 딱히 재미있다고 할 만한 것은 아니었지만, 일본인 관람객들의 반응은 뜨거웠다. 10여 년 전 처음으로 카부키

를 보러 갔을 때, 토우쿄우 카부키좌(歌舞伎座)를 4층까지 꽉 채운 일본인들의 모습이 새삼 떠올랐다.

얘기가 옆으로 좀 새지만, 일본에는 『라쿠고(落語)』라는 공연이 있다. 한국어로는 '만담'에 해당한다. 만담꾼이 무대 위에 마련된 방석에 앉아, 한국으로 치면 『선녀와 나무꾼』이나 『자린고비 이야기』 같은 것을 익살스럽게 하는 것이다. 나이 드신 분들은 장소팔, 고춘자를 기억할 것이다. 1960년대 후반에서 70년대까지 일세를 풍미했던 유명한 만담 커플이었다.

텔레비전의 등장으로 인기가 시들해지고, 이내 사라져갔다고 하지만, 일본에서는 라쿠고가 여전히 인기다. 인기라면 좀 뭐할지도 모르지만, 고등학교나 대학교에 라쿠고 동아리가 있고, 라쿠고 전용 극장도 있으며, 텔레비전에도 라쿠고 프로그램이 있다. 우리와는 사뭇 다른 모습이다.

한국인들은 변화에 강하고, 새로운 환경에 빠르게 적응한다고 한다. 순발력이 있고 추진력이 강하며 역동적이라고 한다. 이런 특성이 해방 이후 짧은 기간에 눈부신 성장을 이끌어낸 동력으로 작용했겠지만, 그만큼 옛것을 쉽게 잊고 쉽게 버린다고도 할 수 있다. 문제는 너무 쉽게 버린다는 것이고, 한번 버린 것은 되찾기 어렵다는 것이다.

유우슈우 역사기행

신화의 장소, 신들의 공간

—

2016년 11월 20일 답사 마지막 날. 타카치
호스메가키(高千穗皇神)를 주신으로 하는 타카치호신사를 비롯해 진
무천황의 형제신인 사황자 탄생지라고 전해지는 시오우지가미네(四
皇子峰 사황자봉)가 있고, 앞서 언급한 아마노이와토신사와 아마테라
스가 몸을 숨겼을 때 신들이 회의를 했다는 동굴 아마노야스카와라
(天安河原), 하늘에서 내려온 신들이 하늘나라인 타카마가하라를 향
해 절을 했다는 타카마가하라요배소(高天原遙拜所), 니니기가 내려왔
다는 쿠시후루봉우리에 위치한 쿠시후루신사(穗觸神社), 진무천황의
손자가 나라의 지세나 경치 등을 살폈다는 쿠니미가오카(國見ヶ丘),
태고 적에 아소산(阿蘇山)이 분화했을 때 분출로 만들어진 주상절리
단애를 감상할 수 있는 타카치호협곡(高千穗峽) 등등이 있지만, 몇 곳

800만 신들이 모였다는 동굴 입구

만 답사하기로 하고, 아침 일찍 아마노이와토신사로 갔다.

너무 일찍 나왔는지 신직들도 출근하지 않은 시간이어서, 경내를 둘러보고 일단 아마노야스카와라로 발걸음을 옮겼다. 도보로 10분 정도 계곡 아래로 내려가니 과연 신들이 모여서 회의를 했다고 이야기할 만한 분위기의 동굴이 모습을 드러냈다.

신화에는 800만의 신들이 모였다고 하지만, 신들의 체격이 모기나 하루살이 정도 크기가 아니라면 이것 역시 신화다운 이야기일 뿐이다. 그래도 뭐랄까 흐르는 계곡을 앞에 둔 신비스러운 기운을 뿜

유우슈우 역사기행

는 동굴이었다. 동굴 앞에는 토리이를 세워 이곳이 성역임을 분명히 하고 있다. 동굴 안팎을 둘러보다가 동굴의 크기, 형태, 작은 돌탑과 돌무더기 등등 무엇 하나 예사롭게 보이지 않아 이야기의 힘, 신화의 신비로움의 마력을 다시 한 번 실감했다.

발길을 돌려 아마노이와토신사로 향했다. 9시가 넘자, 신직들이 출근을 했고 빗자루 질을 하는 등 분주한 모습이었다. 아마테라스가 숨었다는 동굴 아마노이와토 견학을 신청하자, 신직 한 분이 앞장을 섰다.

아마노이와토신사는 계곡을 사이에 두고 서본궁(西本宮)과 동본궁(東本宮)이 배치돼 있는데, 동본궁이 아마노이와토 옆쪽에 있고, 계곡 건너편에 서본궁이 있다. 견학은 서본궁에 있는 견학로를 따라 건물 뒤편에서 건너편 동굴을 건너다보는 것이다. 동굴은 금족지로 사람들의 접근을 엄격하게 제한하고 있고, 심지어는 사진 촬영도 할 수 없다. 실상 서본궁 뒤편에서 건너다보아도 동굴의 형체조차

아마노이와토신사의 본전. 오른쪽 끝에 동굴 견학로 입구가 있다.

짐작할 수 없었다. 그래도 신직의 안내와 설명을 들을 수 있었다는 것이 답사의 수확이었을까?

　일본인들은 천손강림지라고 해서 신성한 곳으로 여기겠지만, 천손이 강림했다는 것은 그들의 선조가 신령한 인물임을 강조하는 것이지, 정말로 하늘에서 내려온 것은 아니다. 단군신화의 환웅 역시 정말로 하늘에서 내려온 것은 아니었다고 보고, 그의 배경을 추적하는 것이 신화를 분석하는 올바른 접근 방법이다. 이곳을 방문하는 많은 일본인들도 정말로 하늘의 신들이 내려왔다고는 생각하지 않을 것이다. 하지만 신화나 전설이 깃든 고장을 돌아보며, 그것이 비록 허구일지라도 뭔가 비범하고 신비스러운 옛 이야기를 들으며 잠시 신화 세계의 문을 열어보는 것 또한 여행의 즐거움이다.

　다음 답사지는 주상절리 단애가 유명한 타카치호협곡이었다. 시원한 물이 주상절리 단애를 끼고 흐르고, 계곡을 따라 발코니를 만들어 놓은 카페와 식당들이 줄지어 섰고, 보트장도 있다. 삼삼오오 산책을 하는 사람들, 사진을 찍는 사람들, 사랑을 속삭이는 연인들의 모습이 보인다. 여름철에는 피서지로도 사랑받는 곳이다.

　타카치호협곡에서 차로 10분 거리에 쿠니미가오카가 있다. 천황이나 지역의 지배자가 높은 곳에 올라 나라의 지세, 경치, 인민의 생활을 전망하던 곳이다. 봄에는 농경 의식을 행하면서 1년 농사를 시작하기에 앞서 농경에 적합한 땅을 찾고, 풍작을 기원했다는, 사방

타카치호협곡

쿠니미가오카 전망대에서 멀리 아소산을 바라보고.

을 조망할 수 있는 높은 언덕이다. 주차장에 차를 세우고 산책로를 따라 걸으니, 정말로 언덕 끝에서 타카치호 전체의 풍광을 볼 수 있었다. 해발 513m. 멀리 아소산을 비롯해 횡으로 늘어선 연봉들이 눈에 들어오고, 언덕 아래 농사를 지을 수 있는 평평한 분지가 보인다.

천손이 강림했다는 신화의 땅다운 풍모라고 할까, 그런데다가 농경지까지 확보하고 있는 곳이어서 나라를 시작했다는 이야기를 만들어내기 적합한 땅이다. 기상 조건이 맞으면 초가을에 산과 분지를 뒤덮는 장엄한 운무를 감상할 수 있다고 하는데, 쿠니미가오카 안내석에 새겨놓은 사진이 아름답기는 하지만 이렇게 구름으로 뒤덮여

유우슈우 역사기행

서야 어떻게 지세를 파악할 수 있을까? 여유가 있다면 초가을에 와서 며칠 묵으면서 운무가 덮였을 때, 그리고 걷혔을 때 방문해야 할 것이다.

타카치호에서 카고시마공항까지 약 200km, 예정 소요 시간은 3시간이다. 미야자키현의 북쪽 끝까지 온 터라 거리도 상당하고 시간도 꽤 걸릴 것이다. 오후 7시 20분 비행기여서 바로 간다면 크게 서두를 이유는 없지만 우리에게는 마지막 목적지가 있었다.

11시쯤 타카치호를 떠나 또 하나의 타카치호를 보기 위해 출발했다. 갑자기 이게 무슨 이야기인가 하시겠지만 미야자키에는 두 개의 타카치호가 있다. 하나는 이제까지 돌아본 니시우스키군(西臼杵郡)에 있는 타카치호이고, 다른 하나는 행정 구역상은 미야자키이지만, 카고시마와 미야자키 경계에 위치한 키리시마연산(霧島連山)에 있는 타카치호노미네(高千穂峰)라는 봉우리이다.

지도에 나타나는 현 경계선에 따르면 분명히 미야자키에 속하지만, 카고시마현 키리시마시(霧島市)에서 가깝고, 산 아래 위치한 키리시마신궁(霧島神宮)이 진무천황의 아버지 니니기노미코토를 주신으로 하는 신사로 유명하다. 여하간 양다리를 걸치고 있는 봉우리의 어중간한 위치 때문에 두 현 모두 천손강림지에 대한 소유권을 주장하고 있는 분위기다.

자, 그럼 어찌하여 이렇게 두 곳의 천손강림지가 존재하는지 간단히 정리해 보자. 『고사기(古事記)』에 다음과 같은 구절이 나온다.

　　니니기는 … 츠쿠시 히무카의 타카치호의 쿠시후루타케로 내려왔다(筑紫日向 高千穂之久士布流多氣に天り坐しき)… 이곳은 카라쿠니(韓国)을 바라보고 있고, 카 사사미사키(笠沙御碕: 카사사곶)와도 바로 통하여 있어 아침 해가 바로 비치는 나 라, 저녁 해가 비치는 나라이다.

　이처럼 '타카치호'라는 지명이 명시되어 있으므로, 일단 미야자키 북부의 타카치호협곡과 키리시마 산지의 타카치호봉우리가 천손강 림지로 추정된 것이다. 그런데 그동안 천손강림지의 위치에 관한 연 구를 해온 학자들의 의견은 대략 셋으로 나뉜다.

　첫 번째가 니시우스키시의 타카치호다. 이곳은 아마테라스가 몸 을 숨긴 동굴 아마노이와토, 신들이 회의를 한 동굴 아마노야스카와 라, 니니기가 내려왔다는 쿠시후루타케 등 신화에 등장하는 천신들 과 관련한 많은 신사와 유적을 갖고 있다.

　두 번째는 키리시마 산지에 있는 타카치호노미네설이다. 이 타카 치호봉우리에서는 카라쿠니타케(韓国岳)가 멀지 않고, 카고시마현 서쪽 끝으로 돌출한 곳의 이름이 지금도 카사사미사키이다.

　그럼 우선 키리시마의 타카치호노미네가 보이는 곳으로 달려가 보자. 타카치호에서 좁은 현도 203호와 218호를 번갈아 타고 70km

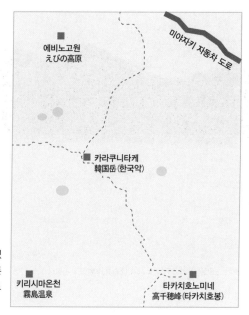

에비노고원
えびの高原

미야자키 자동차 도로

카라쿠니타케
韓国岳 (한국악)

키리시마온천
霧島温泉

타카치호노미네
高千穂峰 (타카치호봉)

왼쪽 위 에비노고원에서 중앙에 있는 카라쿠니타케가 잘 보인다. 오른쪽 아래가 또 하나의 천손강림지로 추정되는 타카치호다.

쯤 달려 큐우슈우자동차도로로 갈아타니, 제법 속도를 낼 수 있었고, 100km 정도를 수월하게 이동했다. 에비노(えびの)에서 고속도로를 빠져 나온 다음, 우선 카라쿠니타케가 잘 보인다는 에비노고원(えびの高原)으로 향했다. 구불구불 가파른 산길을 한참 올라갔다. 이윽고 도착한 고원 휴게소는 휴일 나들이를 나온 사람들과 자동차로 만원이었다. 카라쿠니타케는 해발 1,700m 높이의 활화산으로 키리시마 산지에서 가장 높은 봉우리인데, 운 좋게도 날이 맑아 두 개의 연봉이 또렷하게 모습을 드러내고 있었다.

에비노고원 야외 스케이트장(えびの高原屋外アイススケート)에서 바라보는 카라쿠니타케.

카라쿠니타케를 한국어로 읽으면 '한국악'이 된다. 정상에 오르면 한국이 보인다고 해서 한국악이라고 했다는 얘기가 있지만, 큐우슈우의 남부인 이곳에서 한국이 보인다는 것은 어림도 없는 이야기이다. 임란 때 끌려온 카고시마 미야마의 조선인들이 이 산에 올라 북쪽을 바라보며 망향의 설움을 달랬다는 이야기도 다분히 감상적이다.

그럼 이 산은 언제부터 카라쿠니타케란 이름을 갖게 되었을까? 옛날에는 무도악서봉(霧島岳西峰) · 괄야악(筈野岳) · 설악(雪岳) · 증악(甑岳)이라고 불렸다고 하고, 에도시대에 산 위에 풀도 나무도 없어서 '빈터'라는 뜻의 '카라쿠니(空国)'라고도 불렸다고 한다. 역사학자

규우슈우 역사기행

오오와 이와오(大和岩雄)에 의하면, 고대에 한국에서 이주해 온 사람들이 이곳에 많이 살았다. 713년 오오스미(大隅)지역의 하야토(隼人)들이 반란을 일으켜 한국계 사람들이 위험에 빠졌을 때, 그들을 보호하기 위해 같은 동족인 도래인들을 많이 이주시켰다고 한다. 따라서 한국악이란 이름은 한국이 보여서가 아니라, 한국계 사람들이 많이 살다보니 붙여진 이름일 것이라 한다. 어디까지나 내 추측이지만, 고사기와 일본서기가 편찬된 후, 그러니까 건국신화를 쓰고, 거기에 맞춰서 지명이 부여되었을 가능성도 배제할 수 없다.

카라쿠니타케에서 차로 20분쯤 남쪽으로 달려 신와노사토공원(神話の里公園)에 도착했다. 이곳에서 타카치호노미네가 잘 보인다고 했는데, 찌푸린 하늘로 인해 간신히 어렴풋한 형태만을 파악할 수 있었다.

타카치호노미네, 일본인들이 추정하는 또 하나의 천손강림지이다. 인근에 있는 키리시마신궁(霧島神宮)의 주신은 니니기노미코토이고, 그의 아들 호오리노미코토와 호오리의 아내 토요타마히메 등을 모시고 있다. 신궁이라는 이름에 걸맞게 키리시마신궁은 상당한 위세를 보인다. 우리가 도착했을 때에 많은 참배객들이 긴 줄을 만들고 있었다.

세 번째는 큐우슈우 북부설이다. 역시가 우에다 마사아키(上田正昭)는 "츠쿠시 히무카의 타카치호의 쿠시후루타케로 내려왔다"는 대

찌푸린 하늘로 어렴풋이 보이는 타카치호노미네

유우슈우 역사기행

목의 '츠쿠시'에 초점을 맞추고, 한국이 보이는 곳이라면 츠쿠시란 옛 지명을 가진 후쿠오카 지역으로 보아야 한다는 것이다. 재일 소설가 김달수 선생 역시 천손강림지를 후쿠오카 서부 이토지마(糸島) 반도지역으로 추정했다.

672년 임신의 난 이후 등장한 후지와라 후히토(藤原不比等)가 정권을 잡으면서 천황제 창출을 위해 쓴 것이 『고사기(古事記, 712년)』와 『일본서기(日本書紀, 720년)』라고 주장하는 오오야마 세이이치(大山誠一)는 일본의 건국신화가 창작되었다고 단언한다.

663년 백촌강 전투의 패배 이후 일본은 한반도와 멀리하면서 독립된 국가 건설을 향해 나아갔다. 율령을 제정하고 강력한 권위를 지닌 천황제를 구축했다. 이를 위해 아마테라스에서 니니기노미코토 그리고 진무천황의 탄생으로 이어지는 천황제 신화를 창출했다.

그러나 신화에는 고대로부터 한반도와 교류한 흔적이 남았다. 아마테라스의 남동생 스사노오노미코토는 시마네현 이즈모, 아마테라스의 손자 니니기노미코토는 타카치호로 내려왔다. 이즈모는 한반도 동부와 가깝고, 스사노오의 4대손은 이즈모를 크게 하기 위해 신라의 땅을 끌어다 영토를 확장했다. 천손강림신화의 형태를 띠고 있으나, 실제 스사노오의 출신이 한반도의 동부지역이었음을 암시하는 대목이다. 이즈모와 신라의 관계를 곧이곧대로 기록한 것은 어차피 일본의 정통성이 일본 전토를 평정한 니니기의 손자인 진무천황에세 있기 때문이다.

니니기의 강림지는 타카치호다. 왜 미야자키의 타카치호나 키리시마 산지의 타카치호노미네로 비정되었을까? 후지와라의 명에 의해 고사기를 편찬한 오오노 야스마로(太安万侶)의 고뇌에 찬 선택이었을 가능성이 높다. 한반도와 관계없는 독립적인 천손강림 신화를 창작해야 하는 상황이지만, 사가로서 한반도에서 큐우슈우 북부로 이주한 한반도계 사람들의 족적과 진실을 어떤 식으로든 남겨야 했을 것이다. 그래서 퍼즐처럼 되어 버린 고사기나 일본서기의 기록에 의문을 품은 학자들이 진실을 파헤치기 시작했고 그중 일부가 타카

진무천황을 주신으로 모시는 키리시마신궁.

큐우슈우 역사기행

치호를 큐우슈우 북부로 추정했다.

김달수가 추정한 이토지마반도는 후쿠오카와 사가현 카라츠시(佐賀縣唐津市) 사이에 있다. 츠시마로 가는 도중에 있는 이키섬에서 보면 나고야성터 가까이 있는 요부코항(呼子港)이 조금 가깝다. 후쿠오카의 하카타, 이토지마, 요부코항은 모두 한반도와 가깝다. 2016년 8월 22일 나가사키−후쿠오카 답사 마지막 날 방문한 나고야성터에서는 이키섬 너머 츠시마까지 눈으로 확인할 수 있었다. 상기하면 츠시마 와타즈미신사의 진무천황 부모에 얽힌 전설도 그들이 남긴 역사 퍼즐의 흔적이고, 큐우슈우 북부설을 뒷받침하는 유력한 증거다.

카라츠에서 배를 타고 이키섬으로 간 다음 눈앞에 보이는 츠시마를 거쳐 한반도에 이르는 항로는 마치 한반도 남부와 큐우슈우를 잇는 징검다리 같다. 거꾸로 가는 뱃길도 마찬가지였을 것이다. 부산에서 츠시마로 이동한 다음, 이키섬을 경유해 카라츠에 닿는다. 항해술이 발달하지 못한 고대에도 해류와 바람을 잘 이용하면 오갈 수 있었다. 고대로부터 한일 간 교류는 활발했다. 한반도에서 건너간 사람들이 일본의 야요이(彌生)시대를 열고, 그 후로도 많은 사람들이 일본열도로 건너갔다는 것이 역사의 진실일 것이다.

오른쪽 앞에 있는 섬이 무령왕이 태어났다는 카카라지마섬, 오른쪽 끝에서 중앙까지 다소 흐릿하게 보이는 것이 이키섬 그리고 중앙에서 왼쪽 멀리 츠시마가 보인다. 공해가 없는 고대에는 훨씬 더 또렷하게 보였을 것이다.

유우슈우 역사기행

미야자키 여행은 이렇게 준비하자

☑ 가는 길

인천에서 미야자키 가는 직항을 이용하는 것이 가장 빠르다. 비행시간은 1시간 20분. 쿠마모토나 카고시마 또는 후쿠오카를 경유해서 가는 방법도 있다. 후쿠오카 하카타역에서 JR을 타면 3시간 50분 걸리고, 카고시마에서 JR로는 2시간 10분이 걸린다. 쿠마모토에서 렌터카를 이용한다면 타카치호-쿠다라노사토-사이토바루고분군 혹은 이키메고분군-미야자키의 일정으로 들어가서 시내 관광을 하고 아오시마, 우도신궁, 니치난해안, 도깨비 빨래판 등을 돌아보는 것도 좋다.

☑ 현지 교통

미야자키 시내버스 기본요금은 160엔이지만, 주요 관광지가 시외에 있기 때문에 프리패스를 이용하는 것이 좋다. 미야자키시를 중심으로, 8군데의 대표적인 관광명소로 가는 노선버스를 하루 동안 자유롭게 이용할 수 있는 외국인 여행자용 승차권이 있는데, 요금은 1,000엔이고, 미야자키공항 안내, 미야자키역 버스센터, 미야자키 공항버스 안내소 등에서 구입할 수 있다.

http://www.miyakoh.co.jp/bus/visit_miyazaki_bus_pass/korean.html

운전에 대한 두려움이 없다면 렌터카를 이용하는 것이 좋다.

☑️ 미야자키의 관광지

• 산멧세니치난(サンメッセ日南)

니치난해안의 작은 언덕 산멧세니치난(サンメッセ日南)에 서있는 석상들은 세계7대 불가사의의 하나인 칠레 이스터섬의 모아이상(モアイ像)을 복제한 것이다. 일본의 건설회사가 이스터섬에 쓰러진 채 방치돼 있던 모아이상을 복원해 준 데 대한 고마움의 표시로 똑같은 모양의 석상을 만들어 설치하는 것을 허락했다고 한다. 모아이상은 진짜가 아니지만, 니치난해안의 아름다운 경관과 함께 감상할 수 있다.

• 우도신궁(鵜戸神宮)

해안가 절벽 위에 자리한 우도신궁은 진무천황의 아버지 아마츠히코히코나기사타케우가야후키아에즈노미코토(天津日高子波限建葺草葺不合命)가 태어난 곳으로 알려져 있다.

유우슈우 역사기행

처음에는 절이었다고 하는데, 창건은 제10대 스진천황(崇神天皇) 때로 전해지고, 그 후 제15대 칸무천황(桓武天皇)의 명을 받아 천태종의 스님 코우키보우카이큐(光喜坊快久)가 신전을 재흥하였다. 1868년 메이지유신 이후 전국의 불교 사원을 폐할 때 우도신사가 되었고, 후에 관폐대사우도신궁(官幣大社鵜戸神宮)으로 승격되었다.

우도신궁의 거북바위

결혼, 순산, 육아, 해상안전을 기원하는 신궁으로서 1년 365일 참배객들이 끊이지 않으며, 해안 절벽 아래에 있는 카메이시(龜石: 거북바위)에 운다마(運玉: 운을 점치는 구

미야자키신궁

슬)를 던져 등에 파인 홈에 넣으면 소원이 이루어진다고 한다.

미야자키 시내에 있는 미야자키신궁(宮崎神宮)은 진무천황을 주신으로 하는 신사인데 헤이와다이공원(平和台公園)에 근접해 있어 함께 돌아보기 편리하다.

☑음식

미야자키에는 전국적으로 유명한 와규우(和牛)인 미야자키규우(宮崎牛), 지도리(地鶏), 치킨난반(チキン南蛮) 등이 있다.

미야자키규우는 현내에서 생산하는 온몸이 시커먼 흑소로 육질 등급 4등급 이상을 받은 것만을 가리킨다. 일본에서 소고기의 최고 등급은 5등급이다. 여행자들에게 유명한 철판구이 레스토랑 미야치쿠(ミヤチク)를 비롯해 일본식 선술집인 이자카야 요모기야(蓬や) 등 10개가 넘는 미야자키규우 취급 가게가 있다.

지도리는 한국어 토종닭에 해당한다. 일본은 지도리에 대한 엄격한 기준을 갖고 있다. 가장 중시하는 것은 혈통이다. 부모가 모두 순수한 재래종이라면 혈통 100%, 부모 중 한 분(?)이 재래종이라면 혈통 50%다. 엄격한 신분제 사회여서 부모를 잘 타고 나야 대접을 받는다. 하지만 그 대접의 본질이 장렬히 분사하여 인간의 식탁에 오르는 것이거늘, 무슨 의미가 있으랴! 여하간 혈액백분율 50% 이상의 일본산 재래종을 지도리라고 하는데, 사육 기간은 80일 이상이어야 하고, 28일 이상은 땅 위에서 자유롭게 움직

지도리 모모야키

유우슈우 역사기행

이면서 성장한 것이어야 한다.

스이센(粹仙), 마루망야키토리 혼텐(丸万燒鳥 本店) 등이 유명한데, 주로 닭의 허벅지살을 숯불로 구워 내놓는다. 모모야키(もも燒き)는 외양은 시커멓지만, 향이 고소하고 육질이 부드럽다. 모모타타키(ももたたき)는 겉만 살짝 익힌 것이어서 날 것에 익숙하지 않은 이들에게는 불편할 수도 있다.

치킨난반으로 유명한 오구라 본점. 명성에 비해 식당의 규모가 의외로 작고 소박하다.

치킨난반은 1955년 미야자키현 노베오카시(延岡市)에 있는 양식당 '론돈(ロンドン)'에서 처음으로 만들었는데, 손님에게 내던 것이 아니라 직원 식사용으로 먹던 것이었다. 치킨난반은 타르타르소스 없이 그냥 튀긴 닭고기를 단 식초에 살짝 담아 먹었다고 하는데, 이를 식당 '나오짱(直ちゃん)'에서 음식 메뉴로 개발해 손님들에게 팔기 시작하였으며, '오구라(おぐら)'에서 타르타르소스를 얹어 내놓은 것이 현재 판매되고 있는 치킨난반이다.

치킨난반(チキン南蛮)이란 이름에서도 알 수 있듯이 돈카츠와 마찬가지로 유럽풍의 양식과 일식이 만나 탄생한 요리이다. 미야자키역에서 15분 거리에 오구라 본점이 지금도 성업 중이고, 편의점이나 벤토우전문점에서 500엔 내외의 가격으로 부담 없이 즐길 수 있다.

2007년 여름 미야자키를 방문했을 때, 오구라 본점에서 점심을 먹을 수 있었으나, 이번 답사 때는 길가 벤토우전문점에서 즉석에서 만들어 주는 따끈따끈한 치킨난반을 맛볼 수 있었다.

☑ 숙박

루우도인그랑디아아오시마타이요우카쿠(ルートイングランティアあおしま太陽閣)는 바다가 내려다보이는 언덕 위에 위치하고 있다. 루우도인은 전국에 체인을 갖고 있는 비즈니스호텔로 전 지점에 대욕장을 설비하고 있는 것이 특징이다. 대욕장에 딸려 있는 노천탕에서 탁 트인 태평양을 바라보며 온천을 즐길 수 있다.

http://www.hotel-grantia.co.jp/aoshima/

0985-65-1531

미야자키시를 관통하는 오오요도가와(大淀川)를 내려다보고 선 타마유라온센 미야자키칸코우호테루(たまゆら温泉 宮崎観光ホテル)는 대욕장과 노천탕을 갖추고 있고, 시내 관광에 편리하다.

http://www.miyakan-h.com/

0985-27-1212

아오시마 바닷가에 위치한 호테루 아오시마산쿠마아루(ホテル 青島サンクマール)는 도깨비 빨래판에 둘러싸여 있는 호텔로 화실과 양실을 모두 갖추고 있으며, 온천욕을 하면서 편안한 휴식을 즐기는 데 적합하다.

http://www.cinqmale.co.jp/

0985-55-4390

아나호리데이인리조오토미야자키(ＡＮＡホリデイ・インリゾート宮崎)는 아오시마의 너른 해변을 코앞에 두고 있으며, 아오시마신사 역시 눈앞에 있다.

http://www.anahirmiyazaki.com/

0985-65-1555

타카치호마치에 있는 이마쿠니료우칸(今國旅館)은 7층에 전망 대욕장을 갖추고 있고,

타카치호 버스센터에서 가까워 바쁜 여행자들에게 적합한 숙소로 숙박비도 저렴하다.

http://imakuniryokan.co.jp/index.html

0982-72-2175

타카치호 료우칸 신센(高千穂　旅館　神仙)은 타카치호에서 가장 숙박비가 비싼 고급 료우칸으로, 우리같이 바쁜 뚜벅이 여행자가 아니라면 여행의 피로를 풀 수 있는 로텐부로(露天風몸: 노천탕)와 아름다운 정원에서 일본의 온천 문화를 즐길 수 있다.

http://www.takachiho-shinsen.co.jp/

0982-72-2257

☑ 글쓴이가 간 길

2016년 11월 18일 오후 카노야 외국인납골당 답사 후 미야자키현으로 향했다. 우도신궁(鵜戸神宮)까지 80km 정도지만 2시간 정도가 소요되어, 입구에 도착했을 때는 이미 너무 어두워져 보지 못하고 아오시마(靑島)의 숙소 루우도인그랑디아아오시마타이요우카쿠로 직행했다.

11월 19일 아침 일찍 부지런히 아오시마신사(靑島神社)를 둘러보고, 헤이와다이공원(平和台公園), 이키메고분군(生目古墳群), 쿠다라노사토(百濟の里)를 답사하고, 오후 6시쯤 타카치호(高千穗)에 도착, 저녁을 먹고, 타카치호신사에서 요카구라(夜神楽)를 관람했다.

11월 20일 답사 마지막 날은 아마노이와토신사(天岩戸神社), 아마노야스카와라(天安河原), 타카치호협곡(高千穗峽), 쿠니미가오카(國見ヶ丘)를 둘러보고, 에비노고원(えびの高原), 카라쿠니타케(韓国岳), 키리시마신궁(霧島神宮), 시오히타시온천 료우마공원(塩浸溫泉 龍馬公園)을 끝으로 답사를 마쳤다.

- **1일(11. 18. 금)**

  아오시마(靑島)

- **2일(11. 19. 토)**

  아오시마신사(靑島神社) – 헤이와다이공원(平和台公園) – 이키메고분군(生目古墳群) – 쿠다라노사토(百済の里) – 타카치호(高千穂)

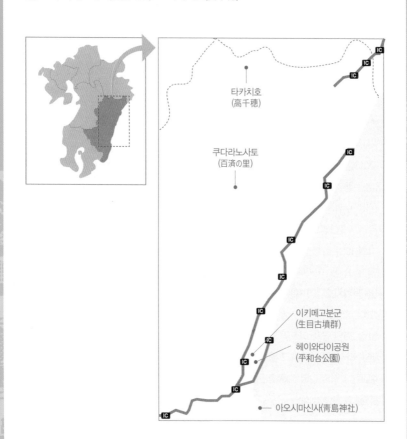

유우슈우 역사기행

• 3일(11. 20. 일)

아마노이와토신사(天岩戸神社), 아마노야스카와라(天安河原), 타카치호협곡(高千穂峡) – 쿠니미가오카(国見ヶ丘) – 에비노고원(えびの高原) – 카라쿠니타케(韓国岳) – 키리시마신궁(霧島神宮), 시오히타시온천 료우마공원(塩浸温泉 龍馬公園) – 카고시마공항(鹿児島空港)

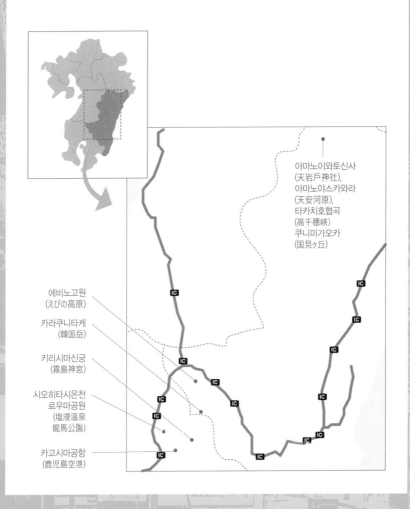

아마노이와토신사
(天岩戸神社),
아마노야스카와라
(天安河原),
타카치호협곡
(高千穂峡)
쿠니미가오카
(国見ヶ丘)

에비노고원
(えびの高原)

카라쿠니타케
(韓国岳)

키리시마신궁
(霧島神宮)

시오히타시온천
료우마공원
(塩浸温泉
龍馬公園)

카고시마공항
(鹿児島空港)

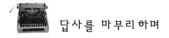 답사를 마무리하며

역사의 진실을 통해
서로를 이해할 때

2016년 세 차례에 걸쳐 큐우슈우를 답사했다. 1차 츠시마, 2차 나가사키와 후쿠오카, 3차는 카고시마와 미야자키였다. 불과 2주가 채 안 되는 짧은 여정이었지만, 이번 답사는 지난 10년간 품어왔던 일본, 특히 큐우슈우 지역에 대한 호기심과 궁금증을 푸는 장정이었다.

답사를 준비하며 다시 한일 관계사에 대한 책들을 읽었다. 고대, 중세, 근대, 현대에 이르기까지 많은 자료가 책상 위에 쌓였고, 즐거운 마음으로 독서삼매경에 빠져 들었다. 오랜 세월 역사의 진실을 규명하기 위해 노고를 아끼지 않은 저자들이 들려주는 이야기를 읽다가 아침을 맞은 적도 여러 번 있었다.

1990년대 초 아무 것도 모르고 토우쿄우에 갔을 때, 일본은 우리와 비슷하다고 생각했다. 도시의 모습, 도로, 사람들의 얼굴까지 내가 살아온 땅과 크게 다르지 않았다. 하지만 그것은 무지한 여행자의 단견이었다. 여행을 거듭하며 일본은 우리랑 많이 다르다는 것을 발견했으니, 그 중 한두 가지만 이야기해 보자.

일본 어디를 가도 신사와 절을 볼 수 있었다. 한국 어디를 가나 사찰을 볼 수 있는 것과 같지만, 한국의 사찰은 대부분 산 속에 있는 반면, 일본의 신사와 절은 도심 한복판에도 있었고, 마을 어귀에도 있었고, 소방서 앞에도 있었다. 길을 걷다 보면 신사가 있었고, 절이 있었다. 어디에나 자리한 고풍스러운 신사와 절은 현대적인 콘크리트 빌딩 숲에서도 도드라지는 모습으로 일본다운 풍경을 연출하며 이방인의 시선을 잡아당긴다.

일본에는 오래된 가게가 많다. 시니세(老舗)라고 부른다. 1,000년이 넘은 온천 여관과 일본의 전통 과자인 와가시(和菓子)점, 400년 넘은 된장회사, 300년이 넘은 카스테라가게 등등 셀 수 없을 정도다. 100년 넘은 우동집, 장어덮밥집, 소바집 등은 시니세라고 하기에 좀 부끄러울 정도지만, 한국에는 100년 넘은 것도 드물다.

오래됐다고 해서 좋은 것은 아니다. 하지만 일본 특유의 시니세가 가능했던 것은 가업을 중시하는 마음, 전통을 이어야 한다는 생각, 기술을 전하고 발전시켜야 한다는 생각, 내 자식이 아니라도 적임자에게 가게를 물려줄 수 있다는 생각, 최고의 것을 만들고 품질에 책임을 진다는 장인 정신, 판매자와 소비자 간의 정의를 세운다는 생각, 명예를 지킨다는 생각 등등이 버팀목이 된 것이다. 일본에서는 고속도로 휴게소 음식점들도 뜨내기장사를 하지 않는다.

　직업에는 귀천이 없다는 말이 있지만, 한국에 이 말을 믿는 사람은 없을 것이다. 일본인들도 이런 의식이 없지는 않을 것이다. 하지만 토우쿄우대학을 나온 청년이 고향으로 돌아가 아버지가 하던 우동 장사를 계속한다는 것은 한국에서는 상상할 수 없다. 일본에서도 어렸을 때부터 명문대 진학을 위해 사립학교 입시에 매달리는 것을 볼 수 있지만, 그 반대를 선택하는 이들도 많다. 청소년들이 대화를 하면서 반드시 대학에 가야 한다고 얘기하는 것은 그다지 들어보지 못했다.

　일본의 청소년들도 학업 스트레스가 없지 않겠지만, 취미 활동이나 동아리 활동, 봉사 활동 등 여러 면에서 자유를 누리고 있다. 한국에 온 일본인들이 놀라는 것 중의 하나는 밤늦은 시간 길가에 늘어선 학원 차다. 왜 거의 모든 학생들이 온종일 학교와 학원에서 시간을 보내야 하는지 이해하지 못한다. 일본의 청소년들, 아니 자신이 일본에서 보낸 청소년기와 너무 다르다며 의아해 한다.

　지지난 대선 때였나, '저녁이 있는 삶'이란 이야기가 나왔다. 요즘에는 '칼퇴근'을 많이 얘기한다. 한국인들은 일을 너무 많이 한다. 일본인들이 부러웠던 것 중 하나는 저녁 시간이 조금 지나면 동네 빵집, 떡집, 정육점, 문구점, 철물점, 구멍가게 등이 대부분 문을 닫는 것이었다. 체력이 딸려서 더 일할 수 없는 것일까, 아니면 욕심이 없는 걸까? 일본에서는 24시간 해장국 같은 식당은 기대할 수 없다.

이번 답사 때 후쿠오카에서 '24시간 우동'이란 간판을 처음 보고 무척 놀랐을 정도이니… 이유가 뭐든 일본인들은 애나 어른이나 저녁이 있는 삶을 살고 있는 것으로 보인다.

거리를 걷다보면 전통의상인 키모노나 유카타(ゆかた) 차림의 여성들을 자주 볼 수 있다. 불꽃놀이인 하나비(はなび)나 마츠리(まつり)가 열릴 때면, 관람객인 일반인들까지도 일본 옷을 입는다. 키모노와 유카타를 입은 여성들이 꽉 메운 거리나 바닷가, 공원 잔디밭이 만들어내는 풍경은 여행자들로 하여금 저절로 카메라 셔터를 누르게 한다. 한복의 아름다움을 이야기하지만, 요즘에는 명절에도 잘 입지 않는 우리와는 사뭇 다르다.

고대 한국과 일본은 문자가 없어 한자로 각각의 언어를 표기하였다. 한국은 훈민정음 창제 이후 한자와 혼용하는 서사체계를 만들어 나갔고, 일본 역시 한자와 가나문자를 혼용하게 되었다. 그런데 오랜 세월이 지나면서 양국의 언어에는 커다란 차이가 발생했다.

초기에는 한국에서도 한자로 적고 뜻으로 읽는 훈독을 했을 것이나 점차 훈독은 사라지고, 소리로 읽는 음독이 정착되었다. 반면 일본에서는 음독과 함께 뜻으로 읽는 훈독도 사라지지 않았고, 이는 현재까지 이어지고 있다.

한국에서는 '人'을 음독으로 '인'이라 읽고 '사람'이라고 훈독하지 않는다. '山'은 '산'이라 읽고 '뫼'라 읽지 않는다. 일본에서는 '人'을 음독으로 '닌(にん: 何人난닝)'이나 '진(じん: 日本人니혼진)'이라고 읽고, 훈독으로 '히토(ひと: 사람)'라고도 읽는다. '山'을 음독으로는 '산(さん:

富士山후지산)'이라고 읽고, 훈독으로는 '야마(やま: 岡山오카야마)'라고 읽는다.

그 바람에 한자의 독음이 상당히 복잡해서 일본인들도 어떻게 읽어야 하는지 모르는 글자가 많은 것이 큰 단점이지만, 그 덕분에 옛날 일본어가 많이 살아있다는 점을 놓쳐서는 안 된다. 한국인들이 쉽사리 훈독의 전통을 버리고 '강'과 '산'만 쓰다가 '가람'과 '뫼'를 잃어버린 것과 대조적이다.

좀 더 깊이 세밀하게 들여다봐야 한다. '일본은 없다'는 식은 곤란하다. 흔히 일본인들은 속을 알 수 없다고 지적하면서 '혼네(本音)'와 '타테마에(建前)'를 얘기한다. 속마음과 겉으로 드러내는 말과 행동이 다르다는 것이다. 하지만 그들이 속마음을 드러내지 않는 데에는 여과 없이 다 얘기했을 때, 상대가 상처를 받지 않을까 하는 걱정과 배려의 마음 또한 작용하고 있다는 것을 알아야 한다.

이번 답사를 통해 다시 한 번 확인했지만, 한국과 일본은 오랫동안 깊이 교류했다. 일본 야요이시대의 주인공은 도래인이라고 한다. 토우쿄우대학의 인류학자 하니와라 카즈로우(埴原和郎) 교수는 불과 18,000명 미만의 선주민인 조몬인과 150만 명의 도래인들이 1,300여 년간 섞이면서 증가해 온 것이 오늘날 일본 인구 1억4천만 명이라고 했다.

야요이시대 이후로도 많은 이동이 있었다. 가야, 백제, 고구려, 신라인들이 일본으로 갔다. 일본 본토인 · 중국인 · 서구인 460명과 아

유우슈우 역사기행

이누·오키나와 71명의 유전자를 분석한 일본 국립유전학연구소의 사이토 나루야(斉藤成也) 교수팀은 한반도 도래인과 일본 원주민의 반복적인 혼혈 과정을 거친 것이 오늘날의 일본인이라고 했다.

성씨를 조사한 이마이 케이이치(今井啓一) 교수에 따르면, 대상자 1,182명 가운데 황족 333명, 토착족 402명, 나머지가 도래인으로 백제인 324명, 고구려인 38명, 한족이 59명, 기타 계보를 알 수 없는 성이 117명이었다. 황족 가운데 도래인계가 상당한 비중을 차지하고 있다는 설을 감안한다면, 일본인 중의 1/2은 한반도에서 건너간 사람들의 후손이라고 해도 과언이 아닐 것이다.

한자와 불교 등 고대 문명은 모두 한반도에서 전해 준 것이고, 유학을 전해준 것도 한국이다. 그 이전 일본은 야만의 땅이었다고도 말한다. 크게 틀리지 않은 주장이라고 할 수 있지만, 한반도 사람들이 무언가를 가르쳐주기 위해서 일본 열도로 건너간 것이 아니고, 새로운 삶의 터전을 일구기 위해 이주한 것이라고 봐야 한다는 재일동포 소설가 고 김달수 선생의 말에 깊이 공감한다.

백촌강 전투의 패배 이후, 일본은 한반도와 거리를 두면서 독립적인 국가를 건설했다. 후지와라가 창작했다는 일본의 건국신화는 현대어로 번역된 것을 읽어도 내용을 파악하기 어려워, "도대체 일본이란 나라는 어떻게 생겨났다는 것인가?"라는 질문이 절로 나오지만, 한일관계사의 진실을 감추고, 독립적인 일본의 역사를 창출하기 위해 얼마나 고심했는지 또한 심작힐 수 있다.

16세기 말 일본은 조선을 침략했다. 승자도 패자도 없는 7년간의 전쟁을 치르며 고통 받은 것은 전장에서 희생된 병사들과 백성들이었다. 일본으로 납치된 조선인들 가운데 도공들은 일본에 자기를 굽는 기술을 전했고, 도자기 산업의 시조가 되었다. 끌려간 조선인들의 쇄환을 목적으로 시작된 조선통신사는 국교를 회복하며 양국의 교류를 정상화시켰다.

서구 열강이 아시아를 침략하던 19세기, 메이지유신을 계기로 문명화, 근대화에 성공한 일본은 서양으로부터 아시아를 지킨다는 명분으로 다시 한 번 조선을 침략했다. 일본인들에 의해 시해된 명성황후, 츠시마에서 순국한 최익현, 망국의 한을 안고 살아야 했던 덕혜옹주의 이야기는 일본의 조선 침략이 낳은 비극이었다.

일제강점기 35년간, 일제는 조선을 일본으로 동화하려고 했다. 신공황후의 임나일본부, 일선동조론 등이 일제의 지배와 동화를 위한 이데올로기로 동원되었다. 만주사변에서 태평양전쟁에 이르기까지 조선은 일본의 대동아공영권 건설이라는 목표 실현을 위해 철저히 동원되었다. 노동력 조달을 위해 강제 연행된 조선인들을 비롯해서 군위안부들, 카미카제특공대원으로 죽어간 젊은이들, 후쿠오카 형무소에서 절명한 시인 윤동주에 이르기까지 일제는 조선인들에게 깊은 상처를 안겨주었다.

1945년 8월 15일 일본은 패전했고, 한국은 해방되었다. 전쟁의 폐허를 딛고 먼저 일어선 것은 일본이었다. 한국전쟁은 일본 경제 부흥의 결정적 계기였다고도 한다. 한국은 앞서가는 일본의 등을 바라보며 분발해야 했다. 한국이 일본을 따라가려면 아직도 멀었다. 모든 분야에서 10년은 차이가 난다는 얘기는 오랫동안 자조 섞인 푸념이기도 했지만, 양국 간의 격차를 간단히 요약한 말이었다.

1965년 한일협정으로 국교는 회복했지만, 한국인들과 일본인들은 여전히 서로를 경원하고 있다. 축구 경기만 해도 그렇다. 한국에게는 절대 질 수 없다든가 일본만큼은 반드시 이겨야 한다는 생각은 한일 양국민의 정서를 한마디로 대변한다. 독도 문제로 분쟁하고 있고, 2015년 12월 '한일위안부협상'이 타결됐지만, 대다수 한국인들은 1965년 한일협정에 이은 2차 굴욕협상이라면서 반발하고 있다.

일본은 군위안부의 존재를 인정하면서도 국가의 책임은 인정하지 않는다. 강제 동원 피해자들에게도 사죄도 보상도 하지 않는다. 일본의 다음 세대에게 독도를 일본 땅이라고 가르친다. 왜 일본은 역사의 진실을 바로 보지 않는 것일까? 역사를 잊은 민족에게 미래가 없다면 역사를 바로 보지 않는 민족에게도 미래는 없을 것이다.

『총, 균, 쇠』의 저자 재러드 다이아몬드(Jared M. Diamond)는 한국과 일본이 같은 뿌리에서 나온 쌍둥이라고 했다. 일제가 주장한 일선동조론은 식민지배의 도구로 사용되었다. 똑같은 '칼'도 잘못 쓰면 사람의 목숨을 앗아갈 수 있지만, 잘 쓰면 맛있는 음식을 만들 수 있다. 불행한 역사를 되풀이해서는 안 된다. 한국과 일본은 가깝고도 먼 나라가 아닌 이웃사촌이 되어야 한다.

이번 답사를 통해서 가능성과 희망을 발견했다. 후쿠오카의 '후쿠오카 · 윤동주 시를 읽는 모임'의 회원들, 고인이 된 나가사키의 오키 마사하루 녹사, 역시 고인이 된 치란 호타루칸의 토메 아주머니, 미야마의 심수관요, '카고시마 강제연행을 생각하는 모임', 쿠다라노사토의 주민들은 한국과 일본의 현재와 미래를 잇는 소중한 존재다.

한국과 일본은 협력하고 대립하면서 2,000년 넘는 역사를 공유해 왔다. 너무나 많은 사건들이 있었다. 이제 대립은 멈추고 협력의 길로 나가야 한다. 그러기 위해서는 서로를 좀 더 잘 이해해야 한다. 그 첫걸음은 역사를 아는 것이다. 역사의 진실을 통해 서로를 알고 이해할 때, 일본에 대한 증오, 한국에 대한 혐오도 사라질 것이고, 독도나 군위안부 문제와 같은 난제도 풀 수 있을 것이며, 서로 도우며 더불어 살아가는 평화로운 미래를 만들어 나갈 수 있을 것이다.

유우슈우 역사기행

답사 후기

   기행을 한다는 것은 항상 설레는 일이다. 좋은 여행의 길잡이와 함께 떠나는 답사는 더욱 짜릿하다. 20년 전 일본을 처음 방문한 이후 일본 사회 시스템에 푹 빠져온 나. 학문적으로 운명처럼 만난 정재환 박사와 규슈 지역을 답사하면서 일본에 좀 더 가깝게 다가갔다. 또 다른 그들의 과거와 현재를 경험한 셈이다. 이 색다른 여정은 모두 정재환 박사 덕분이다. 앞으로도 더 뜻깊은 여정과 견문, 그리고 감상을 그와 함께 하고 싶다.

– 한성대 언어교육원 이상혁

   영어 강사인 나에게 일본은 관심 밖이었다. 의사소통이 불가능한 이유도 있고, 통렬한 반성 없이 역사 왜곡과 극우적 행태를 일삼는 권력에 대한 반감도 있다. 그러나 정재환 박사님과의 역사기행은 일본 역사와 문화에 무지한 나에게 매우 유익하고 즐거운 경험이었다. 가깝지만 먼 나라 일본 속에 선연히 남아 있는 우리 선열들의 자취를 바라보는 순간의 감동은 나 스스로를 어린아이처럼 들뜨게 만들었다. 땡큐 소 머치 닥터 정!

– 한마디로닷컴 대표 박기범

● 참고 문헌

이정면, 『고대 한일관계사의 진실』, 이지출판, 2014.

박민영, 『최익현』, 역사공간, 2012.

김현구, 『백제는 일본의 기원인가』, 창작과비평사, 2002.

홍윤기, 『일본 속의 백제 구다라(百濟)』, 한누리미디어, 2008.

정종목(원작 KBS 역사스페셜), 『역사스페셜3』, 효형출판, 2001.

친일인명사전편찬위원회, 『친일인명사전 1』, 민족문제연구소, 2009.

박규태, 『일본의 신사』, 살림출판사, 2005.

김정동, 『일본을 걷는다 2』, 한양출판, 1999.

김정동, 『일본 속의 한국 근대사 현장 1』, 하늘재, 2001.

이훈, 『츠시마, 역사를 따라 걷다』, 역사공간, 2005.

혼마 야스코, 『덕혜옹주』, 역사공간, 2008.

岩下明裕 · 花松泰倫 編著, 『国境の島 · 対馬の観光を創る』, 北海道大学出版会, 2014.

주영하, 『차폰 잔폰 짬뽕』, 사계절, 2009.

박종호 · 김종열, 『규슈, 백년의 맛』, 산지니, 2013.

마리우스 B 젠슨 지음/김우영 · 강인황 · 허형주 · 이정 옮김, 『현대일본을 찾아서 1 · 2』, 이산, 2006.

김을한, 『조선의 마지막 황태자 영친왕』, 페이퍼로드, 2010.

강제병합 100년 특별전 『거대한 감옥, 식민지에 살다』, 20108.12~9.30, 민족문제연구소.

이희진, 『거짓과 오만의 역사』, 동방미디어, 2001.

박노자, 『거꾸로 보는 고대사』, 한겨레출판, 2010.

김현구 · 박현숙 · 우재병 · 이재석, 『일본서기 한국관계기사 연구(Ⅲ)』, 일지사, 2004.

권태명, 『한민족이 주도한 고대 일본문화』, 시대정신, 2012.

세키 유지 지음 · 이종환 옮김, 『일본의 뿌리는 한국』, 관정교육재단, 2008.

강창일, 『근대 일본의 조선침략과 대아시아주의』, 역사비평사, 2003.

김충식, 『슬픈 열도』, 효형출판, 2006.

김문자 지음/김승일 옮김, 『명성황후 시해와 일본인』, 태학사, 2009.

이종각, 『자객 고영근의 명성황후 복수기』, 동아일보사, 2009.

이종각, 『미야모토 소위, 명성황후를 찌르다』, 메디치, 2015.

혜문 스님, 『빼앗긴 문화재를 말하다』, 작은숲, 2012.

김영수, 『명성황후 최후의 날』, 말글빛냄, 2014.

송우혜, 『윤동주평전』, 서정시학, 2015.

류양선, 『순결한 영혼 윤동주』, 북페리타, 2015.

馬男木 外, 『福岡・尹東柱の詩を読む会 20周年記念誌(会報第3号)』, 2015.2.

알에이치코리아 편집부, 『규슈 100배 즐기기』, 알에이치코리아, 2014.

백성현・이한우, 『파란 눈에 비친 하얀 조선』, 도서출판 새날, 1999.

나가이 다카시 지음・김재일 옮김, 『그날, 나가사키에 무슨 일이 있었나』, 섬, 2011.

한국항공우주산업진흥협회, 「인류 최초로 단 두개의 핵폭탄이 실전에 사용된 전말기(상)」,
『항공우주』22, 한국항공우주산업진흥협회, 1994.

한국항공우주산업진흥협회, 「인류 최초로 단 두개의 핵폭탄이 실전에 사용된 전말기(하)」,
『항공우주』23, 한국항공우주산업진흥협회, 1994.

서울대학교 정치외교학부 외교학전공, 『한국의 국제정치학도, 일본 근대화를 만나다』, 서
울대학교출판문화원, 2012.

이진희・강재언 지음/김익한・김동명 옮김, 『한일교류사』, 학고재, 1998.

정혜경, 『지독한 이별 – 1944년, 에스토르(惠須取)』, 선인, 2011.

국무총리실 소속 일제강점하강제동원피해진상규명위원회 조사1과, 『지독한 이별』, 국무
총리실 소속 일제강점하강제동원피해진상규명위원회, 2007.

국무총리실 소속 일제강점하강제동원피해진상규명위원회 조사3과, 『내 몸에 새겨진 8월-
히로시마, 나가사키 강제동원 피해자의 원폭체험』, 국무총리실 소속 일제강점하강제동
원피해진상규명위원회, 2008.

여순주, 「일제말기 조선인 여자근로정신대에 관한 실태연구」, 이화여대 여성학과 석사논
문, 1993.

정하미, 『일본이 서양문화 수용사』, 살림출판사, 2013.

장상인, 『현해탄 波高 저편에』, 모자이크, 2008.

김효순, 『역사가에게 묻다』, 서해문집, 2011.

김지현, 『여행박사 큐슈』, 엘까미노, 2009.

長崎在日朝鮮人の人権を守る会, 『軍艦島に耳を澄ませば－端島に強制連行された朝鮮
　　人・中國人の記錄』, 社会評論社, 2011.

오카 마사하루 글·전은옥 옮김, 『오직 한 길로』, 세상의 소금, 2015.

구태훈, 『일본역사탐구』, 태학사, 2002.

구태훈, 『일본제국, 일어나다』, 재팬리서치21, 2010.

구태훈, 『일본제국, 무너지다』, 재팬리서치21, 2010.

구태훈, 『일본사 파노라마』, 재팬리서치21, 2011.

구태훈, 『일본사 키워드 30』, 재팬리서치21, 2012.

이진희·강재언 지음/김익한·김동명 옮김, 『한일교류사』, 학고재, 1998.

김명호 외, 『한국의 고전을 읽는다 1』, 휴머니스트, 2006.

최영수, 『400년 조선도공의 눈물』, 사람들, 2014.

심수관, 「나에시로가와(苗代川)에 살며」, 『일본연구 5』, 중앙대학교 일본연구소, 1990.

노성환, 「나에시로가와의 조선도공 마을에 관한 일고찰」, 『일어일문학 2007-08』, 대한일
　　어일문학회, 2007.

박하영, 「司馬遼太郎(시바료타로)의 작품에 나타난 한국관 고찰 : 『故鄕忘じがたく候』·
　　『韓のくに紀行』·『耽羅紀行』중심으로』, 영남대학교 교육대학원 석사논문, 2009.

정수웅 지음·도고 시게히코 감수, 『일본 역사를 바꾼 조선인』, 동아시아, 1999.

길윤형, 『나는 조선인 가미카제다』, 서해문집, 2012.

이향철, 「카미카제특공대와 한국인 대원」, 『日本硏究論叢』24, 현대일본학회, 2006.

배영미·노기 카오리, 「일제말기 조선인 특공대원의 '지원'과 '특공사'」, 『韓日民族問題硏
　　究』13, 韓日民族問題學會, 2007.

박진한, 「특공영화의 표상전략과 기억의 정치학」, 『사회와 역사』 79, 한국사회사학회,
　　2008.

이영진, 「조선인 특공대원이라는 물음–위령과 기억을 중심으로–」, 『次世代 人文社會硏究』 7, 동서대학교 일본연구센터, 2011.

이영진, 「조선인 특공대원이라는 물음–위령과 기억을 중심으로–」, 『次世代 人文社會硏究』 7, 동서대학교 일본연구센터, 2011.

이영진, 「전시기 가고시마(鹿雅島)의 조선인 강제연행을 둘러싼 기억의 정치」, 『日本硏究論叢』 35, 현대일본학회, 2012.

이영진, 「산화(散華)와 난사(難死): 전후 일본의 특공의 기억과 재현에 관한 연구」, 『韓國文化人類學』 45, 한국문화인류학회, 2012.

이영진, 「광신과 애국 사이: 전후 일본 영화에 비춰진 특공의 표상」, 『日本硏究論叢』 40, 현대일본학회, 2014.

鳥濱明久, 『知覽いのちの物語 –「特攻の母」と呼ばれた鳥濱トメの生涯』, きずな出版, 2015.

한일관계사학회 · 동북아역사재단 편, 『전쟁과 기억 속의 한일관계』, 경인문화사, 2008.

한일문화교류기금 편, 『한일관계 과거와 현재』, 경인문화사, 2014.

유홍준, 『나의 문화유산답사기 일본편 1 규슈 – 빛은 한반도로부터』, 창작과비평사, 2013.

김달수 저/배석주 역, 『일본 속의 한국문화 유적을 찾아서 1』, 대원사, 1995.

김달수 저/배석주 역, 『일본 속의 한국문화 유적을 찾아서 2』, 대원사, 1997.

김달수 저/배석주 역, 『일본 속의 한국문화 유적을 찾아서 3』, 대원사, 1999.

마쓰무라 아키라 외 지음 · 윤철규 옮김, 『절대지식 일본고전』, 이다, 2008.

박찬규, 「日本 宮崎縣 南鄕村 神門神社의 百濟王傳設과 緋緞墨書」, 『고구려발해연구』 3, 고구려발해학회, 1997.

이영희, 『노래하는 역사』, 조선일보사, 1994.

노성환, 『일본신화와 고대한국』, 민속원, 2010.

신종원·오길환·逵志保, 『한국신을 모시는 일본의 신사Ⅱ』, 민속원, 2009.

일연 · 리상호 옮김 · 강운구 사진, 『사진과 함께 읽는 삼국유사』, 까치, 1999.

마쓰무라 아키라 외 지음 · 윤철규 옮김, 『절대지식 일본고전』, 이다미디어, 2008.

박규태, 『일본의 신사』, 살림, 2005.

Discover Japan編集部, 『Discover Japan TRAVEL プレミアム九州』, エイ出版社, 2014.

〈신문〉

프리미엄 조선, 「윤동주 序詩(서시) 읽다가… 고개 떨군 일본인들」, 2015. 2. 23.

동아닷컴, 「후쿠오카, 일 시민단체의 '윤동주 시비 건립' 불허…이유는?」, 2016.2.5.

연합뉴스, 「일본서 400년 명맥 이어온 조선도공 심수관展」, 2015.9.17.

동아닷컴, 「日규슈 '백제마을 난고손' 한글 도로 표지판 따라 가보니…」, 2015.7.8.

〈영상〉

MBC 『MBC스페셜 '가을, 윤동주 생각'』

영화 『동주』(2016, 감독 이준익)

영화 『귀향』(2016, 감독 조정래)

KBS 취재파일k, 『일본 강제징용 현장을 가다』

KBS 역사저널 그날, 『군함도의 두 얼굴, 숨겨진 진실』

KBS 『HD역사스페셜—제51편 임진왜란 2부작 제2편 일본승려의 정유재란 종군기 산도 들도 모두 불타고 있었다.』

KBS 역사스페셜, 『조선인 가미카제 탁경현의 아리랑』

EBS 역사채널e, 『지워지지 않는 상처, 강제 동원』

Arirang TV 4 Angles, 『The Truth of Hashima Island』

광주 KBC 특집 다큐멘터리, 『국치 100+1, 해방되지 못한 영혼 '조선여자근로정신대'』

광주 MBC 『휴먼 다큐멘터리 너는 내 운명, '할머니와 99엔'』

민족문제연구소, 『강제동원, 망각의 현장을 가다』

후지TV, 『나데시코타이(なでしこ隊)』, 2008.

영화 『호타루』(2001, 감독 후루하타 야스오(降旗康男))

토우쿄우TV, 드라마 『영원의 제로(永遠の O)』(2015)

〈누리집〉

福岡・尹東柱の詩を読む会
http://dongju-fukuoka.at.webry.info/
福砂屋
http://www.fukusaya.co.jp/
ホタル館
http://www.chiran.co.jp/
長崎造船所 史料館
http://www.mhi.co.jp/company/facilities/history/
軍艦島コンシェルジュ
http://www.gunkanjima-concierge.com/
長崎 新地中華街
http://www.nagasaki-chinatown.com/sansaku.html
知覧特攻平和会館
http://www.chiran-tokkou.jp/index.html
沈壽官窯
http://www.chin-jukan.co.jp/
仙巌園 http://www.senganen.jp/
桜島港フェリーターミナル
http://www.city.kagoshima.lg.jp/sakurajima-ferry/index.html
吾愛人
http://www.k-wakana.com/
神社本庁
http://www.jinjahoncho.or.jp/
櫛田神社
http://www.hakatayamakasa.com/61866.html

鵜戸神宮

http://www.udojingu.com/

平和台公園

http://h.park-miyazaki.jp/

青島神社

http://www.aoshimajinja.sakura.ne.jp/

鹿児島県神社庁

http://www.kagojinjacho.or.jp/index.html

生目古墳群史跡公園

http://www.city.miyazaki.miyazaki.jp/culture/history/1819.html

天岩戸神社

http://takachiho-kanko.info/sightseeing/detail.php?log=1338295932&cate=all&n
  av=1

日置市観光協会

http://hiokishi-kankou.com/

高千穂町観光協会

http://takachiho-kanko.info/association/

鹿児島県観光連盟

http://www.kagoshima-kankou.com/

宮崎神宮

http://miyazakijingu.jp/modules/about/

세상 모든 지식과 경험은 책이 될 수 있습니다.
책은 가장 좋은 기록 매체이자 정보의 가치를 높이는 효과적인 도구입니다.

갈라북스는 다양한 생각과 정보가 담긴 여러분의 소중한 원고와 아이디어를 기다립니다.

– 출간 분야: 경제 · 경영/ 인문 · 사회 / 자기계발
– 원고 접수: galabooks@naver.com